JN320533

Infant Research and
Adult Treatment
Co-constructing Interactions
by Beatrice Beebe & Frank M. Lachmann

共構築され続ける相互交流の理論
乳児研究と
　　成人の精神分析

ベアトリス・ビービー／フランク・M・ラックマン

富樫公一 監訳

誠信書房

Infant Research and Adult Treatment: Co-constructing Interactions
by Beatrice Beebe & Frank M. Lachmann
Copyright © 2002 by The Analytic Press, Inc., Publishers
Japanese translation rights arranged with Lawrence Erlbaum Associates
through Japan UNI Agency, Inc., Tokyo.

Ruth & Gilbert Beebe
Edward McCrorie
Annette, Suzanne, & Peter Lachmann

に捧ぐ

日本語版への序言

　私たちは，本書の日本語訳を通し，日本の読者の皆さまとコミュニケートできることを非常にうれしく思っています。この本が日本で翻訳され出版されることは，私たち（特にベアトリス）にとって特別な意味を持っています。この本はベアトリスの父，ギルバート・W・ビービー博士にささげられたものでもありますが，博士は長期間日本に滞在したことがある方で，日本と深いつながりを持っていたからです。私たちは，このような貴重な機会をつくってくれた富樫公一先生と誠信書房に感謝しております。私たちは，母親‐乳児コミュニケーション過程を記述する用語について明確にし，精神分析におけるシステム的観点の役割についてコメントするように依頼されましたので，この日本語版の序言においてそれらに言及し，文末にギルバート・W・ビービー博士の経歴を少し紹介しておきたいと思います。

■ 用語の解説

　過去20〜30年にわたり，母親‐乳児コミュニケーションを記述する用語は変化してきました。ビービーとラックマン（Beebe & Lachmann, 2002：本書）において，私たちは自分たちの用語に以下のような定義を与えています。「私たちがここで相互交流調制という言葉を用いるとき，私たちは相互的調制 mutual regulation，双方向的調制 bi-directional regulation，そして共構築された調制 co-constructed regulation という言葉を互換的に用いています。これらの語は**相互性を意味しません**。それらは，パートナー間の両方向の随伴的流れを意味します。つまり，各パートナーの行動は，相手の行動に随伴したり，相手の行動に『影響を受け』たり，あるいは相手の行動によって予測されたりします」（本書 p. 27）。私たちはさらに，「これらの語は**シンメトリーを意味しません**。それぞれのパートナーが，異なった方法で均等ではない度合いで影響を与えているからです。**因果関係モデルを意味するわけでもありません**。調制は……〔統計的〕確率によって規定され……**肯定的な相互交流を暗に意味**

するわけでもありません。(顔の映し返しのような)肯定的な交流と同様に，(後述する追いかけとかわしの相互交流のような)回避的交流もまた，双方向に調制されます」(本書 p. 27-28) と述べました。

　私たちは常に，これらの概念を運用可能にする統計的演算の意味をより正確に捉えるための用語を探し続けています。「相互的影響」は最初に広く用いた用語でしたが，私たちは最終的にそれを用いることを止めました。なぜなら，多くの人がその概念について，人が他者に影響を与える意識的試みを暗に意味しているものと思い込んでいたからです。また，「影響」は因果関係を暗に意味するものと誤解される可能性がありましたが，統計的演算はあくまで確率的なもので，決してこの用語に因果性を含めたわけではありません。相互的調制は次に広く用いられた用語でした。この用語はまだ多くの人に用いられており，特にエドワード・トロニック Edward Tronick によって用いられています。1960年代後半と1970年代にルイス・サンダー Louis Sander によって持ち込まれた調制という用語を私たちは採用しましたが，「相互的」が問題となりました。ある人たちにとっては，「相互的」は「相互性」を意味しています。辞書によれば，相互性には二つの定義があり，一つは肯定的なもの，一つは双方向性を意味する中性的なものです。そのため，肯定的な相互性を意味するものと理解してしまい，「相互的」を肯定的なものと解釈するというのが，最もよくある誤解でした。したがって私たちは，より中性的な用語を探す試みのなかで，本書では「相互交流調制」という用語を採用しました。

　しかしながら，最近のビービーら (Beebe et al., 2007) の実証的研究において，研究雑誌の査読者はこれらのプロセスを記述するために「調制」という用語を使用することについて批判しました。その実証的乳児研究論文において「情緒的調制」という用語の一つの中心的定義は，否定的情動を弱めることでした。このさまざまな用語を明確にすることを助けるためとして，私たちは調制という用語を変えるように要請されました。ビービーらは多少不本意ながら，相互交流調制の代わりに「相互交流随伴性 interative contingency」という用語を用いることに同意しました。

　自己調制という用語はさらに複雑な歴史をたどっています。この用語は多くの領域や現象をカバーするものです。たとえば，生後1年目における自己調制に関係する課題には，生理学的調制を確立すること，そして興奮性や知覚過敏

性，恐怖感，注意プロセスの個人差を含んでいます。

　本書で私たちは，「パートナーが各自の状態を調制する能力を意味するために」自己調制という用語を使っています。「生まれてからずっと，自己調制は，覚醒の取り扱い，注意の維持，過剰刺激に直面して覚醒を弱める能力，そして行動表出を抑える能力に関係します。……生涯を通じ，自己調制は，環境に注意を払い環境とかかわる能力の重要な要素です」（本書 p. 28-29）。

　ビービーとその同僚らによる最近の実証的研究は，自己調制の定義を制限しました。時系列分析を用いる上で，相互交流調制は（私たちの以前の研究にあるように）遅延相互相関と定義され，自己調制は自己相関と定義されます。自己相関については，統計的にその影響を取り除くのではなく，それ自体を一つの変数として用いています。これもまた，自己調制という用語を変えるように査読者から求められました。ビービーと同僚らは，「自己随伴性 self-contingency」という用語を使うことに同意しました。つまり自己随伴性とは，（特定の二者関係の文脈のなかにおける）個人の行動リズムの自己予測可能性，あるいはその安定性の度合いを示すものです。私たちが最終的に「自己調制と相互交流調制」という言葉で納得した矢先にまた，少なくともその実証的な研究雑誌においては，私たちはその用語を変えることになってしまいました。

■システムモデル

　さまざまな領域において，個人を中心としたアプローチや因果関係の線形的観点から，システムアプローチやフィールドアプローチへと移行するような発展がみられています。システムモデルは，ルイス・サンダーによって乳児研究にもたらされましたが，サンダーは，フォン・ベルタランフィ von Bertalanffy や，特にポール・ワイス Paul Weiss など，理論生物学の研究者に影響を受けています。サンダーは，私たちの考えだけでなくエドワード・トロニックの考えにも影響を与えました。私たちはまた，ジョゼフ・ジャフィ Joseph Jaffe によって用いられたシステムモデルにも影響を受けていますが，そのモデルは人工頭脳研究から派生したものです。加えて，エスター・セレン Esther Thelen とリンダ・スミス Linda Smith が用いた非線形システムモデルも私たちの研究に知識を与えてくれました。これらのアプローチのすべてが実証的研究の基盤となっています。

精神分析はシステムアプローチから大いに恩恵を受けています。しかし，精神分析は理論的展望としてこれらの考え方を取り入れただけです。次の未開拓分野は，治療プロセスの研究に対してこれらの考え方を実証的に適用することです。

[付記]

Gilbert W. Beebe 博士は，わが国の原爆障害調査委員会（ABCC）とその後継である放射線影響研究所（放線研）の継続的発展に中心的な役割を果たしたことを含め，長期にわたる豊富な経歴を有しています。博士は1958年に初めて日本を訪れ，それ以降，2年ずつ3度にわたり日本に滞在しました。博士は，1958年～1960年と1966年～1968年にABCC統計部長，1973年～1975年に疫学統計部長を務めました。この期間，博士は統計部を組織し，寿命調査（LLS）と原爆被害者の子どもに関する調査（F1-cohort）を構築してそれを利用する作業を指揮し，広島・長崎の腫瘍登録を作り上げることを援助し，そして今もまだ用いられている死亡率やがん発生率に関する基本的な追跡方法を確立しました。日本政府と合衆国政府が，ABCCを放射線影響研究所に改組することに合意した1975年には，博士は最初の研究担当理事として1年間働きました。合衆国に戻った後も，博士は1977年に全米科学アカデミー（NAS）を退職するまで，放射線影響研究所と米国医学統計調査室（MFUA）を監督し続けました。その後亡くなるまでの25年間，博士は積極的に放射線影響研究所に関心を持ち続け，実際に幾度か放射線影響研究所を訪れています。米国立がん研究所（NCI）における研究者としての仕事では，博士は放射線影響研究所の研究結果を大いに利用し続けました。博士は，現在も続いている国立がん研究所と全米科学アカデミーとの契約を通じて，全米科学アカデミーと放射線影響研究所との間に協働体制を確立することにも尽力しました。

Beebe博士は実直で精力的な科学者でした。特に，重要で大規模な研究プロジェクトを組織して運営することに才能を発揮し，他者を導き奮い立たせるような力を持った人でした。博士が残した遺産は，ABCCと放射線影響研究所に対する多くの重要な貢献を含めて，さまざまなところで受け継がれ続けています。そこには，米国エネルギー省の支援の下，全米科学アカデミーによって運用されているGilbert W. Beebe奨学金や，全米科学アカデミーによって

年に一度行われる Gilbert W. Beebe シンポジウムも含まれます。2007年12月に行われた第6回シンポジウムは「ABCC—放線研の60年：重要な貢献と将来の調査研究」と題されました。

ベアトリス・ビービー
フランク・M・ラックマン

［文献］

Beebe, B., Jaffe, J., Buck, K., Chen, H., Cohen, P., Blatt, S., Kaminer, T., Feldstein, S., & Andrews, H. (2007). Six-week postpartum maternal self-critisism and dependency and 4-month mother-infant self- and interactive contingencies. *Developmental Psychology*, **43**(6), 1360-1376.

謝　辞

　本書は私たちの間で進行し続けるやりとりの結果というだけでなく，私たちの学生，同僚，患者たちとの進行し続けるやりとりに基づいたものでもあります。精神分析にとっての乳児研究の重要性に関する，私たちの興味を応援してくれた各方面の精神分析コミュニティに感謝いたします。私たち二人からは，ニューヨーク大学心理療法・精神分析ポストドクトラルプログラムと IPSS 精神分析研究所に，Beatrice Beebe からはコロンビア精神分析センターに，Frank Lachmann からはポストグラジュエイトセンターに感謝を表したいと思います。

　私たちの研究を可能にするために，惜しみなく寛大に時間を提供してくださった母親と乳児たちに感謝いたします。すべての乳児研究は，コロンビア大学ニューヨーク州精神医学研究所で，Beatrice Beebe の生涯にわたる協力者である Joseph Jaffe, M. D. と Stanley Feldstein, Ph. D. と共に行われました。Dr. Stephen Ruffins は Dr. Beebe の研究チームの一員です。

　ビデオテープを一秒一秒コード化し，データ解析に参加した Dr. Beebe の研究チームの学生たちは，このプロジェクトに欠くことのできない協力者でした：Rhonda Davis, Helen Dimitriodes, Nancy Freeman, Psy. D., Donna Demitri Friedman, MSW, Patty Goodman, Psy. D., Michaela Hager-Budny, Sarah Hahn-Burke, Psy. D., Liz Helbraun, Ph. D., Allyson Hentel, M. A., Tammy Kaminer, Ph. D., Sandra Triggs Kano, Limor Kaufman-Balamuth, Ph. D., Kristen Kelly, Marina Koulomzin, Psy. D., Greg Kushnick, Paulette Landesman, MSW, Tina Lupi, MSW, Lisa Marquette, Ph. D., Irena Milentijevic, Psy. D., Jillian Miller, Alan Phalan, Ph. D., Danielle Kramer Phalen, Ph. D., Jill Putterman, Ph. D., Jane Roth, MSW., Shanee Stepakoff, Ph. D.。あらゆることを手助けしてくださったボランティアの Ron Avirom, Ph. D., Emma Barnstable, Lisa Braun, Emily Brodie, Emlyn Capili, Lauren Cooper, Terri Chmurak, Clare Davidson, Julia Dizenko, Lauren Ellman, Carlin

Flora, Leah Feuerstein, Yael Hait, Jennifer Kohns, Eva Kourniotis, Catherine Man, Sara Markese, Allison Mercado, Debra Posner, Nancy Richardson, Michael Ritter, Alison Rodin, Ilana Rosenberg, Ronit Roth, Nick Seivert, Sonia Sonpal, Marina Tasopoulos, Tracey Toon, Lillia Treyger に感謝いたします。

研究のさまざまな局面に取り組んでくださった Samuel Anderson, Ph. D., Howard Andrews, Ph. D., Anni Bergman, Ph. D., Sidney Blatt, Ph. D., Phyllis Cohen, Ph. D., Marvin Hurvich, Ph. D., Sharon Koffman, Ph. D., Ilene Lefcourt, Jennifer Lyne, Wordy Olesker, Ph. D., そして Donald Ross, Ph. D., に感謝いたします。

この本の各部分は，以前の研究に基づいたものか，以前の研究を引用したものです。第1章は Lachmann & Beebe (1983) から，第2章は Beebe, Jaffe & Lachmann (1992) から，第3章は Lachmann & Beebe (1996b) から，第4章と第5章は Beebe, Lachmann & Jaffe (1997) から，第6章は Beebe & Lachmann (1998) から，第7章は Beebe & Lachmann (1994) から，第8章は Lachmann & Beebe (1996a) から，第9章は Beebe et al. (2000) から部分的に選びました。

やる気を与えてくれた熱心な編集者の John Kerr をはじめとする Eleanor Starke Kobrin や Paul Stepansky，そしてアナリティック・プレス社のスタッフ皆様に感謝申し上げます。

序　言

　これまでの30年，乳児研究と成人の精神分析治療の統合を目指し，私たちはたがいに時間を割いて議論し，同僚たちを交えて研究を続けてきました。議論では，乳児研究と精神分析治療，それぞれの領域の考え方を取り上げ，両者の関連性について吟味してきました。乳児研究の実証学的結果と成人の精神分析プロセスは，異なる話法を用いる領域ですが，たがいに深く関係しています。精神分析は乳児研究のアプローチに影響を及ぼし，乳児研究は精神分析の考え方に影響を及ぼしてきました。

　乳児研究にもいくつか種類がありますが，本書で私たちが扱うのは対面による相互交流の秒単位の分析だけです。ここでは，睡眠状態，覚醒状態，授乳状態，一人でいる状態の調制 regulation* といった，関係する問題の考察は省きます。しかし，対面の相互交流研究は，人の生涯を通して同じような形態で働き続ける，関係性や非言語的コミュニケーションパターンの源泉を説明するもので，精神分析と特別に関係が深いものです。この領域の研究の多くは母親と乳児を調査したものですが，私たちが提示する研究成果は，父親と乳児の関係にも同様に適用されうるものです。

　対面による研究は，微妙で，複雑で，興味深い早期の相互交流の観点を示してくれました――それは，乳児は「全体に未分化な」存在であるとする精神分析的な観点とはまるで違ったものでした。私たちが協働研究を始めたときには，そのような見方がまだ優勢だったのです。本研究は，顔や声，〔空間的〕向きに関する母親と乳児の間の相互交流が「共構築 co-constructed」されることを示すものです。パートナー両方が，進行し続ける交流のオーガナイゼーションに貢献します。ただ，必ずしも二人の貢献の仕方は似ていませんし，また同じでもありません。本研究は，相互交流のなかで，心がどのようにオーガナイズされるのかを明らかにします。

＊（監訳者注）：訳語「調制」については，p.14の脚注を参照のこと。

乳児研究は，患者の早期生育史を想像するために役立つものですし，これまで用いられてきたものよりもっと多くのメタファーや筋書きを提供してくれます。しかし，それは本書の中心目的ではありません。私たちはむしろ，精神分析のなかで行われる非言語的で，黙示的 implicit 相互交流プロセスを概念化するために乳児研究を行ってきました。一般的水準で言えば，精神分析の話法には，明示的 explicit，言語的，象徴的語りを必要とします。しかし，黙示的で非言語的な相互交流プロセスも並行して進行しているはずです。

　相互交流モデルやシステム的思考への移動は，20世紀を通じて，さまざまな精神分析理論の考え方のなかに見ることが出来ます。現代の精神分析における新しい観点において，相互交流プロセスそのものを重要視する考え方はますます中心的になっています。このような最近の変化は，基本的に言語領域やそれに関連する感情，空想，主観的状態に限定されてきました。しかし乳児研究では，顔や声，向きを通した黙示的コミュニケーションの非言語的領域を説明するために，長いあいだ相互交流モデルやシステム的な考え方が用いられてきました。

　本書では，私たちが精神分析について考えてきた方法を，乳児研究がどのように変えたのかという物語を追いかけていきます。第1章では，バートンの事例を検証し，30年間の関係を通して変化した私たちの考え方を概観します。この治療が，私たちの最初の10年における共同作業の基礎となっています。この事例に関する当時と今の私たちの理解を比較することで，乳児研究から得られる概念がどのように臨床的な理解を拡大させるのかということを明らかにします。

　私たちの観点は，現代の関係精神分析の考え方，特にスティーブン・ミッチェル Stephen Mitchell やルイス・アロン Lewis Aron の業績と多くを共有しています。ミッチェルと同じように，私たちは一連の患者－分析家相互交流の研究に関心を持っています。アロン（Aron, 1996）は，関係精神分析を，「心は，本質的に二者関係的で，社交的で，相互交流的で，そして対人関係的であるという発想」（p. x）に基づくものと定義していますが，それも私たちの考え方と同じです。またアロンは，関係的観点の中心にあって，交互的な二方向的影響プロセスの重要性と，患者と分析家間の意味の共構築を紹介しました。この立場もまた，私たちの考えの中心にあります。自分の理論に貢献する

ものとして，アロンが乳児研究と私たちの論文を引用してくれたことを，私たちは心から嬉しく思っています（Beebe & Lachmann, 1988a, b; Beebe, Jaffe, & Lachmann, 1992）。〔しかし〕精神分析における相互交流のオーガナイジングプリンシプルを明らかにするものとして，私たちがシステムアプローチを強調し，共構築の非言語的次元を解明し，そして乳児研究によって論証された一連の相互交流パターンを用いるという点で，私たちの見解は現在の関係精神分析とは異なります。

　私たちの観点はまた，それぞれのパートナーが相手によってその文脈に当てはめられる，連続的な交互的相互影響システムとして間主観的な場を論述するロバート・ストロロウ，バーナード・ブランチャフ，ジョージ・アトウッド（Robert Stolorow, Bernard Brandchaft, & George Atwood, 1987; Stolorow & Atwood, 1992）の観点や，ドナ・オレンジ（Donna Orange，印刷中）[*]の観点とも多くの共通点を持っています。私たちは，領域を超えてたがいに影響を与えました。実際，ストロロウと私たちは，大陸の端と端との間で何度も電話をかけ，セレンとスミス（Thelen & Smith, 1994）のシステム理論に対するアプローチについての議論を行いながら1995年という年を過ごしました。そのときの議論はシステム的観点をさらに明確にしました（Stolorow, 1997; Lachmann, 1998; Beebe et al., 2000）。アロンやミッチェルをはじめとする関係論と，ストロロウと同僚たちによる間主観理論，その両方の助けを得て，私たちは交互的相互影響プロセスのオーガナイゼーションの複雑性や，その適用範囲をさらに明確にしたのです。

　第1章では，私たちの道が最初に交差したバートン Burton の治療について論じます。彼の事例を用い，過去30年を通して私たちの考え方がどのように変わってきたのかを描写するためです。第2章では，相互交流に対する二者関係的システムアプローチについて解説を行いますが，これは私たちの研究の基礎を成すものです。第3章ではカレン Karen の事例を読者に提供します。私たちはそこで，〔成人の臨床場面で〕二者関係的システム理論をどのように用いるのかを例証し，私たちの基本的な相互交流のオーガナイジングプリンシプル，自己調制と相互交流調制を紹介します。

---

[*]（監訳者注）：出版済み。Orange, D. M. (2003). Why language matters to psychoanalysis. *Psychoanalytic Dialogues*, **14**, 77-103.

第4章では，乳児研究の手法的側面に取り組み，乳児が自分の体験をオーガナイズする上で用いる知覚能力と認知能力について概説します。自己調制と相互交流調制の作用連鎖がどのように展開されるのかの予期に基づき，乳児は前象徴的表象をオーガナイズするためにそれらの能力を用います。その早期乳児の並外れた能力を一度理解すると，人生の最初の一年は，それどころか最初の半年でさえ，後の象徴発達までの「前置き」の時期ではなく，独自のオーガナイゼーションと重要性を持った時期であることを理解することができます。

　第5章では，生後数か月における対面遊びでの相互交流調制のさまざまなパターンを明らかにします。それらのパターンはさらに，発声リズム調整，顔の映し返し，追いかけとかわし，断絶と修復など，さまざまな相互交流のオーガナイジングプリンシプルをつくり出します。このような相互交流パターンには，成人の治療における非言語パターンと大きな類似点があります。第4章で概説した実験的研究を用い，乳児が前象徴的形式のさまざまなパターンを表象化することを論じます。自己表象と対象表象の起源に関する私たちの観点の基礎となっているのは，知覚的，認知的な研究と，さまざまな早期の相互交流パターンの論述を統合したものです。私たちは，パートナー二人の間における，予測された瞬間ごとの相互作用に基づく，表象の力動的・変容的プロセスの観点を用いますが，それは〔これまでの精神分析が仮定してきた〕切り離され，固定的で，個別主義的な表象の観点を明らかに避けるものです（Orange, 印刷中を参照）。

　第6章で，再び成人の治療に話を戻し，内的プロセスと関係的プロセスの共構築について考察します。二者関係プロセスは，成人－乳児相互交流と同様に，分析家－患者相互交流においても，内的プロセスと関係的プロセスの両方を再オーガナイズすることを論じます。一方のパートナーにおける自己調制の変化は，交互的に相互交流プロセスを変化させます。

　第7章では，本書の基本テーマの一つ──心は相互交流のなかでどのようにオーガナイズされるのか──に立ち返ります。前象徴的表象のテーマにもう一度戻り，三つの一般的なオーガナイジングプリンシプルを提案します。進行し続ける調制・断絶と修復・情動が高まる瞬間です。この「主要点の三原理」は，生後1年目における表象と内在化の起源を同時に明らかにします。第8章では，精神分析の事例を用いてこの主要点の三原理を説明します。

第9章は，成人の治療にとっての心の相互交流モデルを提案します。私たちの目的は，乳児研究と成人の研究とが矛盾しないように，精神分析を相互交流のシステム的観点のなかに再定義することです。この観点は，相互交流そのものの性質のような，極めて基本的な概念に関する私たちの考えを変えてしまいます。それは，相互交流的な予期のパターンがどのように形成され変容するのか，言語的，非言語的コミュニケーションはどのように統合されるのか，そして，自己と他者，内在化，自律性対相互性の性質は，どのように再定義されなければならないか，といったものです。本書の範囲を超えてしまいますが，私たちの心の相互交流モデルの観点は，関係論的，間主観的，そして自己心理学的な精神分析理論家（たとえば，Basch, 1988; Benjamin, 1988; Bromberg, 1998; Ehrenberg, 1992; Fosshage, 2000; Hoffman, 1998; Lichtenberg, 1989; Slavin & Kriegman, 1998; Stern et al., 1998 を参照）と多角的に交わっていることをここに記しておきたいと思います。

　しかし，私たちが提示する乳児研究の成果は，成人の治療や心の相互交流モデルへ適用されるだけのものではありません。それは，関係性自体のプロセスの起源に関する体系的な観点を提供するものです。

目　次

日本語版への序言　iii
謝　辞　ix
序　言　xi

第1章　バートン，当時と今 …………………………………… 1
バートンとシステムモデル　13

第2章　二者関係のシステム的観点 ………………………… 21
システムモデル　23
自己調制と相互交流調制の定義　27
サンダーのシステムモデルについての記述　30
乳児研究は精神分析における相互交流理論を例証する　33
内的プロセスと関係的プロセスのオーガナイゼーションを結び
　つけること　36
要　約　43

第3章　自己調制の相互交流的再オーガナイゼーション ……… 46
　　──カレンの事例
カレンの事例　48
ディスカッション　63

第4章　早期の能力と前象徴的表象 …………………………… 66
相互交流パターンの前象徴的表象　68
精神分析における前象徴的表象の重要性　85

第5章　早期の相互交流調制パターンと自己表象と対象表象
　　　の前象徴的起源 ……………………………………… 87
乳児エリオットのビデオが例証する自己調制と相互交流調制
　の統合　88

　　　　双方向的調制の統計的分析　　91
　　　　顔の映し返し　　92
　　　　対人関係的タイミング：時間的パターンのマッチング　　100
　　　　乳児の体験のオーガナイゼーションについて情緒的時間的
　　　　　　マッチングの意味するもの　　109
　　　　脱線の相互交流パターン　　112
　　　　相互交流パターンと前象徴的表象の起源：要約と結論　　118

第 6 章　内的プロセスと関係的プロセスの共構築 …………… 122
　　　　──乳児研究と成人の治療における自己調制と相互交流調制
　　　　自己調制への二者関係的なアクセス　　123
　　　　かかわりのために求められる特別な自己調制　　126
　　　　相互交流調制の過剰警戒形式：事例による例証　　137
　　　　向きの回避　　139
　　　　結語：相互交流の手続き的理論に向けて　　143

第 7 章　乳児期における表象と内在化 …………………… 144
　　　　──主要点の三原理
　　　　なぜ三原理なのか？　　145
　　　　自己表象と対象表象は相互交流パターンに根差す　　148
　　　　進行し続ける調制の原理　　151
　　　　進行し続ける調制：相互交流調制と自己調制の統合　　157
　　　　断絶と修復の原理　　161
　　　　情動が高まる瞬間の原理　　170
　　　　三原理の統合　　175
　　　　三原理と前象徴的内在化　　179
　　　　結　語　　183

第 8 章　患者 - 分析家相互交流のオーガナイゼーションに
　　　　おける主要点の三原理 ……………………………… 185
　　　　──クララの事例
　　　　三原理と分析家 - 患者相互交流　　186
　　　　事　例　　191

相互交流プロセスと力動的解釈の統合　204
　　　要　約　208

第9章　成人治療のための心の相互交流モデル ……………… 209
　　　二者関係的なシステムモデルの次元　210
　　　精神分析における相互交流　213
　　　黙示的な処理と明示的な処理　215
　　　成人の治療にとって意味するもの　219
　　　精神分析における三つの鍵概念の再定式化　224
　　　相互性　対　自律性：システムモデルに関する誤解　226
　　　心の地図を更新する心　228

引用文献　235
監訳者あとがき　265
和文人名索引　277
欧文人名索引　280
事項索引　286

乳児研究と成人の精神分析
共構築され続ける相互交流の理論

第1章

バートン，当時と今

　本書は共同の取り組みによるもので，文字通り共構築されたものです。これは，私たち二人の間のやりとり，つまり精神分析と乳児研究の間のやりとりです。1972年に始まった私たちの協働作業の基礎となる，バートンBurtonの治療から話を始めましょう。まず，私たちが当時彼を理解した方法（Lachmann & Beebe, 1983）でバートンを紹介し，その後，私たちの乳児研究の成果に照らしてこの事例を再検討します。

　バートンの事例は，人間の発達に関する新しい知識が臨床的理解や治療的介入を発展させる，という本書のテーマを浮き彫りにしてくれます。この事例に対する当時の私たちの理解と現在の理解との違い自体が，ダニエル・スターン（Daniel Stern, 1985）の『乳児の対人世界』の出版以来，私たちの領域が乗り越えてきた革命を例証しています。

　本書は「私たち」の声で書かれたものです。まずは，私たちそれぞれの背景と，どのようにして私たちが協働作業をするようになったのかについて述べて，自己紹介をさせていただきたいと思います。私（フランク・ラックマンFrank Lachmann）は，1972年から1973年までのちょうど1年間，大学の精神保健クリニックで心理学専攻の大学院生のスーパーヴァイザーをしていました。週に1時間半，三人の大学院生と私は，それぞれの学生が治療している事例について議論しました。その学生のなかの一人が，ベアトリス・ビービーBeatrice Beebeでした。

　私には長い臨床経験があり，1972年にはニューヨーク市にある精神保健ポストグラジュエイトセンターで自我心理学を教えていました。私は，エディス・

ジェイコブソン Edith Jacobson の考えに特に影響を受けていました。また，マーティン・バーグマン Martin Bergmann 主催の研究会にも参加しており，そこでは特に，オットー・カーンバーグ Otto Kernberg の考えと対比されるハインツ・コフート Heinz Kohut の考えを知りました。振り返ってみると，私の自我‐精神分析理論の傾向はゆっくりと方向を変えてきたように思います。私はさまざまな考えに興味を持つようになりましたが，結局それは，私の古典的精神分析の背景と折り合いを付けることが難しいものだとわかりました。しかし1972年にはまだ，〔自分のなかの古典と新しい興味との〕分断は現れておらず，私は，アロウ Arlow とブレンナー Brenner，そしてジェイコブソンによって明確にされてきた基本的なフロイト派の枠組みの確かさを確信する者でした。

　エディス・ジェイコブソン（Edith Jacobson, 1964）の『自己と対象世界』に関して私が気に入っているのは，彼女の発達に対する視座の主眼──常に上向きで，より大きな自律性と独立に向けて努力している──というものです。振り返ってみると，私が精神分析学において影響を受けたものはすべて，一者 one-person 心理学──精神病理は患者のなかに存在している──であったと思います。分析家としての私は，無意識的な葛藤をはっきりさせることによって，阻害された患者の発達的努力の解放を目指す一種の傍観者でした。成長への新しい機会が与えられれば，遅れた発達の歩みがそのときに始まるだろう，というように。

　ポストグラジュエイトセンターでの私の正式な精神分析訓練は，1960年から1964年までの数年間に及びました。最初の精神分析事例では，強い葛藤的な性愛転移を伴う，自殺衝動と抑うつ感を持ったバイセクシャルの大変難しい男性患者を治療しました。その分析は10年続き，個人的にも理論の上でも非常にやりがいのあるものでした。私が教えられてきた古典的な分析技法は，この患者が，飛び降りようかどうかと迷いつつ窓の外に身を乗り出して週末を過ごしていたときには，ほとんど助けになりませんでした。訓練期間のスーパーヴァイザーたちのアドバイスは，その患者に関する私の問題と彼の問題を悪化させるだけでした。最終的に私は，その患者を理解できるスーパーヴァイザー，アーシャ・カディス Asya Kadis に出会います。彼女が見ていたのは，私を遠ざけたり，反抗したり，「破壊」したりしようとする彼の表面的な試みではなく，

彼が私とつながろうとする必死の努力でした。転移に対するこのような見方は，患者と共にいるときの私のあり方や，患者が患者自身と向き合うための力に大きな違いをもたらしました。この経験はまた，患者が自己を守ろうとする努力に焦点づけた治療モデルへと私を転向させたのです。

　このような考えを持ちながら，私は教育学部の学生治療者によって持ち込まれた事例を聞きました。ベアトリス・ビービーは，私が訓練中に治療したどの患者よりも困難で，「著しくやっかいな」患者を割り当てられていました。振り返ってみると私は，自分が何年もかかって見つけてきたものを，この患者とこの治療者に提供できる機会に惹きつけられていたように思います。私は，一人の非常に困難な患者をどのように治療するか，そして何をすべきではないかを学んできたと感じていました。これこそ，私が学んできたことを試してみる機会でした。

　私（ベアトリス・ビービー）は，1968年に，コロンビア大学教育学部大学院，発達心理学・臨床心理学合同プログラム専攻に入学しました。私が最初に影響を受けたのは，ハインツ・ウェルナー Heinz Werner，ジャン・ピアジェ Jean Piaget，そして構成主義者的な constructivist 発達の観点でした。1969年，早期の情緒発達に関する調査を行っている人を探すなか，私はダニエル・スターンと出会いました。私は，母親－乳児の「交互性」について研究したいと思っていたのです。振り返ってみても，その概念が自分にとってどんな意味を持っていたのか，自分がそれをわかっていたとは思いませんが，大学院に入学したときにはすでにこれらの言葉が私の心のなかにありました。スターンは何人かの母親と双子の乳児たちを親子の自宅で撮影し，何人かの大学院生を同席させました。私は，喜びに満ちた顔の一人の赤ちゃんと遊んだ，特別なその日のことを覚えています。私に応答し，どんどん迫ってくるその赤ちゃんの顔を見たとき，涙が出てきました。赤ちゃんがぴったりと私の顔を追視したり，突然陽気になったりすることに私はとても感動しました。顔に表れる肯定的な情動がどのように最高潮へと至り，下げ潮となり，そして再起するのかというプロセスを研究し，スターンの指導のもと学位論文に取り組もうと決めたのはまさにその日でした。

　ハーバート・バーチ Herbert Birch は，当時教育学部にいました。学位論文のための私のアイデア——母親－乳児ペアの詳細な事例研究，一コマごとの

肯定的な情動の分析——は，当時の時代精神とはかなり異なっていました。それにもかかわらず，バーチは私のアイデアを擁護してくれ，私がダン・スターンと研究できるように取り計らってくれました。バーチは，データをどのように考えるか，そして乳児が実際に知覚しているであろうことをどのように評価するか，私に根気よく指導してくれました。学位論文のためのデータ分析がまだ初期の段階でバーチは亡くなり，それは私にとって大きな精神的打撃となりました。

　スターンは，ジョー・ジャフィ Joe Jaffe やスティーブ・ベネット Steve Bennett を含む乳児研究者グループの第一人者でした。母親 - 乳児の対面の相互交流の研究がまさに始まるころ，私たちはスターンが参加する白熱した研究会に毎週参加しました。スターンの最初の論文「母 - 乳児相互交流のマイクロ分析」は1971年に発表されました。分析のためのデータは，彼のオフィスの壁面にずらりと並んでいました。特にその時代の精神分析は，今考えているよりもずっと葛藤がなく，非活動的で，非社交的なものとして乳児を捉えていたので，私たちは母親と乳児が相互に交流する複雑な過程に驚いたものです。母親 - 乳児相互交流についてのダン・スターンの考え方は，研究者としての私の経歴を決定しました。スティーブ・ベネットはやがて，私がポスドク研究員としてダン・スターンと研究を続け，「追いかけとかわし」の映像を分析するさい一緒に研究をします。ジョー・ジャフィは私の生涯の協力者となりました。

　一方で私は，臨床的な訓練についても考えなければなりませんでした。1971年から1972年まで，私は臨床実務研修のためエール大学に行きます。そこで私はシド・ブラット Sid Blatt に出会います。彼は，ウェルナーとピアジェの理論を背景とした私の経歴や，自己表象と対象表象に対する私の興味に深い理解を示してくれました。私は彼とともに自己表象と対象表象の起源について研究しましたが，それは依然として私の中心的な興味であり続けています。エール大学で私は，病理の重いさまざまな成人の外来患者に出会い，ブラットのスーパーヴィジョンのもと，精神病的な抑うつのある入院患者を治療しました。

　ブラットとのスーパーヴィジョンは，教育学部のクリニックで私が担当する患者，バートンとの出会いに向けた準備になりました。ブラットと行ったその作業がなければ，グループスーパーヴィジョンを始めたとき，私とフランクが

たがいに用いた共通言語を私は使うことができなかったでしょう。他の二人の学生の驚きをよそに，フランクと私は，この非常に重篤なコロンビア大学の２年生を精神分析的に治療することができると信じていました。

その後８年以上，バートンの治療は，フランクとの個人スーパーヴィジョンのもとで継続されました。時折この患者の自殺衝動を伴うもがきにおびえさせられましたが，私はいつもフランクの深い関与と私への信頼を確信していました。このようなスーパーヴィジョン関係は，スーパーヴィジョンを越え，長期間続く協働作業の基礎となる絆をフランクと私にもたらしました。

バートンは，私たちの最初の共著論文のテーマとなりました（Lachmann & Beebe, 1983）。私たちが書いた彼の治療報告を今概観してみると，私たちの言語や概念が今日とは根本的に異なっていることがわかります。治療に関する私たちの記述は，患者の体験と治療者の言語的解釈に限られていました。私たちは，治療者のバートンとのかかわりの深さ，特にバートンが自殺衝動を感じたり，手が届かない状態になったりしたときの苦悶の時間をその記述には載せていませんでした。

私たちがバートンの治療のなかで念頭に置いていた理論は，自己が確固たるものになることについてでした。私たちは，自己の構造化に関して，バートンの問題の中心的位置を占めていたのは分離の問題だと信じていました。彼の病理は，結果的に分離の困難さをもたらす融合願望の結果であると考えられました。私たちは，自己感覚は三つの次元に沿って確固たるものになると仮定していました。(1)自己と対象の分化，(2)肯定的な情動と否定的な情動を許容する能力，そして(3)自己恒常性と対象恒常性に不可欠の要素である，時間を越えた連続性の体験です。分化という言葉は，自己と対象が区別されるプロセスという意味で用い，分離はこの区別を維持する能力という意味で用いたものです。分離は，対象が現実にそこにいて欲しいという強い欲求の減少という結果を招きます。

私たちはまた，確固とした自己感覚は，心理的な葛藤が出現するために必要不可欠なものであると考えました。自己体験の構造化の困難さから生じる精神病理は，葛藤を体験する自己から生じる精神病理とは区別されました（Stolorow & Lachmann, 1980）。バートンの治療において私たちは，特に後期の段階においては，ときに応じて一方が他方よりも主要なものになるよう

な，病理の揺れ動きを追いかけました。治療の初期段階では，私たちは構造の欠損に基づくものとして病理を捉えていたのです。

　私たちは，バートンの自己感覚に常に存在する「断片化」の危険に対する自分たちの応答として，これらの理論的構築概念を用いました。体験のこのような次元を強調することで，バートンは次第に自分の葛藤や防衛に取り組めるようになるだろうと私たちは信じていました。そして，何年もの時間を必要とはしましたが，私たちの予期はある程度証明されました。治療の間私たちは，「分離の増大 increments of separation」（Lachmann, Beebe, & Stolorow, 1987）という概念を用いました。絶えず行ったり来たりするバートンの揺れ動きを，取り扱い可能な形にオーガナイズするための安全地帯を提供する理論的規準としたのです。それと交互して私たちは，分離の歩みからのいかなる退却についても，恐ろしくそして誘惑的な母親との再融合と同じものだと必ずしも理解するのではなく，その揺れ動きの一部として理解しました。私たちは，分離することが孤立または死を意味するという，バートンの全か無かの空想を，この解釈の道筋が修正できると信じていました。非常に細かな変容を通し，このゆっくりとしたプロセスによって心的構造が確立するものと考えられたのです。

　バートンは大学のクリニックの患者として治療を開始し，私（ベアトリス）がその後10年の間に勤務したどの場所にもついて来ました。9年目には，バートンのパーソナリティは際立って確固としたものになりました。幼少期以来，バートンを特徴づけてきた深刻な病理は著しく減少しました。週3回の治療の9年目を私たちが原稿にまとめたとき，私たちは彼をバートンと名づけました。リチャード・バートン Richard Burton のような俳優だけが，その不安定で激しい男性を演じることができるだろうと思ったからです。同様の思いから，私たちはバートンの最初の妻をリズ Liz，2番目の妻をシビル Sybille と名づけました。

　大学2年生，20歳のときに，バートンは治療を開始しましたが，それは5回目の試みでもありました。バートンは，人生は生きる価値がないものだと感じており，自己破壊性を訴え，薬物（LSD，リタリン）への甚だしい依存，断続的なアルコール中毒，窃盗（そのことでバートンはすでに1か月間服役していた），持続的な希死念慮を列挙しました。バートンには，自分を非難したり，

バカにしたり，自殺するように勧める「自分の心の奥にある」迫害的な声が聞こえました。集中困難，観念競合，記憶減退，体外離脱体験についても彼は語りました。彼は，自分は生きているという感覚を失いつつあると感じており，末期の病を患っていると信じていました。彼の時間感覚は激しく歪んでいました——時間は加速していくか，停止の危険にあるかどちらかでした。彼は近隣の危険地域の人びとと向こう見ずなかかわり方をし，銃を持ち歩き，治療の3年目に結婚したガールフレンドのリズにヘロインを供給していた薬物売人と戦う計画を立てたこともありました。

　バートンは，リズがバートンを拒絶したり，薬物を使用したり，一晩中留守にしたりするときには必ず，リズを殺し自分も死にたいと思いました。そして，彼は危険なほどの自殺衝動に駆られました。治療の7年目にリズが彼のもとを去ったときには，バートンはその後丸1年続く深刻な抑うつで入院します（治療過程のなかで3度目の入院）。しかし，バートンはリズとよりを戻したいという切迫した衝動を無視するため，研究者としての自分の理想を利用することができました。翌年彼らは離婚しました。

　また，バートンの強さはとても印象的でした。彼は豊かな想像力，傑出した知能，自己内省に対する繊細な能力，そして友人への深い思いやりを持っていました。学業においては優秀な成績を絶えず維持し，彼は治療の間も卒業研究に従事することができました。苦悩に立ち向かう彼のバイタリティは，人生への情熱的なかかわりを示唆していました。

　治療9年目に入ったとき，バートンは意図的にリズに夢中にならないようにしていました。このときまでに，すでにバートンは，後に結婚するシビルと一緒に暮らしていました。9年目のこのとき，私たちはこの臨床題材に取り組んでいましたが，バートンは4週間続けて面接を休みます。治療者の助けを拒否したり面接を休んだりすることで，リズから自分を引き離すプロセスを停止させているとバートンは考えました。バートンはうろたえ，自分自身を失ってしまった，リズを失ってしまった，彼もリズも両方とも邪悪である，と感じ始めます。彼は自分自身を撃ち殺す手の込んだ計画を立てます。リズと再び関係をつくろうとする彼の努力は，サディスティックで虐待的な母親との早期の融合の残滓として解釈されました。当時の解釈は，分離が持つたくさんの意味に注意を向けたものでした。

母親との関係については，すでに多くの作業が行われていました。治療の初期に彼は，「私たちはシャム双生児みたいです。離れれば二人とも死んでしまうでしょう」と語っています。彼は早期の反復的悪夢を思い出したことがありますが，それは，彼が棺のなかにとじこめられ母親が外側にいるか，あるいは逆に，彼が外にいて母親がなかにいる，というものでした。分離は殺されることと殺すことを意味していたのです。「私の母親は，何日ものあいだ幻覚状態になり，気が狂っていき，彼女を止められるものは何もありませんでした。自分自身を破壊する決意をした人を愛することがどういうことなのか私は知っています。リズが自己破壊的になると，私はしめ出され，殺されたように感じます。リズが私を殺し，私がリズを殺すのです」とバートンは語りました。分離は死を意味する，というのがバートンの基本的なメタファーでした。
　母親との早期の関係についての長期的な再構成は，ひどく一貫性に欠け，完全に良い状態と残忍さがころころと入れ替わり，性的に誘惑的で突然虐待的になるような母親に関する記憶を明らかにしました。夜，バートンか母親のどちらかが棺のなかに閉じ込められ，片方が外にいるという反復的悪夢は，彼の自殺と殺人への同時的なこだわりや，殺人者になったり被害者になったりと流動的に入れ変わる彼自身や母親のイメージをとらえるものでした。このような記憶は，リズとの関係が母親との早期の関係をどれほど再想起させるのかをバートンに気づかせるものとして，その重要な９年目に用いられましたが，彼はこの二組の体験を，自分が時折区別することができないことに気づきます。
　バートンは今や，リズから分離することを考えるだけでも，自分を邪悪で殺人的だとはっきり体験し始めました。新しいガールフレンド，シビルとの関係は，リズへの裏切りであると彼は強く感じました。バートンが，父親の生涯にわたる不倫と，母親を裏切った父親に対する彼の激しい怒りに関する記憶を初めて回復できたのは，治療のこの時点でした。バートンと父親との関係については，父親がベビーベットのなかのバートンを叩く記憶のワークスルー，父親の抑うつへの同一化，エディプス的なテーマなど，かなり以前からすでに取り扱われていました。しかしこの新しい題材は，父親との葛藤的な同一化，つまり，母親から分離してはいるが，母親を裏切った存在でもある父親との同一化，という失われた環を明らかにしました。
　父親との同一化が最も重要だった範囲において，その題材はますます葛藤と

防衛の道筋に沿った解釈と結びつきました。父親が恋人との関係で母親を裏切ったとちょうどバートンが感じたように，彼がシビルとの新しい関係でリズを裏切ったと感じているという解釈が彼に提示されました。父親との競争のなかで，彼は父親よりもずっと貞節でなければならなかったし，かつ裏切られた者，見捨てられた者でなければなりませんでした。つまり，置き去りにする側ではなく，母親の側に彼は身をおいたのです。しかし，融和性を維持し，葛藤を体験するバートンの力は脆弱でした。母親への忠誠の絆として始まったものは，もう一度急速に融合状態へと発展しますが，そのなかでバートンは，見捨てられ，裏切られた無力な母親とあまりにも似ていると自分を体験します。父親との葛藤的な同一化に関する解釈に対してバートンは，父親の不正直さを理由に彼が父親を刺し殺すという夢を報告しました。この時点で，分離が死を意味するという恐れが再び現れました。

　高まるパニックのなかでバートンは，リズがいないと自分は死ぬことを私に納得させようとしました。リズへ向かったり離れたりする揺れは激しさを増しました。亀裂を修復し彼女を救うため，彼はリズと会う必要がありました。同時に彼は，彼女との離婚を受け入れる決心を宣言しました。彼はまだひどい怒りを感じていたし，彼女を殺したいとも思っていました。「私は彼女がいなくて寂しい，私は彼女を憎んでいる。私は彼女を追い払いたい。私はリズのもとへ駆け戻りたい」と。

　彼の機能は解体されていました。「私は学業をこなすことができない。自分の本を図書館に持って行くこともできない。私のアパートはめちゃくちゃです。私の人生はぼろぼろです。私はリズなしでは生きていることができない。これは分離ではなく，終わりです」。この解体はついに，死を意味する母親との融合を復活させる自殺衝動に満ちた状態に至ります。「これは頭のなかでの交通事故です。母親の臨終のようです。私は自分の頭を撃ち抜きたい。気が狂ってしまいたい」と。

　フランクと私は，このプロセスをバートンの自己構造の弱さを示すものと理解しました。バートンはそのような激しい情動に耐えることができませんでした。自己と対象との分化は失われ，彼は母親としてきたものと本質的によく似たリズとの融合状態へ再突入しました。殺人と自殺は置き換え可能でした。彼と彼の母親は両方とも死にかけていました。彼は殺人者であり，犠牲者でもあ

りました。さらに，彼がこの激しい情動に耐える力がないことの解釈や，初期の自己と対象との分化の喪失についての解釈は，より一層自分を見失わせ，さらにひどい自殺衝動をもたらすだけでした。この時期の大部分を特徴づけるような，行ったり来たりの揺れとは異なり，このときのバートンは一時的に柔軟性を失っていました。私（ベアトリス）は，つかの間に見られていた分離の増大が劇的に反転したことを，プロセスの一部として受け入れました。

　永遠に恐ろしい状態に閉じ込められることをあなたはイメージしている，と私が指摘したことによって，融合状態に固有の消えそうな時間次元が再開されました。この解釈は，自殺衝動を伴う強く融合した位置から，より分化した依存状態を受け入れる方向へバートンを進ませました。彼は自分自身に対処することができないと感じ，はっきりと私を必要だと認めました。彼は自分に乳房を吸わせる女性の夢を見て，その女性を私とみなしました。耐え難い分離への恐れに直面したとき，彼は自分を安心させるためにこれらのイメージを利用しました。攻撃的なだけでなく欲しがりで，安心することが可能で，性的な感覚を持つなど，自身の多様な性質を彼は再統合しました。バートンの動きは，より豊かでより明確な自己体験へと向かう分離の増大として理解されました。この時期の私たち（フランクとベアトリス）は，ある程度の自己と対象との分化を伴った，対象と関係した object-related 依存へ変容するものとして融合を捉えていたのです。

　治療の大部分において，バートンの陽性理想化転移が背景にありました。この転移の解釈は，治療プロセスにとってそれが必要不可欠だと私たち（フランクとベアトリス）が理解して以来，最小限にとどめられていました。9年目の最初，バートンが面接を休み始めたとき，その転移は前景へと移動し，解釈の主題となり始めます。治療のこの時点で，自分に乳を吸わせてくれる女性の転移夢に関する作業をしたことで，バートンは，共生様 symbiotic-like の切望を対象に関係した依存に変容させる方法として，そして，決定的に新しい安心する力として，はっきりと認識された自分のニードを利用できるようになりました。

　バートン自身の多様な性質の統合に関するこれらの発達は，以前は母親やリズと再融合することで対処してきた感情（怒り，性愛 sexuality，依存，喪失の恐れ）にバートンが耐えることを可能にしました。治療のこの時点では，

バートンは自分のリズに対する性的な依存を大変腹立たしく感じ，この関係の喪失は自分の性愛の喪失を意味するだろうとうろたえました。彼は，「私は自分の一部を失いつつあります。私はそれに抵抗しています。私は見捨てられた子どものような感じがします。私は不当に扱われているように感じます。私は彼女をあきらめることができません。私は死人につながれているように感じます」と話しました。これらの考えは，バートンと母親のどちらかが棺のなかにとじこめられ，もう一方が外側にいるという早期の夢に関係し，母親から離れることは双方の死という結果につながるといった，生涯にわたるバートンの恐怖にも関連していました。バートンは自分がリズや母親との経験を濃縮化していることを理解し，「私は自分の経験のすべてをそれほど深刻に受け取ることはできません」と述べました。

　性愛のもつれをリズから解き放つことや，彼女の喪失をあきらめること，そして自分の喪失体験の深さが母親との体験に基づいていることを認識することが，分化や分離のプロセスにおける主だった動きでした。それでもバートンは，再び自殺衝動を伴う抑うつになりました。彼は自分の「全存在がばらばらになりかかっている」と感じ，自分は邪悪だと感じました。彼はリズから離れる新たな一歩として，また彼女への裏切りとして，私（ベアトリス）との親密さを体験していましたが，それでも，そこに安心を見出すことができました。自殺衝動を伴う抑うつは，リズから離れたことに対する彼自身への報復的な拷問として，そして，それまで成し遂げてきた多くの成果を打ち消したい願いとして解釈されました。

　バートンは，自殺衝動を伴う抑うつは報復的な拷問である，という解釈を利用することができました。バートンは悔しげな様子で，「それは良くなることへの私の抵抗なんです」とまとめました。私たちは葛藤 - 防衛モデルのなかでこのエピソードを考えていました。打ち消しをしているという解釈は，増加しつつある自己と対象の分化のおかげで成功しましたが，それは，依存的な転移を体験し，許容する原始的な力がすでに生じていたからです。この解釈的方略が成功したことは，自分の反応は「抵抗」であるというバートンの示唆において明白でしたし，このことは，抵抗することが可能な行動主体としての彼の自己感覚を示唆していました。絶え間ない抑うつにもかかわらず，この作業によって，彼は卒業研究に取り組み続けることができ，その達成を非常に誇りに

感じました。

　この介入に続くセッションでバートンは，自分が「気が狂うこと」と「気が狂わないことを選ぶ責任」の防衛的な側面を自発的に認めました。この認識は，責任ある行動主体として自分自身を体験し，自分の不安を許容するなかで，バートン自身がセッションの合間になした目覚しい再統合だとみなされました。学業において成功しているし力もあると漸進的に自分自身を見ることができるようになると，それぞれの学問的な成功と共に，バートンは学業を破壊して打ち消そうとする衝動の猛攻撃を体験しました。

　彼の父親に関する作業と，治療者から離れることに関する作業ののち，（他者のイメージから自己のイメージを区別するものと定義されるような）核心的な意味で確固たる自己が確立されました。バートンはもはや，「邪悪な」母親との融合を感じませんでした。「私は，自分が生き残ることができるし，何とか生き残ったと感じています。私は多くの点で幸運で幸せだと感じています。私は良い気分です，本当に。しかし，私は自分自身を破壊したくなる時間が常に出てくることもわかっています」とバートンは話しました。私たちが初めに定義した三つの次元——自己と他者との分化，激しい情動を許容する力，時間を越えた連続性の感覚——における彼の成長は，今やいくつかの主要な点で明らかになりました。彼は次第に，セッションの合間に治療者との関係を想像することができるようになりました。殺人者，切り裂きジャックに同一化した者，精神病で入院したことのある若者，刑務所に入った者，もしくは前妻や母親と融合した者，そのように自身を体験する方へ戻される恐れを感じることなく，彼は以前の記憶を回復することができました。

　バートンの10年間の治療が終結してから，現在20年が経過しました。この間バートンは，私（ベアトリス）と断続的な接触を保ちながら，薬物治療を除く他の治療は行っていません。彼からの電話のうち何回かでは危機状態でしたが，その他は「ちょっと連絡しておいた」というものでした。長期間接触はありませんでした。ここ数年は，短時間の電話が週1回入るのが常です。数か月ごとに，私は彼から心温まるカードを受け取ります。激しい抑うつの期間や仕事がない期間でも，シビルの愛すべき夫として，温かく献身的な父親として，そして知的なコミュニティにおける優れた生産的な一員としてバートンは活躍しています。

バートンとシステムモデル

　バートンの治療を再概念化する上で，私たちは，以前背景にあった治療的交流の次元を今は前景に持ってきます。これらの次元は最初の論文（Lachmann & Beebe, 1983）では概念化されていませんでしたが，現在私たちはそれらを治療作用の重要な側面であると考えています。

　以下の議論で私たちが注目するのは，私たちの以前の考えに対する，相互に関係するさまざまな批判です。(1)心理的オーガナイゼーションに関する一者的観点を反映する構造形成や構造上の欠損について中心的な関心を向けること，(2)分離に注目した発達モデル，(3)これらの愛着の変容を無視して蒼古的愛着の反復を強調すること，(4)進行し続ける非言語的交流の治療作用を無視して言語的語りと解釈が重要視されること，(5)治療者に対する患者の影響力を無視し，患者に対する治療者の影響力を強調した一方向モデルを利用すること，といったものです。

　私たちの理解は，今やシステム的観点に基づきます。以下の章で私たちは，早期の発達と成人の治療両方に関連したシステム的観点について述べ，治療的介入に必要不可欠な内容を描き出します。しかし差し当たっては，バートンとその治療についての理解を変えた私たちの考え方の変動を述べることとします。

　私たちによるバートンの治療は，構造上の欠損の分析と構造形成の促進を追及したものでした。システムモデルに従い，オーガナイゼーションに欠損があるものとして精神病理を見るのではなく，すべての体験は何らかの方法でオーガナイズされていると私たちは考えます。心的構造の概念の代わりに，**進行過程** in process にある「体験のパターン」つまり，変容するオーガナイゼーション〔という表現を〕を私たちは好みます。実際私たちは，構造の概念が固定化した意味合いを持たないように，もともとの用語であった「相互交流構造」を「相互交流パターン」に変えることもしました。体験のパターンは，**交互的交流の連鎖の予想**としてまず乳児期にオーガナイズされ，自己調制*スタイルに結びつきます。この交互的，もしくは双方向的な影響は，それぞれのパー

トナーが進行し続ける交流に貢献しているという意味で,「共構築」と呼ばれます。自己調制 self-regulation と相互交流調制 interactive regulation の両方を私たちが強調することで,システムに関する一者的観点と二者的観点を連結することができるのです。

バートンの治療に関する私たちの理解において,予想の概念はどのような違いをつくり出しているのでしょうか? 精神分析において予想は,「非特異的」要素または「非解釈的」要素のなかに含まれてきました。代わりに,特異的な治療作用をもたらすものとして私たちが考えるのは,外傷的予期が確認されないことです。バートンは,養育(薬物,アルコール)の即時的供給と同様に,非難やあざけり,虐待,見捨てられ,〔感情の〕爆発,過剰な性的刺激を予想しました。彼の治療者がそれらの予期を何も満たさなかったことは,「安全な背景」(Sandler, 1987) を与えただけでなく,「システムを揺らがせ」(Thelen & Smith, 1994) ました。つまり,他の相互交流を可能にしました。

予想の概念は焦点を**プロセス**に移動しますが,そのプロセスにおける相互交流パターンは,患者の生育歴のなかでオーガナイズされた became organized もので,治療関係においてオーガナイズされていく becoming organized ものです。このプロセスにおいて,それぞれのパートナーが応答のパターンを予想するようになるのは,それぞれが,特定のタイミングや情緒的な調子を持つ他者に影響を与え,またその他者によって影響を与えられる部分です。同時に,それぞれのパートナーは,自己調制の一つの重要な側面である覚醒や内的状態を調制できることに関して,一定の安心感や不快感を体験します。私たちはこれらのパターンを,「調制の予想」とか「調制不全の予想」と呼んでいます。このようにプロセスを強調することは,習慣的に行ってきた言語的側面への注目に,交流の非言語的次元を統合することを促します。

バートンの調制不全の予期は,彼の幼少期を堅くオーガナイズし,成人時の彼の対人関係を支配しましたが,転移を支配することはありませんでした。そ

＊(監訳者注):本書では「regulation」に対して「調制」の語をあてた。これまでの翻訳書を概観すると,regulation には「制御」や「調整」などの語が内容に応じて使い分けられている。本書で用いられる意味としてより近いのは「調整」であるが,それを構成する漢字はどちらも「トトノエル」ことを意味し少し静かな印象を免れない。ある程度「制御」の意味を含める必要性が感じられたことと,「調整」の訳語をあてるのにより適切と考えられた「coordination」と明確に区別する必要性から,「調制」という造語を用いることにした。

れどころか彼は，柔らかであたたかく，率直で愛情のこもった関係を治療者との間に確立しました。バートンには彼が非常に愛した養育的な祖母がおり，おそらくこの関係が転移に持ち込まれたモデルや希望を提供していたのでしょう。さらに，暴力的で，ときには極めて性的に色づけられた母親との関係ではあっても，彼女は非常に寛大で愛情に満ちた側面を持っていましたし，また彼女はバートンを信奉してもいました。しかし，私（ベアトリス）との関係性におけるこの柔らかく暖かい側面は，冷たさや手の届かない引きこもり，あるいは激しい自殺衝動への没頭とときに並んで存在していました。

　私たちはここで，私たちの理解の変化に沿って振り返り，彼の体験のパターンがどのように再オーガナイズされたのかを考えてみることにしましょう。自己調制と相互交流調制に関するバートンの予想はどのように変化したのでしょうか？　そして，私たちのもともとの定式化である「内在化」は，実際にはどのように進んだのでしょうか？　ここで私たちは，内在化は表象（予想のパターン）のオーガナイゼーションと同調して進展するという論点を導き出します。治療と同様に発達においても，自己調制と相互交流調制両方のパターンを含む調制の二者関係的な様式は，パートナー両方によって共同的に構築されます。私たちは，調制的相互交流が内部構造化される interiorized というシェーファー（Schafer, 1968）の立場に基づいています。共同的に構築される自己調制と相互交流調制を生み出すこと，精緻化すること，先を見越すこと，表象化することがオーガナイジングプロセスとなります。そう考えると，バートンの事例では，分析プロセスにおける相互交流が徐々にバートンの自己調制プロセスの性質を改変したということができます。彼は薬物やアルコールがなくても，考え，先を見越し，なだめ，自分を活気づけることができるようになりました。彼は次第に，危険な活動にかかわることに対して自分を抑制することが可能となりました。それと交互して，彼の自己調制パターンにおけるこの変化は，私たちが相互にかかわり合う方法における，さらなる変容を促進しました。

　分離の増大という私たちのもとの概念は今，一者的観点から二者関係的なシステムモデルへと翻訳されました。当初私たちは，バートンのなかで起こっていると信じていたプロセスに取り組むためにその概念を用いました。ここに私たちは，断絶と修復という興味深く複雑な相互交流パターンが確立されていっ

たことを示すことになります。

　次第にバートンと私（ベアトリス）の両方が，その修復プロセスに貢献する能力を持つようになりました。危機が起きたとき，私たちはそのプロセスをゆっくりにし，反転や否認，打ち消しのための余地をつくることを学びました。そして私たちは，最終的にそのプロセスを元の軌道に戻せると予想するようになります。つまり，断絶と修復のパターンが進展する典型的な道筋が，私たち二人両方によって予期され，表象化されるようになりました。このような予期は次第にバートンの内的調制を再オーガナイズし，同時に私（ベアトリス）を徐々に冷静にしました。つまり，分析家と患者両方にとって相互交流的な交流が変わってきたのです。

　バートンを再概念化するなかで，私たち（ベアトリスとフランク）の発達モデルは，分離－個体化から愛着－個体化へと変わりました。マーラー（Mahler, Pine, & Bergman, 1975）の共生段階は，生後数か月における自己と対象の境界がない肯定的な関係性だと想定されています。彼女は，よちよち歩きの幼児の身体的な分離が増加するという文脈において，自己と他者の表象は生後2年目に分化すると考えました。分離と分化に関するよちよち歩きの幼児のアンビバレンスは，分離の認知的な気づきが増加すると共に「再接近期危機」へとつながりますが，再接近期危機は，母親を回避する一方で母親との接触的安心を追求するような行ったり来たりする健康な段階として述べられます。バートンの治療において，分離の増大に関する私たちの概念はこの観点に影響を受けていました。

　対照的にボウルビー（Bowlby, 1969）は，生後1年半の課題は，安定した愛着関係を確立することであると概念化しました。ボウルビーの理論を基に，カーレン・ライオンズ＝ルース（Karlen Lyons-Ruth, 1991）は，再接近期の基準として，マーラーら（Mahler et al., 1975）が，接触に関するアンビバレンスを述べていることを批判しました。代わりに彼女は，接触に対するそのようなアンビバレンスや回避は，不安定な愛着の証拠であると論じました。愛着－分離プロセスではなく，愛着－個体化プロセスとして，最初の2年間を再枠づけするようにライオンズ＝ルースは勧めたのです。よちよち歩きの幼児の最適な発達には，情動，援助の資源としての両親の利用，ストレス状況下で親との接触的心地よさを力強く追及すること，そして拒否を怖がることなく主導

性や反対を表明することを含みます。したがって，子どもの発達プロセスは，どの程度情動調制のパターンが温かく相互的であるかによって評価されるべきでしょう。同時にそれは，子どもの目標や主導権の追求を促進するに違いありません。この発達モデルは，自律性を成就するための分離よりも，自己主張的な関係性を強調しています。

　バートンを治療していた当時，私たちの理論モデルは分離を強調していましたが，振り返ってみると，分析家に対するバートンの愛着に，私たちが絶え間なく注意を向けていたことがわかります。コフート（Kohut, 1971）の影響を受けて私たちは，結びつきが脅かされたり，断絶したりしたところに注意を向け，それを修復しようと試みていました。しかしバートンの治療において，愛着は確かに背景にあり，分離は前景にありました。

　ベアトリスへのバートンの愛着は，常に存在する自殺への誘惑によって，絶え間なく，深く，脅かされていました。バートンの早期の人生について私たちが理解したところでは，ストレス時に両親に頼る彼の力は，両親が利用できないことと両親の攻撃性，そして彼の恐怖と怒りの程度，その両方によって損なわれました。その代わり彼は，薬物やケンカ，極端な身体的芸当へと向かいました。治療では，バートンと彼の分析家の両方によって，愛着が「安定した」ものと体験されるまでに多くの年月がかかりました。

　治療の時点で，私たち（フランクとベアトリス）は，ベアトリスへのバートンの愛着を認識していましたが，バートンへのベアトリスの力強い投資の役割をはっきりとは概念化していませんでした。これは，治療困難な患者の治療においては，治療作用の鍵となる側面です（Martin Bergmann, 1990年4月2日，私信）。同様に，私たちは患者に対する分析家の影響を概念化しましたが，分析家に対する患者の交互的な影響については述べていませんでした。いわば，愛着の影響と対人関係の影響の両方が存在する場所で，そのシステムの半分だけが述べられたのです。つまり私たちは，共構築された治療関係における愛着と影響について，より包括的な双方向的方法では考えていませんでした。

　私（ベアトリス）に対するバートンの影響は治療のなかに現れていましたが，フランクと行った概念化のなかには現れていませんでした。私はバートンを好ましく思っていましたし，それを表に出していました。私は，治療開始時点における，彼の急激で激しい陽性転移に脅威を感じることはありませんでし

た。私は彼を非常に興味深いと思いました。しかし，治療が進むにつれて，彼の苦悩や動揺の水準は上がります。彼はどんどん危険なことをするようになり，たびたび自殺衝動を感じ，そして，彼に手が届かなくなった場合，それは長期に及びました。時折，私は彼のことでひどい苦しみを感じました。

　私自身の経歴から，私は自分に彼の激しい苦悩を許容するゆるぎない能力があると予想しました。セッションの間，彼に手が届かなくなってしまったとき，私は彼と心を通わせようと熱心に努めました。彼と私は方法を見つけるだろうし，彼はいつか私に応答するだろうと私はいつも予想していました。私は自殺衝動を伴う彼の状態について大変不安でしたが，彼が治療不可能であるという可能性を考えることはありませんでした。私は，彼のために，私たちのつながりをうまくいかせる方法を見つけようと堅く決心していました。

　自殺衝動を伴うバートンの状態について私の不安が高まったとき，私たち（フランクとベアトリス）は，彼が自殺する可能性や，もし彼がそうしたら私にとってどんな意味をなすのかということに向き合いました。フランクとのこのプロセスは，嵐の時期に耐える私の力にとって不可欠でした。私たちはこのプロセスにおいて，バートンを3度入院させました。フランクは，この患者が精神分析的に治療できることを証明するという彼自身の決意を持っていました。そのように私たちは，異なった理由でこの前提のもとに結束しました。

　それでもなお，解釈の言葉の上では，私の影響の性質は単独で概念化されました。そうすることで，フランクと私は，関係性の共構築において瞬間瞬間に進行し続ける分析家の関与を無視したのです。対照的に私たちは今，すべての瞬間で共構築される相互交流プロセスとして治療を定式化します。このプロセスのなかでは，語りによる力動的な問題や関係性の瞬間瞬間の折り合いは，前景と背景との間で揺れ動きます。

　私は，陽が暮れ始めたときのバートンとの感動的な夕方のセッションを思い出します。バートンと私はどちらも，部屋の灯りを点けるために動こうとしませんでした。私たちは，ゆったりとした，空想に近い状態になり，ほとんど話しませんでした。私たちはそれぞれ，相手が落ち着いていると感じ，私たちは両方ともその沈黙にとても満足しました。私たちのどちらも，とても長い間，その静寂をかき乱そうとはしませんでした。バートンと私がこのセッションについてはっきりと話したことは一度もありませんでしたが，それは，穏やかな

方法で共にいるための私たちの力の変化として印づけられました。この変化は，熱狂的で，緊迫的で，衝動的で，激しい，彼のいつもの心の情緒状態に照らすとますます際立ちました。同時にそれは，不安で苦しい気遣いから私が離れた変化として印づけられました。

バートンの治療に関するシステム的視座は，実際，バートン，ベアトリス，フランクという三人の人間からなっていました。バートンは私たち二人に重大な影響力を持っていました。私たちは，彼の並外れた知性，創造性とエネルギー，精神の寛大さ，そして苦闘の激しさに感じ入りました。

もとの分離 - 個体化モデルを利用することで，治療はリズから分離しようとするバートンの試みを強調しました。バートンは彼女と離れて暮らせるようになりたかったのです。リズなしでも生き残ることができ，生き残るにふさわしいという彼自身の感覚を確立する力が鍵でした。解釈では，リズの運命に対する彼の責任を放棄することに重点が置かれました。バートンは，もし自分が彼女と別れたら，彼女は死ぬか自殺するだろうと恐れました。この苦闘は，母親から分離することに関する同じような問題と結びつけられました。

治療では，リズとの関係における，彼の母親との関係の反復が強調されました。振り返ってみると私たちは，反復と変容の間の相互作用を概念化するモデルを好んでいました。リズとの関係は，危険で邪悪な幼少期の母親の感覚をバートンが劇的に示したという意味での反復でした。しかしながら，リズとの関係においてバートンはまた，母親との破壊的な結びつきを変容させるために多くのことを試みました。多くのやさしい愛情に満ちたリズとの瞬間があり，彼は，抑うつや薬物の使用から彼女を「救う」ため一貫した努力をしました。私たちはこれらの変容的な取り組みに気づいていましたが，治療的取り組みはそれを充分に反映していませんでした。最善の努力にもかかわらず，彼はそれでもなお，彼らの相互交流の多くを特徴づける激しい憎悪を，激しすぎない愛へ統合したり変容させたりすることはできませんでした。

しかし，転移における作業を通してバートンは，エネルギッシュで生き生きとした関係は，殺人的ではなく安全で，圧倒的ではなく楽しいもので，急速な気分の変動や断絶の傾向ではなく進行し続ける予測可能なもの，という予期を発達させました。このプロセスにおいて，彼が持つ以前の関係の情熱は保存され変容されました。彼がシビルに出会ったとき，彼は，自分の治療者に関係す

る領域で働く，熱情的で，激しく愛情深い，知的な女性を発見したのです。何年かのち，時折見られた激しい葛藤にもかかわらず，バートンは母親との関係を暖かくて比較的調和の取れたものに変容させることができました。

　バートンの治療を再概念化することで，私たちは自分たちのシステムモデルをまずお見せしました。次章で私たちは，このモデルが乳児研究にどのように影響されてきたのかということや，成人の治療への適用可能性など，このモデルを詳細に検討することに取りかかります。

第2章

二者関係のシステム的観点

　バートンの治療の間，ジェイコブソン Jacobson やコフート Kohut，マーラー Mahler の発達的観点は，彼の混沌とした体験を概念化するのに不可欠なものでした。しかし私（ベアトリス Beatrice）は，患者を治療するときの発達的観点と，乳児を研究するときのまったく違う発達的観点という，異なる二つの世界に住んでいることを次第に認識するようになります。そこでフランク Frank と私は，バートンの治療の9年目をまとめた後，一緒に乳児研究を行うために1年間の休暇を取りました。ダニエル・スターン Daniel Stern と共に，後にはジョゼフ・ジャフィ Joseph Jaffe と共に，私はニューヨーク州精神医学研究所 New York State Psychiatric Institute で時間の半分を乳児研究に費やし続けました。フランクと私は，ファーコーフ心理学大学院 Ferkauf Graduate School of Psychology で私が教えていた乳児の社会発達のコースを一緒に学びました。私はやっと，フランクに受けた数年にわたるスーパーヴィジョンに報いることができましたし，私たち二人は知性の発展のために新しい議論の場を得ることができたのです。乳児研究を精神分析治療に結びつけようとするやりとりのなかで，私たちはたがいを教育しあったわけです。

　私（フランク）は精神分析への新しい入り口として，乳児研究を用いる可能性，つまりカウチ〔による自由連想〕や精神病理学的視点を通したものではなく，健康な赤ん坊と彼らにできることを調査した多くの独創的な研究者の目を通して理解する可能性に興味を引かれました。私は研究のなかで，高校，大学，そして大学院以来抱いていた研究への関心が蘇ってくるのを感じました。研究を考察していくにつれて，私には精神分析の観点とは根本的に異なる早期

の発達の姿が見えてきました。研究によって浮かび上がってくる乳児の姿は驚くべきものでした。

　私たちは，早期の体験のオーガナイゼーションにおいて二者関係の相互交流が果たす役割にますます感じ入りました。この驚くべき乳児は，養育者との交互的で，ほんの一瞬の，相互的な調節システムに関与していました。同時に乳児は，自分の状態を調制する思いもよらない能力を持っていました。乳児研究において内的な状態と相互交流のプロセスが結びつくさまざまな方法が，相互交流の一連のオーガナイジングプリンシプルを明らかにしたのです。私たちは，患者‐分析家の相互交流の理解を広げるために，実証的乳児研究を用い始めました（Beebe & Lachmann, 1994, 1998; Lachmann & Beebe, 1996a, b 参照）。

　生後数週間の睡眠‐覚醒サイクルのオーガナイゼーションにおける，相互交流調制の役割に関するサンダー（Sander, 1977）の研究は，自己調制と相互交流調制の統合に関する私たちの考えを導きました。私たちは文献を概観するなかで，自己調制を例証するために注目されてきた行動は，同時にまた，乳児がパートナーに影響を与え，逆に影響を与えられるなかでのそれらの役割を考察するためにも用いることができることに気がつきました。自己調制と相互交流調制の間のこの緊密なつながりは，私たちの二者関係に関する「システム」的観点の中核となりました。議論を重ねたあの年が，乳児研究を精神分析に適用する共同作業の基礎をつくったのです。私たちは20年以上にわたり，毎週2時間これらの議論を続け，ここに示した観点を生み出しました。

　乳児研究を精神分析に関連づけた先行研究の多くは，成人の精神病理の乳児期起源に注目してきました。この本を書く上での私たちの視点はまったく違います。私たちは，相互交流の基本的なプロセスを明らかにする可能性のあるものとして乳児研究に注目しているのです。つまり，私たちの関心は精神分析の**プロセス**にあります。二者関係のシステムモデルは，自己調制と相互交流調制の間の緊密なつながりに関する私たちの研究の基礎をなしますが，私たちはそれを精神分析のプロセスに適用するのです。

　乳児研究から得られた実際の成果は驚くべきものでした。ありえない話ではないとしても，古い理論によって仮定されるように，人生早期の状態が成人の治療で反復されるために，乳児研究の成果が精神分析にとって有益なわけでは

ありません。そうではなく，乳児研究が最も有益であるのは，非言語水準での相互交流の基本的なプロセスが生涯を通して同じように残るからなのです。

システム理論は，乳児研究のデータを理解する統合された方法を提供します。これらのデータは，乳児と親を連結された二者システムとしてみなしたときに多くの意味を持ちます。この章で私たちは広く方向づける言葉でこのシステム的観点を紹介します。それは新しい言語の習得のようなものだと思ってください。精神分析の論文において私たちが習慣的に使うものとはまったく異なっています。

システム的観点は，強力な方法で私たちの治療プロセスの理解に影響を及ぼします。たとえば，実証的乳児研究は，通常の言語的な交流の背景にある非言語的プロセスを，治療者から観察できるようにする相互交流パターンを明らかにします。相互交流のプロセス自体へ注目することは，一コマごとに分析を進めていくことに類似しており，特に，いわゆる「治療困難な」患者に対する治療効果に大きな貢献をします。それぞれの二者関係に特殊な相互交流パターンと自己調制範囲の共構築が，このアプローチの中核となっています。

システムモデル

システム的観点を概念化する取りくみは，乳児研究にも精神分析にもあります。しかし，それぞれの領域は異なった視点から発展してきました。1970年代初頭以来，社会性の発達に関する乳児研究は，自己調制とは対照的に，相互交流調制に関心を向けてきました。自己調制と相互交流調制の両方を常に強調したサンダー（Sander, 1977, 1985, 1995）の例外はありますが，乳児研究者はようやくこの10年，自己調制プロセスとそれらの相互交流調制との統合を注意深く検討し始めたところです（Tronick, 1988, 1989; Tronick & Cohn, 1989; Fox, 1994; Schore, 1994, 1997; Thompson, 1994; Weinberg et al., 1999 参照）。トロニック Tronick は，この統合研究の第一線にいます。対照的に精神分析は，歴史的に見ても，内的状態のオーガナイゼーションに関心を持ってきました。最近になってやっと，精神分析家は本気で二者関係における相互交流を検討し始めたところです（Gill, 1982; Hoffman, 1983; Benjamin, 1990; Harris,

1991; Beebe et al., 1992; Ehrenberg, 1992; Stolorow & Atwood, 1992; Mitchell, 1993; Sucharov, 1994; Greenberg, 1995; Aron, 1996; Stolorow, 1997; Shane, Shane, & Gales, 1998）。

　行動と体験のオーガナイゼーションに関し，個人の貢献と二者関係の貢献を統合するアプローチは，システムモデルと考えられます。ピアジェ（Piaget, 1937）とウェルナー（Werner, 1948）はシステム理論という言葉を使いませんでしたが，有機体と環境の絶え間のない相互交流を強調する彼らの考え方は，システム理論の中核的な考え方を多く含んでいます。多くの領域において，個人中心のアプローチや因果関係の線形的観点から離れ，システムアプローチやフィールドアプローチが発展してきました（Badalamenti & Langs, 1990, 1992; von Bertalanffy, 1968; Iberall & McCulloch, 1969; Kohlberg, 1969; Lewin, 1937; Sameroff, 1983; Thelen & Smith, 1994）。

　システム理論（フィールド理論）は生理学，物理学，そして生物学において概念化されました。フォン・ベルタランフィ（von Bertalanffy, 1968）は，理論生物学を開放系と閉鎖系の理論として概念化した第一人者でした。彼の基本的な関心は，生体が整合性と自己方向性を増す方向に発達するときの自己オーガナイゼーションにありました。生体は環境と絶え間なく相互交流を行っていますが，フォン・ベルタランフィが強調したのは，自己調制プロセスを維持するために相互交流を使用することについてでした。

　心理学はそのシステム的観点の発展において，物理学と理論生物学の両方から影響を受けました。レヴィン（Lewin, 1937）とモリス（Morris, 1934）はシカゴ学派 Chicago School of Social Psychology の著名人ですが，サリヴァン（Sullivan, 1953）に影響を与え，サリヴァンはシステム的観点を彼の対人関係的フィールド理論を発展させるために援用しました。1964年の論文，「人の個人性についての錯覚」のなかでサリヴァンは，人は人間関係の数だけアイデンティティを持つと主張しました。このように，個人のオーガナイゼーションは二者関係の文脈によって絶えず形作られるのです。

　サリヴァンはワシントン精神医学研究所 Washington School of Psychiatry とチェストナットロッジ Chestnut Lodge で活躍していましたが，そこで彼は，ローワルド Loewald の研究だけでなくフロム゠ライヒマン Fromm-Reichmann やデイヴィッド・リオク David Rioch，マーガレット・リオク Margaret Riochの研究に影響を与えました。リオクとワインスタイン（Rioch & Weinstein, 1964）が編集した本のなかに，ジェームズ・ミラー James Millerによるシステム理論の中心的概念が論じられています。ミラーは，情報処理に関し，細胞，神経，器官，生体，人間，集団，そして社会的組織に横断的にみられる本質的な類似点があると主張しました。それぞれの水準には独自の特徴がありますが，すべてはエネルギーと情報に開かれた生物系です。変わりゆく環境のなかで，すべての生物系は，物質，エネルギー，情報の入出力を調節することによって自身を維持し，また下位システムの支配を通して重要な要素の内的安定状態を保つことによって自身を維持します。これらの生物系は，彼らが情報の過剰負荷と「過少負荷」に応答する方法においても類似性を共有し，その両方がシステムの病理につながる可能性があります。

　イギリスではウィニコット（Winnicott, 1957, 1965）が，まったく違う影響下で一つのシステムアプローチを発展させました。一人の赤ん坊というものは存在せず，母親 - 赤ん坊ユニットとしてむしろ考えるべきであるという有名な概念を示しました。異なった方法ではありますが，サリヴァンもウィニコットも，二者関係において，パートナー両方が与える貢献について注意深く概念化したわけです。しかし，システム的観点が臨床実践に持ちこまれた場合でも，概してその焦点は二者関係にではなく個人にとどまりました。

　発達研究においては，システム的観点がますます強調されたにもかかわらず，子どもの〔親に対する〕影響よりも，親の〔子どもに対する〕影響により多くの注意が向けられました。1970年代初頭になってようやく，二者関係のオーガナイゼーションに対して，それぞれのパートナーがどのように貢献するかについて，乳児研究は完全に双方向的な考え方を積極的に支持し始めます（Bell, 1968, 1970, 1971; Lewis & Rosenblum, 1974）。発達心理学では，三つの相互交流のユニットがシステムを構成します。自己オーガナイジング・自己調制ユニットとしての親，自己オーガナイジング・自己調制ユニットとしての子，そしてそれ自体が特殊なオーガナイゼーションを持つ相互交流的フィールドとしての親 - 子二者関係です。この三つのユニットのどれも，他の二つに言及することなく充分に説明することはできません。

　システムアプローチは，二者関係の対人関係的調制に関して，私たちの考えを一方向の概念から二方向の概念に移動させました。双方向のシステムにおい

て，それぞれの人の行動はもう一人の行動から（「引き起こされるもの」ではなく）**予測可能**なものです。私たちは，相手の言葉や行為に影響を与えもするし，影響を与えられもします。特に非言語水準では，分析家と患者と同様に，母親と乳児は，行動リズムの瞬間瞬間の調整に関与します。これは社交的行動の基本的な性質です。それぞれのパートナーは，たとえば，音と沈黙，運動と静止のような絶え間ない行動のリズムを持っています。言語上の，あるいは身振り上の「沈黙」の瞬間でさえ，コミュニケーション的なものです。パートナー二人の行動リズムは，たいてい気づきの外側で，何らかの方法でいつも調整されます。

　顔や発声のほんの一瞬の交流に関与する能力は，乳児においても成人同様にしっかりしており，おそらく進化のなかで高度に順応されたものです。これら一瞬の交流については，サルの顔－視覚的な交流においてもまた報告されています（Chevalnier-Skolnikoff, 1976）。アイブル＝アイベスフェルト（Eibl-Eibesfeldt, 1970）は，気づかれないようにカメラをセットし，公園のベンチでふざけあう恋人たちを撮影しました。映像のマイクロ分析をしたところ，恋人同士の顔，凝視，そして頭の向きの秒刻みの応答性が明らかになりました。このように，非言語コミュニケーションのオーガナイゼーションのほとんどは生涯を通じて同じように保たれます。

　双方向的影響は，私たちが用いる共構築という用語の中心的な意味ですが，この概念はまた，相互交流調制と自己調制プロセスはたがいに影響し合うという二番目の意味としても用いられます。フォーゲル（Fogel, 1993a, b）は，すべての行動は，個人のなかで展開していると同時に，パートナーの行動を絶え間なく修正し，パートナーの行動の変化によって絶え間なく修正されると述べ，これらのプロセスを統合しました。

　実証的乳児研究において，相互交流調制と自己調制の研究は，相容れない傾向にありました（重要な例外として Sander, 1977; Tronick, 1989 参照）。しかし私たちは，パートナーの言葉や行為を追いかけるのと同時に，私たちの内的な状態をいつも監視し，調制しています。不安や動揺，あるいは落ち込みを感じることは，私たちがパートナーに影響を与える方法，そしてパートナーから影響を与えられる方法にかかわってきます。そして逆の場合もあります。つまり，相互交流が不快な場合も，私たちは平静でいることはできません。

このように相互交流の理論は，それぞれの人がどのように，自分の行動——自己調制——と，パートナーの行動——相互交流調制——に影響されているのかを明細に述べる必要があります（Thomas & Martin, 1976; Thomas & Malone, 1979）。それぞれの人がパートナーを監視し（影響し，影響され），そして同時に自分の状態を調制しなければなりません。自己調制と相互交流調制は同時に起こる交互的なプロセスなのです（Gianino & Tronick, 1988）。一方が他方の結果に影響します。それらは，行きつ戻りつする柔軟性をもち，力動的バランスを最適にします。今やこの理論はかなり明らかにされていますが，乳児研究も精神分析（しかし Aron, 1996 参照）もその潜在的意義を充分に利用していません。

自己調制と相互交流調制の定義

　私たちがここで相互交流調制という言葉を用いるとき，私たちは相互的調制，双方向的調制，そして共構築された調制という言葉を互換的に用いています。これらの語は**相互性を意味しません**。それらは，パートナー間の両方向の随伴的流れを意味します。つまり，各パートナーの行動は，相手の行動に随伴したり，相手の行動に「影響を受け」たり，あるいは相手の行動によって予測されたりします。双方向的影響のどちらか一方がいつも強調されます。しかし，その人は他者に影響を与え，そして影響を受けるという両方の体験をします。図1の実線は，システムモデルにおける自己調制と相互交流調制プロセスの絶え間ない交互的な影響を表します。実線に平行する点線は，これらの調制の履歴 history を示します。図2は，すべての様相が母親と乳児の間の双方向的な交流に貢献することを表しています。
　これらの語は**シンメトリーを意味しません**。それぞれのパートナーが，異なった方法で均等ではない度合いで相手に影響を与えているからです。**因果関係モデルを意味するわけでもありません**。調制は，一方のパートナーの行動が他方の行動から予測可能である確率によって規定されます。**肯定的な相互交流を暗に意味するわけでもありません**。（顔の映し返しのような）肯定的な交流と同様に，（後述する追いかけとかわしの相互交流のような）回避的交流もま

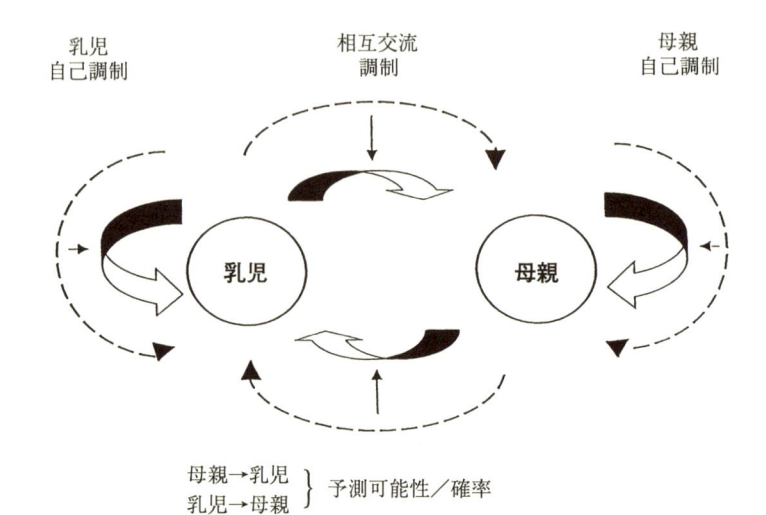

図1 相互交流のシステムモデル。矢印はパートナー間の予測可能性（「調整」または「影響」）を示す。点線の矢印は予測可能性のパターンの履歴を表す。

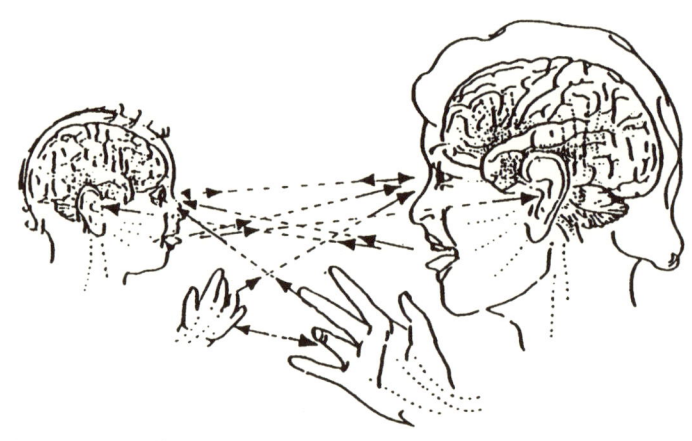

図2 母親-乳児の双方向的交流の様相。トレバーセン（Trevarthen, 1989）より。許可を得て転載。

た，双方向に調制されます。

　私たちは，自己調制という言葉を，パートナーが各自の状態を調制する能力を意味するために使います。生まれてからずっと，自己調制は，覚醒の取り扱い，注意の維持，過剰刺激に直面して覚醒を弱める能力，そして行動表出を抑

自己調制 ←——————————→ 相互交流調制

・閾値
・強さ
・覚醒調制
　活性化　　　／　弱める
　注意の高まり／　自己鎮静

母親→乳児
乳児→母親

↓

ルイス・サンダー：内的状態

・アクセスする
・明確にする
・さらにオーガナイズするため，
　内的状態を**利用する**力へ関心を向ける

↓

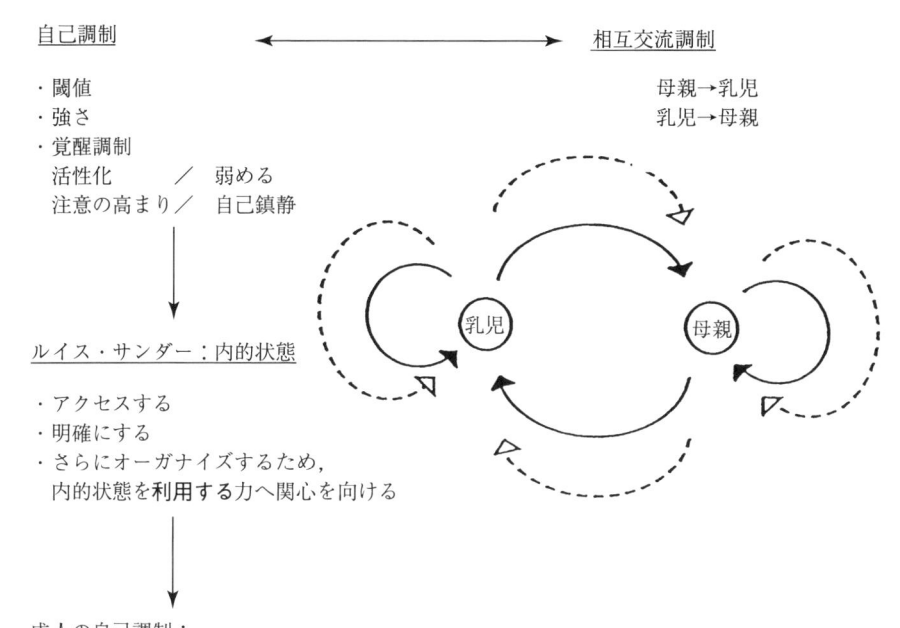

成人の自己調制：

・（無意識）空想
・防衛

図3　二者関係のシステムモデルにおける自己調制

　える能力に関係します。それは，どれだけはっきりと赤ん坊が空腹や眠さ，接近‐回避を示すかなど，応答への準備性や手がかりの明確性の変化を含みます (Korner & Grobstein, 1976; Sander, 1977, 1995; Als & Brazelton, 1981; Gianino & Tronick, 1988 参照)。自己接触 self-touching や目のそらし，顔の表情表現の範囲を制限することは，覚醒を弱める自己調制方略の例です。生涯を通じ，自己調制は，環境に注意を払い環境とかかわる能力の重要な要素です。サンダー（Sander, 1977, 1995）は成人において，自己調制は内的状態へのアクセス，内的状態の明確化 articulation，内的状態に対する関心，そして内的状態を使うための能力を含むと提唱しました。図3はシステムモデルにおける自己調制を表しています。
　自己調制と相互交流調制を等しく強調することは，個人のオーガナイゼーションにおける精神分析の伝統的な関心を保持することでもあります。同時に

私たちは，個人のオーガナイゼーションは常に二者関係との「やりとり」のなかにあり，相互交流調制の性質に影響したり影響されたりすることを重視しています。行動はコミュニケーション的であると同時に自己調制的でもあります。パートナーに影響を与えたり，影響を与えられたりするなかでの変化は，自己調制，行動，そして覚醒における同時的変化を伴います。成人の自己調制は（無意識）空想，白昼夢，象徴的精緻化，そして防衛を含みます。

サンダーのシステムモデルについての記述

　乳児研究のためのシステムモデルの最も一般的な記述は，ルイス・サンダー（Louis Sander, 1977, 1985, 1995）によってこの20余年の間に提供されてきました。彼は，構造という固定的な概念を超え，プロセスの重要性を強調します。システムの考え方では，人は常に文脈との進行し続けるかかわりのなかに組み込まれています。システムのオーガナイゼーションとは，人と環境両方のさまざまな要素のパターンを安定させる整理づけの原理を意味します。このパターンは繰り返されますが，それはまた，個人と環境の間のそれぞれのかかわりと共に少しずつ変化します。つまり，相互交流のシステムは常に進行過程にあり，予測可能性と変容との弁証法的対立を伴います。

　サンダーの研究の中核的テーマは，自己調制，相互交流調制，そしてその統合を記述することです。他のすべての生物系と同じように，乳児には自己調制と自己オーガナイゼーションの能力があるに違いありません。しかしこの自己調制プロセスは，絶えず相互交流調制の性質を修正し，またそれによって修正されます（Fogel, 1992a, b も参照）。乳児の「行動主体性 agency」の体験は，相互交流調制がこの行動主体性を「認証」したり促進したりするときだけ，自己調制のプロセスを通してオーガナイズされます。サンダーの言葉では，行動主体性は「システム能力」です。自己調制は，誕生の初期から内的体験（状態，情緒，予期）への気づきを増していきます。このように私たちは，内的体験と相互交流の文脈を同時に認識しています。

　これまで，乳児期における損なわれた相互交流の研究は，たとえば乳児の気質的問題，母親の侵入や引きこもりなど，どちらかのパートナーに問題の原因

を帰属する傾向がありました。しかし，**両方**のパートナーの自己調制と相互交流調制の相対的貢献の絡みを解くことが不可欠です。内的プロセスと関係的プロセスのどちらかを強調しすぎることなく，その共構築に光を当てることによって，システムの観点は，二者関係のプロセスがどのように自己調制と相互交流調制の両方をオーガナイズし，再オーガナイズするのかを検討します。同時に，一方のパートナーの自己調制における変化もまた，相互交流のプロセスを改変します。この観点はこの後の章を通し，治療作用に関する私たちの議論を支えるものです。

　カミナー（Kaminer, 1999）の最近の研究結果は，乳児の行動主体性はシステム能力であるというサンダーの概念を支持しています。4か月児に対する母親の話し方の性質とその乳児の凝視パターンが，ビデオテープから一秒ごとにコード化されました。母親の話し方のコードの一つは，たとえば「あら，もぞもぞしているのね」や「何を見ているの？」や「今笑っているのね」のように，乳児の自律的行為に対する母親のコメントとして定義される「行為／行動主体性」です。カミナーは母親に，ブラットとダフリティ，クインラン（Blatt, D'Affliti, & Quinlan, 1976, 1979）によって作成された，対人関係の喪失に関連する抑うつ体験への脆弱性を抽出するための質問紙にも回答を求めました（DEQ 依存尺度）。ブラットの尺度で低得点の母親群，つまり抑うつ体験に対して脆弱ではない母親群は，乳児が彼女たちを見ている間に行為／行動主体性のコメントをする傾向がありました。ブラットの尺度で高得点の母親群，つまり，抑うつ体験に対してより脆弱な母親群は，乳児が見ていないときに行為／行動主体性のコメントをする傾向がありました。前者の場合，乳児は結果的に，自分の行動主体性が相互的な凝視によるかかわりのなかに含まれることを学習すると仮定されます。後者の乳児の場合，彼らが視覚的に「遠くに」あるか，あるいはより「分離している」ときにのみ，自分の行動主体性が母親に認識されると学習するかもしれません。より脆弱な母親群は，「どこを見ているの？」や「お母さんの方を見ていないわ」という言葉で，行為／行動主体性のコメントを表現する傾向がありました。この赤ん坊は，自分がより離れているか，母に何か「逆らって」いるときにのみ，自分の行動主体性が生じると学習するかもしれません。

　サンダーの第一の疑問はこうです。複雑なものからシステムの首尾一貫性が

どのように出現するのか？　そしてシステムは個人の行動主体性とアイデンティティをどのように認証するのか？　彼はそれに対し，システムにおけるオーガナイゼーションと全体性を維持する，ワイス（Weiss, 1970）の「マッチされる特異性 matched specificities」の原理を用いて答えました。この原理は，「二つのシステム間のある種の共鳴は，対応する特性によってたがいに調律される」（p. 162）というものです。

　マッチされる特異性の例として，音調の同一性における音波の選択的認識や，ある特定のタイプの末梢組織とだけ連結する神経の選択性を挙げることができます。母親‐乳児研究から得られる例では，母親と乳児は，見知らぬ人と乳児と同様に，たがいの発声リズムを追跡するという記録があります。さらに，その追跡の堅実さ（他者の行動からなされるある人の行動の予測可能性の程度）は，乳児の愛着の安定度に応じて異なります（Jaffe et al., 2001）。マッチされる特異性の原理は，発声リズム研究で明らかにされますが，その発見によると，特定のパートナーと場の文脈において，特定の発達的成果にとって最適なのは，ある狭い範囲のリズム調整の堅実さだけでした。

　サンダー（Sander, 1977, 1985, 1995）は，かかわりの流れにおけるパターンの繰り返しによって形作られるマッチされる特異性が，乳児のなかに予想を生み出すと主張してきました。オーガナイゼーションの一貫性は，すべての生物系において，適応あるいは適合しあうプロセスを通して達成されます。パートナーたちが適合しあうためには，それぞれのパートナーに相互的な順応の能力が存在しなければなりません。まさしくこれが，発声リズム調整について乳児研究が明らかにする概念です。

　マッチされる特異性の原理は，サンダーの概念「出会いの瞬間」の基礎にあり，ボストン変化プロセス研究グループ The Process of Change Study Group（Lyons-Ruth, 1998; Sander, 1998; Stern et al., 1998; Tronick, 1998 参照）によって，治療作用の理論としてさらに発展させられました。たがいに調律された二つのシステム間のマッチされる特異性は，他者の状態に対する気づきをそれぞれのパートナーにもたらします。出会いの瞬間，その人自身によって認識された方法は，他者によって認識されたその人の方法によってマッチされ，意識の二つの状態がマッチします（Beebe, 1998）。出会いの瞬間におけるこのマッチが，行動主体性とアイデンティティの発達を促進します。出会いの瞬

間，相互的な認識が生じ，それが患者自身の自己調制における行動主体性として，患者が行動する力を変化させます。

　サンダーの研究は，乳児と成人における「オーガナイゼーション」について考える新しい方法を見つけるように私たちを促します。彼は，心理学的なオーガナイゼーションを個人の特性として見る私たちの慣習的観点から，相互にオーガナイズされた乳児‐養育者システムの特性として見る観点に変えることを勧めます（Sander, 1985, 1995）。

　私たちは，サンダーの考えを成人の患者‐分析家システムにまで広げていきます。私たちは，成人患者の体験を相互にオーガナイズされた患者‐分析家システムの特性とみなします。それでもなお，サンダーや他の研究者に繰り返し強調されたように，それぞれの個人は相互交流的出会いに独自の履歴を持ち込みます。しかしこの独自さは，特定のパートナーと特定の個人が，どのように彼らの関係性を「共創造する」のかという文脈においてのみ，充分に理解することができます。

乳児研究は精神分析における相互交流理論を例証する

　精神分析にとっての乳児研究の価値は，その研究が，患者の幼少期を分析家と患者が想像することを助けるという点からしばしば理解することができます（たとえば，Kiersky & Beebe, 1994 参照）。しかし，そのように研究を用いることが重要だとしても，主に私たちは，異なった意味で乳児研究を利用することに興味を持っています。つまり，精神分析に関係する相互交流のオーガナイジングプリンシプルを例証するために乳児研究を用いることです。

　精神分析は目下，相互交流に関する発展した理論を求めています。相互交流のオーガナイジングプリンシプルは，母親と乳児を一つのシステムとみなすときにはっきり認識することができます。母親‐乳児の相互交流と，患者‐分析家の相互交流の間には多くの違いがありますが，成人の治療において，相互交流が非言語水準でどのようにオーガナイズされるかということについては，これらの原理から明らかにできると考えています。相互交流に関するオーガナイジングプリンシプルは，力動的な内容を明らかにするのではなく，自己プロセ

スと相互交流プロセスを明らかにするのです。

　最終的に，精神分析における相互交流理論は，言語的または「明示的」相互交流の次元だけでなく，非言語的または「黙示的」（手続き的／情緒的）相互交流の次元についても明確にしなければなりません。非言語的な次元は，通常気づきの外側にありますが，それは瞬間瞬間の相互的影響の背景として常に存在します。言語のシステムは通常前景にあり，より断続的なものです（話すことと聞くこと）。患者と分析家は，言語水準での交流と同時に，たがいのタイミング，空間的オーガナイゼーション，情動，覚醒を瞬間ごとに絶えず変えています。これは社交的行動の基本的な性質です。図4は，成人の治療におけるシステムモデルを説明しています。それは，自己調制と相互交流調制が，明示的領域と黙示的領域の両方において生じ，言語的な語りと非言語的な行為の連鎖にほぼ対応して別々に生じることを示しています。明示的領域と黙示的領域の間の矢印は，理想的には，それぞれの領域が他方に翻訳されることを示しています。斜線で打ち消された矢印は，何らかのコミュニケーションの問題で，二つの領域が行ったり来たりと翻訳されないことを示しています。

　言語を使って会話する成人二人の間の非言語的相互交流プロセスは，母親と乳児の間における非言語的相互交流プロセスよりも明らかに複雑です。それでもなお，私たちが提案するオーガナイジングプリンシプルは，精神分析の非言語的次元を明らかにすることができます。非言語的次元がオーガナイズされる方法は，さらに，安全，効力感，自尊心，相互的認識，親密さ，分離と再結合，境界，自己規定 self-definition，そしてパートナーが存在しても一人でいることなど，馴染み深い力動的テーマにも影響を与えます。

　このようなオーガナイジングプリンシプルは，いくつかの点について考察することができます。以前の研究（Lachmann & Beebe, 1992, 1996a, 1997）で私たちは，母親‐乳児と，成人のコミュニケーションとの間の類似性（しかし一対一対応ではない）を明らかにするために，その原理が利用できることを示唆しました。これは今でも有用な研究方法です。しかし，言語が追加されることで，プロセスの概念化がより複雑になることを私たちは認識しなければなりませんが，作用連鎖の手続き的／情緒的水準で，生涯にわたって相互交流プロセスを調制する様式を基本的に説明することになるのはそのオーガナイジングプリンシプルです。すなわち，母親と乳児が持つ唯一の「言葉」は非言語的プ

第 2 章　二者関係のシステム的観点　35

明示的

意識的
言語化可能な
象徴的語り

自己調制
＝防衛
（無意識）
　空想

黙示的
　－手続き的
　－情緒的
非意識的

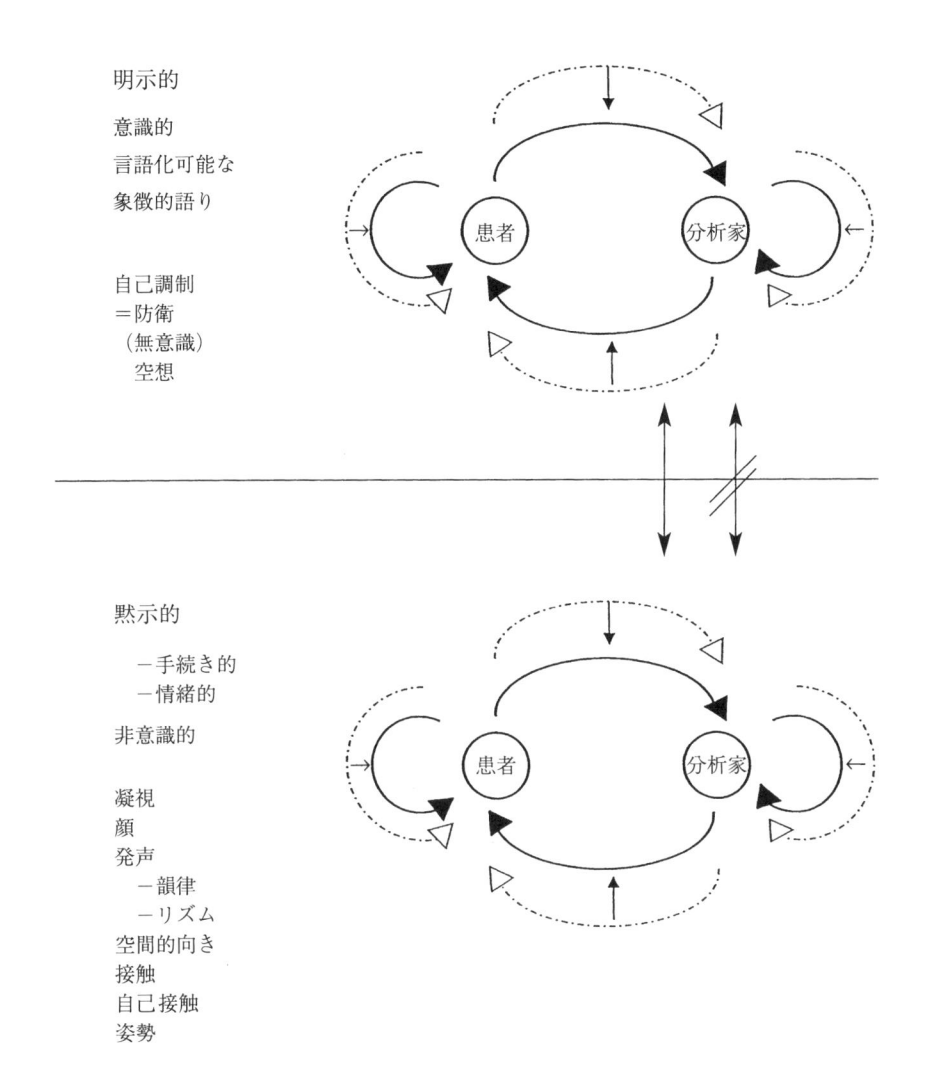

凝視
顔
発声
　－韻律
　－リズム
空間的向き
接触
自己接触
姿勢

図4　成人治療におけるシステムモデル。矢印はパートナー間の予測可能性（「調整」または「影響」）を示す。点線の矢印は予測可能性のパターンの履歴を表す。明示的領域と黙示的領域の間の矢印は，必要なときに，黙示的システムと明示的システムが行ったり来たりして翻訳されることを示し，二つの領域間の斜線で打ち消された矢印は，何らかのコミュニケーションの問題でこの翻訳が断絶することを示す。

ロセスです。成人は，言語的プロセスと非言語的プロセスという，それぞれが絶え間なく影響しあう二つの「言葉」を持つのです。

内的プロセスと関係的プロセスの
オーガナイゼーションを結びつけること

　内的プロセスと相互交流プロセスは同時にオーガナイズされ，たがいに影響を与えます。乳児にとっても成人にとっても，対面のコミュニケーションには，覚醒行動と自己調制行動の絶え間ない変動だけでなく，パートナーに影響を与え，パートナーから影響を与えられるという体験が含まれています。言語以前に，内的体験と相互交流的行動の間を翻訳することはどのようにして可能になるのでしょうか？　乳児には，自身の内的な状態と相互交流の性質を調整するすばらしい能力があります。乳児がどのようにしてこれを行うかを検証することで，成人がそれを行っている方法について何かを学ぶことができるかもしれません。

　内的プロセスと関係的プロセスは，絡み合って調整され同時にオーガナイズされます。パートナーに影響を与えパートナーから影響を与えられる体験は，自己調制行動と覚醒における付随的変化と同じように，成人や乳児の対面コミュニケーションと社交的情報処理のなかにもともと備わっているものです。発達のいたるところで，相互交流調制は関係的プロセスと内的プロセスを再オーガナイズします。それと交互して，一方のパートナーの自己調制の変化は相互交流プロセスを変化させます。自己調制と相互交流調制のこの統合は，体験のオーガナイゼーションを概念化する一つの方法です。この立場を明らかにするために，成人の調査研究と共に乳児の調査研究を概観しましょう。

■ 照応の異種感覚知覚[*]

　メルツォフ（Meltzoff, 1985, 1990）は，生後42分ほどの乳児たちが，成人モ

---

[*]（監訳者注）：異種感覚知覚 cross-modal perception は，異なる感覚領域における感覚を連合する知覚のことで，たとえば視覚的に認識した物体を，触覚のみで同一のものと認識すること。本書第4章を参照。

デルの顔の表情を模倣できることを明らかにしました。乳児は、モデルの顔のなかに彼らが**見た**ものと、固有受容器的に自分の顔に**感じる**ものとの間の対応性を知覚しています。彼らはどのようにしてこれをしているのでしょうか？異種感覚マッチングを通してです。生後すぐからマッチを見つけるため、乳児は環境的情報と内的な固有受容器的情報の間を翻訳することができます。彼らは、内的な状態と行動を、環境との対応に持ち込むことができるのです。異種感覚マッチングは、自己と他者の間、内的な状態と環境との間に基本的な関係性を提供するとメルツォフは主張します。それが、「私みたい」という最早期の体験を提供すると彼は考えました。照応の異種感覚知覚は、内的状態と関係的状態を調整するための一つのメカニズムです。メルツォフの説明は顔の表情様式におけるものですが、この原理は、タイミングの対応のように他の様相にも拡大することができます。

■パートナーの情緒を知覚することが、知覚した人のなかに
　共鳴状態を創り出す

　成人では、快と不快の情動刺激を処理する processing ために、二つの大脳半球のある部位が特異的に機能分化されているという重要な研究結果があります（Davidson & Fox, 1982）。さらに乳児研究でも、デビッドソン Davidson とフォックス Fox が、快と不快の情動を処理するため、生後10か月までに、脳が同様に機能分化されることを明らかにしました。笑っている女優のビデオを乳児に見せると、その脳は快感情のパターンを示します（左前頭葉の脳波賦活）。泣いている女優のビデオを乳児に見せると、彼の脳は不快感情のパターンを示します（右前頭葉の脳波賦活）。このように、**パートナーの情緒の単なる知覚が、知覚した人のなかに共鳴する情緒状態をつくり出します**。メルツォフ（Meltzoff, 1990）の研究デザインとは異なり、この乳児たちは、パートナーの顔の表情に影響を受けるように実際にパートナーの行動にマッチする必要はありません。乳児がパートナーの顔に知覚したものが彼の内的状態を変え、乳児はパートナーの顔〔の影響〕から逃れることはできなかったのです。この意味で、内的な状態と相互交流の状態は同時にオーガナイズされるのです。ショア（Schore, 1996; Perry, 1996 も参照）は、母親の刺激の性質の変化が、乳児の脳の発達するオーガナイゼーションに影響を示す多くの結

果を明らかにしています。

　表情の知覚と知覚した人の脳の賦活パターンとの間のつながりは，パートナーの情緒状態と個人の情緒状態が調整される第二のメカニズムを提供します。デビッドソンとフォックス（Davidson & Fox, 1982）の研究は，前頭葉の賦活に付随する再オーガナイゼーションを記録し，さらに内的状態の調制を明細化したもので，メルツォフ（Meltzoff, 1990）の研究よりも発展したものになっています。（メルツォフによって，そしてデビッドソンとフォックスによって記述された）この両方のメカニズムは，非象徴的，黙示的水準で作用するものです。

　デビッドソンとフォックスの研究を精緻化し，ドーソン（Dawson, 1992a, b）はこの方法を抑うつ的な母親とその乳児たちの研究に適用しました。彼女は，生後10か月までに，抑うつ的な母親の乳児たちの情緒的応答性は，すでに健康な乳児の情緒的応答性とは違ってオーガナイズされていることを明らかにしました。健康な乳児において，肯定的情動行動や肯定的脳波パターンを引き起こす出来事（母親がいないいないばあをしたり，離れていた母親が戻ってきた場面）が，抑うつ的な母親の乳児たちでは否定的行動や否定的脳波賦活パターンを引き起こしたのです。もう一度述べますが，相互交流の出来事と乳児の内的状態は調整されます。しかし抑うつ的な母親の乳児たちは，通常とは反対のオーガナイゼーションを示したのです。

■顔の表情のマッチング

　エクマン，レベンソン，フリーセン（Ekman, Levenson, & Freisen, 1983）は，成人の研究を通して，特定の表情が特定の生理学的覚醒パターンと結びついていることを発見しました。つまり，パートナーの表情にマッチングすることは，見た人に似たような生理学的状態をつくり出すのです。このように，関係的な状態と内的な状態は同時的に構築されます。エクマンの研究は，個人の情緒状態がパートナーに伝達されるという第三のメカニズム，つまり，表情の特異的マッチングのメカニズムを提供します。デビッドソンとフォックス（Davidson & Fox, 1982）の研究のように，それは生理学的水準における状態の内的調制の性質を明らかにします。私たちは以前から，二人のパートナーが（時間的パターンに加え）たがいの情動パターンにマッチするとき，それぞれ

が自分自身のなかにパートナーのものと類似した精神生理学的状態を再現し，それによって他者の主観的状態に関与すると主張してきました（Beebe & Lachmann, 1988a, b）。

　成人における表情の特異的マッチングは，最近，ディンバーグ，サンバーグ，エルメード（Dimberg, Thunberg, & Elmehed, 2000）によって実証的に記述されました。成人の被験者はマスキング法によって，喜び，怒り，そして中性の標的顔に3/100秒間曝露されます。3/100秒間の標的顔は，その前後5秒間中性顔に曝露されることによって「マスク」され，その結果，被験者たちは意識的には標的顔を知覚できません。同時に被験者は，小型電極によって顔の筋電図活動が監視されました。喜びと怒りの顔への曝露が意識されていないにもかかわらず，被験者は喜びと怒りの標的顔に対応した明確な顔の筋肉反応を示しました。これらの結果は，肯定的な情緒反応も否定的な情緒反応も同じように自覚されないところで喚起される可能性があり，対面コミュニケーションの重要な側面は無意識水準で起こっていることを示しています。

■内的体験は相互交流の文脈においてオーガナイズされる

　ここで記述されたメカニズムから得られる結論で重要なのは，内的体験は相互交流の文脈においてオーガナイズされるという点です。サンダー（Sander, 1977, 1983, 1985）は，誕生直後から，相互交流の文脈において内的体験がオーガナイズされることを実証する数多くのデータを示しています。生後数週間における乳児の（睡眠と覚醒の間の）状態維持と状態変更の管理，特に昼-夜のオーガナイゼーションと24時間サイクルの時間的オーガナイゼーションに関する予想可能なパターンの達成が研究されました。乳児の自己調制と，乳児の状態変更の管理を母親と乳児が共同して達成する方法，その二つの間に複雑な相互交流があることが報告されました。この枠組みを用いてサンダーは，内的体験に対する能力は誕生時から存在し，周期的に生じる状態を体験することで確固たるものになり，やがてそれを乳児が認識するようになると提案しました。内的体験は，覚醒状態，目覚めること，授乳されること，遊びのための空間など，予想可能な連鎖において始まります。この内的体験は，状態の調制が起こる相互交流の文脈においてオーガナイズされるか，あるいは，相対的によりオーガナイズされないまま残ります。状態変更の相互交流調制の進み方につ

いて，予想のマッチとミスマッチの両方に直面するなか，乳児は自分自身の状態に（前象徴的水準で）「気づく」ようになります。状態の周期性が規則的になればなるほど，乳児は自分の状態により気づくことができます。

サンダー（Sander, 1983, 1985）が主張するところによれば，乳児－養育者システムは，相互的状態調整の特性や成果に応じて，自分の状態への乳児のアクセスと気づき，自分の状態をオーガナイズするための主導性，自分の状態への関心，自分の行動をオーガナイズする上で自分の状態を使う能力，といったものに対しての独自の促進と抑制を構築します。結果的にこの独自の促進と抑制は，(1)その人の気づく能力，(2)その人が気づくもの，(3)その人がそれをどのように用いるのか，そして，(4)その人がそれについてどう感じるのか，に関する差異を発達させます。システムの潜在的病理性は，乳児の側で自分の状態に気づくこと，その気づきに導かれること，そして自分の状態を変更するために主導性を行使することがますますできなくなること——つまり，自分自身の状態に関する行動主体性の体験がますます阻害されること——に現れます。このようにサンダーの研究は，内的プロセスと関係的プロセスの交互的な調整，つまり睡眠－覚醒，活動，哺乳周期の生体リズムの相互交流調整，に関する別のメカニズムを提供します。

■内的プロセスと関係的プロセスの共構築に関する成人のデータ

内的プロセスと関係的プロセスの共構築に関する議論は，成人のデータからも同様に見ることができます。成人の顔の行動はコミュニケーション的であると同時に自己調整的です。行動，生理学的覚醒，そして主観的状態は，すべて同時的にオーガナイズされるもので，同じ現象の諸相でしかありません（Tomkins, 1962, 1963; Izard, 1979; Ekman et al., 1983; Adelmann & Zajonc, 1989）。三つすべてが，相互交流プロセスのなかで同時にオーガナイズされます。たとえば，顔の動きはコミュニケーション的なものであると同時に自己調節的なもので，生理学的覚醒と主観的体験を調節するものであることを示す多くの成人の実験データがあります。この研究は顔の動きを内的状態に関連づけます。これは，内的体験が相互交流の体験と密接に関連してオーガナイズされることを証明する他の一連の研究ともつながります（Adelmann & Zajonc, 1989; Laird, 1984; Winton, 1986; Winton, Putnam, & Krauss, 1984 参照）。

顔についてトムキンス（Tomkins, 1962, 1963）は，舌と顔の筋肉，自分自身の声の音，そして顔の血流と温度の変化からのフィードバックを通して，他者と自己の両方に情緒を表す中核であると考えました（Adelmann & Zajonc, 1989 参照）。顔の動きにおける変化は，主観的変化と関連し，情緒体験を増強したり抑制したりします（Adelmann & Zajonc, 1989; Izard, 1979; Ekman, Friesen, & Ancoli, 1980; Tomkins, 1962）。

エクマンと彼の同僚（Ekman et al., 1980）は，映画を見ている成人の被験者をビデオに記録しました。被験者たちの顔の動きがコード化されます。楽しい映画の間，より肯定的な顔の動きを見せた被験者たちほど，彼ら自身をハッピーであると評価し，不愉快な映画の間，より不愉快な顔の動きを見せた被験者ほど，多くの苦悩感を報告しました。顔の動きはまた，気づかない場合でも，主観的な情動の体験に影響を与えることがあるのです。たとえば強化子や録音された笑い声，観察者の存在などを使って，被験者が気づかないうちに自発的な顔の動きが増強される研究では，自己申告される情緒は顔の動きに対応して増加しました（Adelmann & Zajonc, 1989）。

被験者が気づかないうちに強められた自発的な顔の動きの劇的な例は，ヘラーとヘイナル（Heller & Haynal, 1997）の研究にあります。3日以内に自殺未遂をした59人の患者が，同じ精神科医によって初回の面接を受けました。二分割画面のビデオカメラが医師と患者の両方の顔を録画しました。1年後，59人の患者のうちの10人は再度自殺を企てたので，「再企図者」グループとしました。どの患者が再度自殺を企てるのかを予測するために，二つの形の分析が（1年後の結果を伏せて）行われました。一つは，面接の直後に記録された精神科医自身の予測で，二つめは，医者と患者の非言語コミュニケーションの分析です。〔医師が〕記録した予測では，再企図リスクを正確に同定したのは患者の29%です。非言語コミュニケーションの分析のために，その59人の患者のなかで再度自殺を企てなかった者から，別の11人が「非常習者」グループとして比較の目的で選ばれました。これら二つの下位グループは，0.2秒毎にすべての顔の動きをコード化する，エクマンとフリーセンの顔の動きコード化法 Ekman & Friesen's Facial Action Coding System を使って比較されました。この非言語分析では，分析された患者の81%を正しく分類したのです。つまり，非言語分析は，医師が記録した予測よりもずっと高い検出力を持っていま

した。さらに，二つの患者グループを識別するには，患者の顔の動きよりも精神科医の顔の動きの方がより検出力が高かったのです。後に再び自殺企図をする患者と共にいるとき，その精神科医はより眉をひそめ，頭と目をさまざまな向きにより多く動かし，全体的な顔の活性化と発言をより増加させました。

　精神科医の顔の活性化と否定的な表現の増加は，おそらくどちらも彼の気づきの外側で行われているものですが，それは，彼が自分の内的状態を調制しているものとみなすこともできるし，彼が患者とコミュニケーションを取っているものとみなすこともできるでしょう。デビッドソンとフォックス（Davidson & Fox, 1982）の研究を援用して私たちは，未来の再企図患者の自殺衝動を伴う絶望感を精神科医が知覚したことにより，精神科医のなかに共鳴する情緒状態をつくり出し，それが彼の非言語的行動につながったのだろうと想像することができます。メルツォフの考え方を使えば，精神科医が自分の内的な状態と行動を未来の再企図患者に一致させ，精神科医自身と彼の患者の間の基本的な関係性を提供したと想像することはそれほど難しくありません。エクマンの研究で言えば，精神科医が未来の再企図患者のしかめ面の顔の一部に特異的にマッチし，それによって彼自身のなかに患者とよく似た生理学的状態をつくっていたと想像することができます。しかし患者自身の非言語的行動が二つの患者グループを識別しなかったということは，未来の再企図患者によって精神科医のなかに引き起こされた異なる情緒パターンは，主として表現の単純なマッチングに基づくのではなく，精神科医のなかに引き起こされたもっと他の何かに基づいているといえます。

■意識の二者関係的拡大

　相互的調制モデルと治療作用に関する「意識の二者関係的拡大」の観点は，トロニック（Tronick, 1989, 1996, 1998; Gianino & Tronick, 1988）によって提案されたもので，彼は自己調制プロセスと相互交流調制プロセスの統合を概念化することに多大な貢献をしました。たとえば彼は，乳児の中核体温の調制など，内的調制の適切な維持（ホメオスタシス）は二者関係の成果だと考えます。それは外因と相互交流プロセスの共同的産物です。調制を成功させようとするならば，各々は相手の状態を知らなければなりません（Tronick, 1996）。

　トロニック（Tronick, 1996）は，相互的調制のプロセスでは，それぞれの

パートナー（母親と乳児，あるいは治療者と患者）が，相手の「意識の状態」（脳のオーガナイゼーションの状態）に影響を与えると提唱します。それぞれが相手の自己調制に影響を与えるため，それぞれのパートナーの内的オーガナイゼーションは，より複雑になるとともに，より一貫した状態に拡大されます。「それぞれの個人は，自分の意識状態──脳のオーガナイゼーションの状態──を創り出す自己オーガナイジングシステムであり，その意識状態は，他の自己オーガナイジングシステムとの共同作業のなかでより一貫的で複雑な状態に拡大されます」(p. 9)。このプロセスのなかで，それぞれのパートナーの意識状態は，新しいより一貫した形で，他者の意識の要素を組み入れるように拡大します。パートナー両方がこのプロセスに影響されるため，より一貫的にオーガナイズされた複雑な二者関係的意識の状態となるように二者関係的意識が拡大します（p. 13）。トロニックは，このプロセスは治療作用に関する一つの見方を示すものだと示唆しています。分析家と患者の両者が，相互的調制と自己調制を通し，独自の二者関係的意識状態を創り出し変容させるからです。

要　　約

　内的状態と相互交流のプロセスを関連づけるさまざまな方法が，自己調制と相互交流調制の統合のオーガナイジングプリンシプルとして提案されました。私たちが概観した研究のほとんどが乳児との相互交流に基づきますが，これらのオーガナイジングプリンシプルは，成人にも等しく当てはまると私たちは主張します。この研究は，非言語水準での相互交流の理論にとって，多くの一般的な原理を明らかにしました。

(1)　システム的観点では，自己調制と相互交流調制は，力動的なバランスのなかで，同時的に，相補的に，そして最適に生じます（図1参照）。つまり個人は，二者関係に関連させることでのみ充分に描写されます。

(2)　一生を通じ，それぞれのパートナーは，非言語水準での瞬間瞬間の交互的影響プロセスに関与しますが，通常それは気づかれることなく行われます（Jaffe & Feldstein, 1970; Langs, Badalamenti, & Thompson, 1996;

Capella, 1991; Cohn & Tronick, 1988; Crown, 1991; Warner, 1998a, b; Jaffe et al., 2001)。

(3) 個人が自分の状態へアクセスすること，気づくこと，関心を持つこと，そして個人が自分の状態を利用する力，これらに対し，それぞれの二者関係システムは独自の促進と抑制を構築します（図3参照）(Sander, 1977, 1985)。

(4) 異種感覚マッチングを通し，私たちは，パートナーのなかに私たちが見た行動を，私たち自身の内的な固有受容器につなげることができ，生まれたときから自己と他者の間の基本的な関係性を構成します (Meltzoff, 1990; Meltzoff & Gopnick, 1993)。

(5) パートナーの肯定的情緒あるいは否定的情緒の単なる知覚が，知覚した人のなかに共鳴する情緒状態を創り出し，脳の前頭葉を再オーガナイズします (Davidson & Fox, 1982; Schore, 1994)。

(6) 人の顔の表情は特定の生理学的パターンと関連しているため，パートナーの表情にマッチすることは，見ている人のなかに同様の生理学的状態を創り出します (Ekman et al., 1983)。

(7) 交互的な影響プロセスのなかでは，特に長期的マッチングの状態では (Schore, 1994)，各々が相手の「意識の状態」（脳のオーガナイゼーションの状態）に影響を与えます (Tronick, 1996)。

(8) 行動，覚醒，そして主観的な気づきは，すべて同時的に相互交流プロセスのなかでオーガナイズされます (Ekman et al., 1983; Izard, 1979; Adelmann & Zajonc, 1989)。

これらの原理は，行動，生理学的覚醒，固有受容器，脳の賦活，そして主観的気づきの統合を例証するものです。他にも多くのものが定義づけられるかもしれません (Schore, 1994; Perry, 1996 参照)。これらは，自己調制と相互交流調制が結合する多様な水準があることを示しています。これらの調制のオーガナイジングプリンシプルは，自己**プロセス**と相互交流**プロセス**を描くもので，力動的内容ではありません。それは，非言語的水準と同様に言語的水準にも適用可能で，たとえば，安全，効力感，自尊感情，分離と再結合，境界，自己規定，親密さ，パートナーが存在しても一人でいること，相互的認識など，

馴染み深い精神分析的な力動的主題にも影響するものです。このプロセスを理解し取り入れることは，分析家としての私たちの範囲を広げ柔軟性を豊かにします。このような自己と相互交流の結合に注意を向けることは，対人関係的かかわりと同様に内的な体験へのアクセスを回復し，広げるために，そしていくつかの事例においては，それらを創り出すために重要なものとなります。

第3章
自己調制の相互交流的再オーガナイゼーション
カレンの事例

　実証的乳児研究は，成人の精神分析の治療作用に関する理解を広げてくれます。しかし，私たちの一次的関心は早期発達の力動的内容や再構成にあるわけではなく，相互交流のオーガナイジングプリンシプルにあります。カレン Karen の事例を通し，自己調制と相互交流調制は，力動的バランスにおいて同時的で，相補的で，最適なものであるという私たちのシステム的観点に基づいて話を進めていきます。カレンのシステムは不均衡であり，自己調制の方へ極めて偏向していました。内的体験は相互交流の文脈のなかでオーガナイズされると考えたサンダー（Sander, 1977, 1995）の観点が，この治療を理解する上で参考になります。サンダーの観点から類推すると，患者－分析家システムは，患者による内的状態へのアクセスや気づき，内的状態に関する患者の行動主体性の体験といったことを，独自に促進したり制限したりするものを構築します。カレンの事例では，彼女の精神病理の起源とその変容の両方を明らかにします。彼女が未成熟な自己調制に大幅に依存せざるを得なくなったのは，相互交流調制の慢性的ミスマッチのためです。私たちは，治療作用の一次的テーマとして，自己調制の相互交流的再オーガナイゼーションの跡をたどっていくことにします。

　もちろん，乳児研究から得られた発達モデルを，すぐに成人の精神分析状況に翻訳できるわけではありません。成人の場合，空想，願望，防衛という形態で，体験を象徴化したり主観的に精緻化したりする能力が，相互交流調制や自己調制パターンのオーガナイゼーションや表象をさらに修正するからです。し

かし，このモデルを成人の治療に有用なものにするために，成人の体験の力動的内容についてあれこれと推測することはしません。相互交流調制のプロセスだけに焦点をあてます。

　応答する力や社会的にかかわりを持つ力は，パートナーの入力してくるものの性質や本人の応答性によって決まるだけではなく，関与者双方がどのように内的状態を調制するかによっても決まります（Beebe & Lachmann, 1994）。状態という言葉は，情動や覚醒，状態の象徴的精緻化を意味するものとして広く用いられます。覚醒を調節し，状態を変動させ，予測可能な方法で行動をオーガナイズするため，刺激を受け入れたり用いたりするのに欠くことができない能力という点で，乳児期から生涯にわたり，人はそれぞれ異なった存在です（Korner & Grobstein, 1976; Als & Brazelton, 1981）。

　自己調制の特異的な失敗は，相互交流調制の特性に影響します。たとえば，自己調制に特異的な問題を持つ乳児は，パートナーの応答性に過度な負荷をかけるかもしれません。個人の資質の多様性に由来するのか，それとも相互交流調制の失敗に由来するのかによって，自己調制の問題はかかわりの特性に影響します。

　同様に，相互交流調制の特異的な失敗も自己調制を危うくするかもしれません。たとえば，この章で論じる事例にあるように，情動調制（Socarides & Stolorow, 1984/85），不安，緊張，孤立（Adler & Buie, 1979）は，援助される感覚のない孤独な行動に移し変えられるかもしれません。自分が脆弱なときには，見捨てられるだろうという予期がオーガナイズされるのです。自己信頼感や自己充足感が強くなるのではなく，回避，関係に対する不安，もしくは自己防御的離人感が結果として生じるのです。

　私たちがこのように概念をまとめるのは，力動的公式にとってかわるためではありません。解釈を超えたところにある相互交流の調制や体験のオーガナイゼーションという，異なった観点を分析家に提供するためです。新たなテクニックを提案しているわけでもありませんし，治療において，力動的な問題にあまり注意を払わないように主張しているわけでもありません。代わりに，分析的治療を記述する際，習慣的に用いられてきた図と地の視座を逆転させているだけです。私たちは，相互的に調制される非言語的交流を〔分析プロセスの〕前景に置きます。力動的な概念は背景に置きます。

充分に確立された多くの精神分析的概念はすでに，自己調制や相互交流調制と同じ領域の一部をテーマとしています。たとえば，進行し続ける調制は，転移と逆転移のパターンに関する議論や，「抱っこする環境」（Winnicott, 1965），「安全の背景」（Sandler, 1987）というもののなかに含まれています。私たちが注目する非言語的相互交流は，非解釈的分析行動のなかに含まれます（たとえば，Freud, 1909; Ferenczi, 1930; Lindon, 1994 を参照）。これらの非解釈的介入は，ある種の患者との治療的つながりを保つため，言葉〔でのかかわり〕が不適切だと考えられたときに用いられるものでした。しかし，非解釈的行為がそうであるように，非言語的相互交流も解釈的活動になるというのが私たちの見解で，それはこれまでの様式に含まれてきませんでした。その目的は，自分は理解してもらえるという患者の予期に対して基礎的な貢献をすることです。

　非言語的交流における自己調制と相互交流調制はすべての治療に関係しますが，特に，最も重要な手がかりが普通の言語的交流から大きく離れたところにあるような「接近困難な」患者に取り組む際，この次元に注目することが重要になります。

　カレンの治療では，情動，気分，覚醒，リズムに関する分析家と患者の相互交流が強調されました。リズムのマッチング，発声輪郭の変調，休止，姿勢のマッチング，凝視パターンについて，その相互交流をマイクロ水準で見ていくことにしましょう。これらの相互交流が，精神分析的な関係の共同構築に強く影響するものであることを，私たちは述べていきます。結果として患者と分析家双方の自己調制の範囲の改変が生じます。

カレンの事例

　（フランク・ラックマンに治療された）カレンは，初めての自殺未遂の後に精神分析治療を開始しました。当時のボーイフレンドが別の女性と浮気をしたとき，彼女は薬棚にある薬をすべて飲んでしまいました。彼女は，自分の行動を機械のように「部屋の隅から鳥瞰的に」見ていました。この分離した離人的状態で彼女は，自分がまるで「窓ガラスの向こう側に」いるかのように感じま

した。治療2年目の終わりころ，カレンはこのような状態の一つに陥り，2度目の同様な自殺未遂を起こしました。

　カレンとは，8年間週3回のセッションを行いました。治療をはじめたころ彼女は27歳でした。高校を卒業して以来，彼女の人生は下降し続けます。高校を卒業すると両親は文字通り彼女を部屋から引きずりだし，よその町の大学に預けてしまいました。彼女は4年間そこで過ごし，いくつかの科目ではすばらしい成績を修めましたが，同時に他の科目はやっとのことで通過する状態でした。卒業後，彼女はイギリスの演劇学校の入学許可を得てそこで1年間勉強します。

　アメリカに戻るとカレンは演劇の勉強を続け，女優の仕事を見つけようとしました。彼女は深刻な睡眠障害に悩まされます。夜眠ることができず，明け方にやっと眠りに落ちるといった具合でした。目覚めても，彼女は動くことができませんでした。そのため彼女はオーディションに行けず，オーディションに成功しても二次面接に行けず，採用された場合でも舞台に現れませんでした。また，ときどき数時間記憶がないことに気づいたり，どうやってそこに行ったのかについての記憶もないのに，街の見知らぬ場所にいたりすることもありました。

　カレンは，私と話をすることに困難を感じていました。彼女は話すことが何もないと感じていましたし，幾分機械的に「私たちは何について話したらよいでしょうか？」と尋ねることからセッションを始めました。初めのころ，私はその前のセッションをかいつまんで話すことでそれに対応していました。たとえば，「前回私たちは，あなたのアパートがどれだけ乱雑で陰気かということを話しましたね」というように。すると彼女は明らかに関係のない話題，たとえば，さまざまな知人との出会いについて話します。これらの体験を私は，見捨てられ感や，失望，搾取される感覚，あるいは，引っ込み思案な態度に対する後悔，とみなしました。私は，セッションとセッションの連続性が欠如していることについてはコメントしませんでした。

　心のなかで私は，カレンの冒頭の質問は，彼女が自身を適応させ，私とのつながりを確立することができるかどうかを見極めようとする試みであると理解するようになります。彼女が話し始めるのを待ったり，〔彼女の質問に〕質問で返したりすることは，私に接触しようとする彼女の試験的な試みを認識しそ

こなうものだと信じていました。彼女の最初の質問,「私たちは何について話したらいいでしょうか？」には,「私たち」が含まれているものの,明らかにカレンは私の存在を認識していませんでした。

　次第に私は,カレンが私との会話を恐れていることを理解するようになります。彼女は,自分自身で調制しなければならない難しい感情を持つだろうと見越していたのです。この予期は,彼女の発達における自己調制と相互交流調制の不均衡を意味していました。抑うつ的な母親とその乳児についてのトロニック (Tronick, 1989) の研究から類推できるように,慢性的な相互交流調制不全の文脈では,自己調制へのとらわれと,自分だけによる否定的情動の取り扱いが発達します。カレンの場合,自己調制へのとらわれにもかかわらず,彼女の自己調制活動は著しく損なわれていました。彼女の睡眠障害,倦怠状態,「願望」の欠如,そして解離のエピソードは,情動と覚醒の調制が損なわれている証拠でした。

　カレンはどれくらいの範囲の自己調制を治療に持ち込んだのでしょうか？情動や覚醒,かかわりを許容する範囲の狭さ,無表情,「ぼんやりとする」傾向,すべての刺激に対し自分の反応性を弱めようとする大変な努力です。セッションで彼女は,コートを着たまま椅子に座り,オフィスの窓の外を眺めました。彼女が私を見るときは,はす向かいにちらっと見るだけです。カレンとの相互交流は,彼女の引きこもりによって占められていました。

　カレンはゆっくりと家族との体験を明らかにし始めます。5歳以降,彼女は両親の喧嘩で夜通し起こされました。寝室の壁を通し,彼らの怒鳴り声が聞こえてきました。母親は父親が他の女性と夜を過ごしたことを責め立て,ときに父親は母親に暴力を振るいました。彼女は喧嘩におびえます。母親と父親がもし離婚したらどっちについていきたいかと,母親に問われた後は特にそうでした。彼女はどちらにもついていきたくなかったことを覚えていました。彼らは結局別れませんでした。

　カレンは,彼女の両親が高校を卒業してまもなく生まれました。どちらの親も,その結婚と彼女の誕生が彼らの将来の計画をだいなしにしたことをカレンに隠しませんでした。これに対しカレンは,夜にお祈りをするようになります。7歳になるまでに,彼女は神様と取引きをしました。もし,神様が両親の喧嘩を止めてくれるならば,彼女は自分の命を差し出しても構わないと。それ

以降というもの，彼女は自殺することに心を奪われ，深刻でしつこい睡眠障害に悩まされることになりました。

　高校では他の生徒たちが出す騒音が耐えがたく，カレンはしばしば授業をサボりました。ときに教室のドアのところまで来ますが，彼女は外に立ったままなかに入ることができません。そして彼女は家に帰り，一人で勉強して一日を過ごしました。カレンは試験には出席し，その成績は非常に良いものでした。午後と夕方には，地元のショッピングモールでレジ係として働きました。実際彼女は，高校卒業まで続けて働きます。しかしそれ以降，治療が軌道にのるまで，彼女が仕事に就くことはありませんでした。

　17歳までにカレンは，学校の友人であるブライアン Brian と親密な持続的関係をつくっていました。彼は彼女の一番の味方で親友でした。彼が思いがけず脳腫瘍で亡くなったとき，彼女は落胆します。彼女の両親は，彼女が早く彼女の喪失を乗り越えるべきだと強く主張しました。カレンが，親しく，信頼できる唯一の人間を失ったのだということを，彼らは理解できなかったのです。彼女は部屋に引きこもり，「望みがない」と感じ，ますます目的を失いました。このような状態を体験したのは，これが初めてではありません。〔しかし〕前のときは，こういうことは多かれ少なかれ一時的なものでした。この時点に来て，このような状態は再発的で支配的なものとして結晶化されたのです。

　10年後，カレンが治療を始めたとき，これらの状態は依然として顕著で，私たちの相互交流の性質に影響しました。私たちは，たがいに向き合って座っていましたが，カレンは私から目をそらしました。彼女の顔は動きません。彼女の声は輪郭をなしません。私が話しかけたときでさえ，彼女は私を見ませんでした。彼女の自己‐萎縮 self-constriction は強く私に影響しました。私は，不安定なまま維持されている彼女の状態を揺らすようなことはしたくないと感じました。

　私は，部分的に自分を萎縮させることで彼女の萎縮に応答しました。私は，彼女のリズムから影響を受けることを自分に許しました。彼女の狭い情動範囲によって与えられた範囲内により近くマッチするため，私は自分の広さを狭めたのです。私は継続して彼女に視線を向けましたが，声は同等もしくは柔らかく保ち続けました。最初のコメントは，彼女が提供した具体的な出来事の範囲内にとどめました。つまり私は，覚醒を低く保ち，私が習慣的に持つ広さを狭

めることで，自分自身の覚醒の調制を変えたのです。彼女は自分の苦悩を伝えることができ，私は，彼女が許容できる限定された覚醒水準によりマッチする刺激範囲を提供することで応答することができました。しかし，私自身の表現性を抑制すると，時折，私は落ち着かなくなり不快感を覚えました。彼女は私の不快な瞬間に気づかないようでした。

　情動覚醒に対するカレンの許容力は少しずつ増加し，私はより広くなることができました。彼女は情動的により困難な事柄についても話すことができました。彼女の声は弱々しいままでしたが，輪郭がより描かれるようになります。彼女は恐ろしい競争をつくる社会的関係や演劇のオーディションについて話しました。しかし，彼女は自分には生きる権利がないと感じていました。自分自身に注目しないために，彼女はそのような状況から引きこもりました。当初，これらを探求することは，彼女の生活に大きな影響をあたえませんでした。しかし，私たちのやりとりは，セッションで彼女が許容できる情動範囲を増やしていきました。

　治療の最初の2年間でカレンは，生命が感じられない環境の話から，対人関係の話や主観的状態の探索へと移っていきます。同時に私もまた，前回のセッションを要約することから，彼女の感情と反応を精緻化することへと移っていきました。ときには，彼女の型にはまった始め方である「何について話しましょうか？」を見越し，調子はどうですか？　と私が尋ねることからセッションを開始しました。ときどき，言語で応答する前に，彼女の上唇の右の方が痙攣し短く収縮したり，足がすばやく動かされたりすることがありました。私はこのシグナルを，彼女が緊張し，前回の面接以来ずっと不機嫌で，抑うつ的，もしくはエネルギーのない状態だったことを示すものだと理解するようになりました。私たちは彼女の特異的な反応に焦点を当て，その文脈を見つけようとしました。私は，苛立ち，拒絶，熱意，意欲，失望といった感情や気分のニュアンスを詳細に述べました。私からすると，彼女はまるで多くの情緒を不快な侵入であるかのように体験してきたように見える，と彼女に伝えました。しばらくすると私は，カレンの話すことに，「考えている」とか「希望している」「計画している」「予想している」〔という言葉〕を追加することができました。つまり私は，情動や時間の種類を識別し，彼女の体験の原作者が彼女であると知らせたのです。少しずつより人間的なものになるカレンのコミュ

ニケーションに，私はぴったりとついていきました。それでもなお，彼女の目に見える不快度は増大したり減少したりしました。しかし彼女は，受身的 reactive 側面と積極的 proactive 側面の両方において，自分の主観的世界にアクセスしたり，明らかにしたり，理解したりすることをより心地よく感じているようでした。

　私は，カレンに対して自分の応答を制限し監視していることに気づいていましたが，あらかじめ考えていた非言語的治療の計画に従っていたわけではありませんでした。声のリズム，音程，輪郭，覚醒の水準といった，非言語的コミュニケーションの特性はたいてい気づきの外側にありますが，私たちはそれに注意を向けることができます。非言語的で，相互的に調制されたそのような相互交流と，カレンと私の自己調制に対するそれらの影響が果たす主要な役割を認識したのは，多くの場合，あとから振り返ってのことでした。そのような相互交流を通し，暫定的な自己対象的結びつきのかかわりへとつながるような，存在の正当性の感覚をカレンが体験している，と私は考えました。

　脆弱で発達途上の自己対象的結びつきを維持するために，私は，カレンが治療関係のなかにブライアンとの体験の側面を再発見する可能性を明確にしませんでした。そうしたとすると，彼女の自意識や過剰刺激的な不安に対する傾向を増加させたことでしょう。彼女は，愛着と喪失‐見捨てられの連鎖の新たな反復から自分を守らなければならなくなったかもしれません。

　代わりに私は，現在の関係のなかで再び外傷を負うことへのカレンの恐れに加え，彼女の情動的反応に注目しました。私たちは，カレンの連想，症状，悪夢，行動による表現，幻覚を，彼女自身や彼女の体験に関するより直接的な表現に言い換えました。私たちは彼女の人生の多くを特徴づけるあいまいさについて話し合いましたが，それはまさに，彼女が知覚し，感じ，信じ，望み，想像し，想起することを恐れているものを示しています。私のコメントは，彼女の自己規定 self-definition の試みを認識するためのものでした。このようにして，引きこもり，離人感，現実喪失感を通して行われる，以前の彼女にみられた，ほとんど排他的な深い自己調制への依存は変わり始めました。彼女の行動主体性の感覚は増加しました。たとえば，新しい場面で再外傷体験の恐れが減少するにつれ，彼女は幅広い表情の変化を示しました。ときに彼女は笑いました。そのうえ彼女はいくつかの授業に登録し，出席し，参加したのです。

治療の最初の2年間で，カレンは両親の喧嘩を思い出し，次第に他の辛い出来事も述べることができるようになります。私たちが探求するまでは，このような記憶はつながらない体験として留保されたままのものでした。それらは，カレンの断片化の感覚と関連していました。記憶と感情，それと現在の関係をつなげていく作業では，私は絶えず，時間的，情動的，認識的な次元を持って生き，今までもそう生きてきた存在として，カレンのことを描写しました。情動を少し増幅的に精緻化しながら，私は彼女に出来事を述べました。次第に彼女は，私が彼女の情動を広げることを許容できるようになりました。

　このような記憶は，彼女の人生の5年目から8年目にわたっていました。私たちが共に全貌をつなぎ合わせた最も早期の出来事は，カレンが母親のために郵便局で手紙を出すように頼まれたときです。カレンは，手紙を出しに行くため，数人のホームレスの脇を通り抜けねばならないことに絶望的な恐怖を感じたことを思い出しました。

　カレンは母親のそばを離れることができなかったことを覚えていました。なぜそんなに怖いのか母親に説明することもできません。母親は，もう成長した大きな子でしょ，と言って，彼女に手紙を出すように励ましました。カレンにとって，ホームレスの傍を一人で歩いて通り過ぎることは，自分が「成長している」ことを母親に見せてしまうことを意味していると私たちは理解しました。するとカレンは，自分で自分の面倒を見られると母親に伝えることになってしまうのです。自分の「成長」を明らかにしてしまうことの不安は，母親が彼女を「放り出し」たがっており，実際そうすることを待ちきれないでいるだろう，というカレンの信念から発生したもので，それは彼女が漏れ聞いたあの喧嘩に基づいていると私は伝えました。独立を示すことは，直ちに援助の喪失という結果となったかもしれません。カレンは静かな涙で応えました。彼女がこのような再構成に直接応答することはまれで，これは異例なことでした。新しい想起が浮かび上がるのはしばしばこのようなときでした。

　別の記憶はデパートへ出かけることに関係するもので，彼女はそこで初めてぜんそく発作を起こします。彼女はほとんど息ができないことを母親に伝えようとしました。両親がデパートからデパートへと駆け回っても，彼女はついていくことができないかもしれません。母親はカレンに，買い物は大切だからそんな不平不満を言うものではないと言いました。カレンがデパートへのお出か

けを思い出したのは，彼女が自分の健康や歯，肌，アレルギーをいかに無視しているのかを私たちが探求していたときでした。身体や頻繁に起こる上部呼吸器障害を通して，彼女の訴えに言葉が与えられているようだと私はコメントしました。彼女が感情の記録を雄弁にとどめておいたのが，そこだったのです。彼女の上唇の痙攣や足の揺れもまた，彼女の気分や感情に関する無言の記録でした。

　カレンは自分の身体状態をさほど重要ではないと考えてきました。彼女も今はもう，自分が母親のそっけなく怠慢な行動によって傷ついてきたに違いないと想像することができます。彼女は自分の呼吸困難について不安を感じていましたが，多くの場合，不満を言うことで母親の非難を呼び起こすことを恐れていたのです。デパートで彼女が出した解決策は，母親のそばにとどまる努力を強め，自分自身の覚醒を弱めることを試み，厳しい試練がまもなく終わるであろうと希望し続けることでした。

　3番目の記憶は，親の喧嘩が終わった後でも続いたカレンの睡眠障害に関係していました。睡眠障害を治すため彼女は自分の部屋に閉じこもり続けました。この症状を探求する間にカレンは，アイスランドに旅行したいという突然の衝動を感じていると報告します。そして，空っぽのバスタブで眠ることで睡眠障害に対処しようとしていたことを思い出しました。「そこは静かだった」ので，彼女は眠りに落ちることができました。しかし最も重要なのは，バスタブの「白さ」や堅さがとても良いと感じたことです。安全感や保護される感覚が得られたのです。しかし，両親は彼女を発見すると，早く眠ることができるようにと，夕食の後すぐに彼女を部屋に送りこみました。

　カレンは素直に部屋にとどまりました。彼女は窓から外の世界を眺めました。彼女は排除感と欲求不満を体験し，部屋の壁に絵を描き始めました。このような創造的で探求的，自己主張的な努力は，すぐに罰せられました。彼女は1本の液体洗剤を渡され，ダメージを元通りにするように言われました。彼女は後に絵の具セットをプレゼントされますが，両親に大変憤慨して使いませんでした。絵の具の箱が開けられることは決してありませんでした。数年後，彼女が科学の授業でいくらかの興味と才能を見せると，同じように科学セットが与えられます。しかし，家族の誰も，絵の具と科学セットをプレゼントすること以外，彼女に興味を抱いていません。二つのセットについて尋ねる人は誰

もいませんでした。どちらも結局，使われることはありませんでした。絵の具セットや科学セットを使えたかもしれなくても，そうすることができなかったことをカレンは認識しました。

　両親によって大学に引きずりだされるまで，カレンは自分の部屋に執着していました。彼女の部屋は彼女の隠れ家で，たとえ一人であっても，そこで彼女は保護されていると感じていました。自分の部屋への流刑と「自発的監禁」は，治療関係で私が感じる彼女の関係の遮断 inaccessibility と平行していました。カレンの関係の遮断が説明されれば，それによってより直接的にそれを減少させることができるだろうという予期を持って，私はこのつながりを指摘しました。すると彼女は「不毛の田舎」の夢を見ました。その連想として，彼女は幻覚体験を思い出します。部屋に閉じこもり，窓の外を眺めたとき，彼女はときどき運転手なしで通り過ぎる車を見たことです。自己状態夢である「不毛の田舎」の夢について，私たちは彼女の不毛感を告げるものとして話し合いました。私たちはそれを，彼女の幻覚に表現された「無目的性」につなげました。私は，舵取りするものが誰もいない世界に彼女が住んでいることを表現していると伝えました。多分彼女は，家族のなかで彼女に興味を持ち，いくらかの舵取りを引き受けてくれる誰かを待ち焦がれていたのでしょう。私はまた，現在治療でもこういったことを感じている可能性はないかと尋ねました。このような荒っぽい転移の質問は多くをもたらしませんでした。しかしさらに考えていくと，彼女についての私の予期が，彼女が許容できる機能の水準を上回っていたことを私は認識しました。夢と幻覚の想起を通して，彼女は自分がまだ消耗した状態であることや，自分の不毛感を私に伝えていたのです。彼女は（彼女の母親がデパートでしたように）私が盲目的に突っ走り，彼女の問題の過酷さを見失うべきではないと知らせたのです。「成長」のサインを最初に示した時点で放り出されるという彼女の恐れは未だに優勢でした。

　郵便局，デパート，自室への閉じこもりの三つの記憶は，一連のモデル・シーンをなしています（Lachmann & Lichtenberg, 1992）。「閉じこもり」のテーマが他よりも優勢ではあるものの，どれもが私たちの相互交流の一部分を形作っていました。

　部屋に立ち，窓から人生を眺めていたモデル・シーンは，多くの以前の主要な問題をひとまとまりにし，続いて起こる経験を形作るものでした。部屋のな

かでカレンは，家族の有害な期待や，同級生の「騒音」とその潜在的搾取性から身を守っていたのです。部屋では，「他の人を打ち壊してしまう」かもしれないとか，嫉妬の対象になるかもしれないという恐れを抱く必要はありませんでした。彼女はまた，無力感や欲求不満，制御不能になる危険も避けました。継続的な自己犠牲を通して，彼女は自分に対する両親の結びつきと，両親に対する自分の要求をしっかりと掌握し続けたのです。

モデル・シーンに要約された母‐娘関係は，カレンを孤独な自己調制へと偏向させた相互的調制のパターンを描き出しました。最初彼女は，郵便局やデパートでの恐怖のように，高まる苦痛な情動状態を，母親の関与を引き出そうとすることで調制しようとしました。郵便局では母親に懇願し，デパートでは母親にしがみつきました。無視される感覚から，独立へのステップは見捨てられることにつながるだろうと彼女は予想しました。そのために，自己調制における悲壮な努力が行われました。結局，強い自己調制の試みが，自己調制と相互的調制の間のバランスのとれた統合に取って代わりました（Tronick, 1989）。

部屋に閉じこもるようになるまでの間に，カレンは孤独を許容し行動を制限するようになっていました。家族とかかわる努力はほとんど中止していました。彼女の身体症状と幻覚が彼女の引きこもりを強めました。彼女は両親とのかかわりに無力感を覚え，自分の身体的状態や主観的状態を変えたり，それらに影響を与えたりするだけにとどめたのです。壁に絵を描くことは，注意を求める必死の合図でした。しかし，彼女が絵の具セットと科学セットに触れることを拒否したことは，彼女の引きこもりが非常に大きな自己犠牲と果敢な抵抗を含むことを示唆しています。カレンは，両親からの認識を期待して失望するという位置に自分を追い込むリスクを冒すことはできませんでした。この危険を避けるため，彼女は自分自身に対する創造的で知的な関心を持ち続けました。自分は「生きる権利がない」（Modell, 1984）のだという動かしがたい無意識的信念（Weiss & Sampson, 1986）を実現しました。彼女の自殺へのとらわれ，身体的健康の無視，身体的病気を軽視する傾向，社会的引きこもりと生活において最小限しか機能しないこと，自分では注目されることを望んでいてもそこから撤退すること，これらはすべて，両親の人生（つまり世の中）は自分が生まれない方がより良い状態だっただろうという彼女の確信に集約されま

した。

　青年期後期におけるブライアンとの関係は，これらの確信に対する注目すべき例外でした。彼との関係を通して，カレンは交互的なつながりや，肉体的，性的な応答性にいくらかの希望を持ち続けました。彼女の生活の重要な領域は，確かに，比較的損なわれずに残されていて，この関係のなかによみがえったのです。しかし，概して彼女の発達は抑えられたままでした。

　カレンは，非難や不満の代わりに身体症状を発展させ，人びとから引きこもり，バスタブのなかに慰めを見出しました。バスタブは，解決方法として，彼女自身が保護環境をつくったという点で他とは異なりました。さらなる自室への閉じ込もりは，家族からの強制的な排斥となりました。しかしそれは，過剰刺激的な両親の喧嘩や，彼女のニードへの両親の無関心に対する，幾分かの防御にもなっていました。

　治療の間，カレンのバスタブ体験の自己防御的側面は，アイスランドへの訪問として再現され，象徴的に変容されました。アイスランドで，彼女は詩を書き新しい友人をつくりました。カレンは，家族に認識されることがなかった才能を認識しはじめます。彼女の個人的世界において，彼女の創造性は相当にアンビバレントなまま隔離されてきました。たとえば，彼女は演劇を勉強しても演じなかったのです。

　カレンは，自分は両親にとっての重荷で，両親の困難の源であると確信し，自分の孤独な引きこもりは当然だと考えました。彼女は，両親が自分に与えたものを使うことを拒否するなかに自己破滅を発見しましたが，それでもなお，それはささやかな勝利でした。体験を創造的に精緻化する作業は，彼女の想像力の内側で沈黙しひっそりとしていました。これらは治療の過程でアクセスされ，彼女の詩のイメージとなりました。

　カレンは人生のさまざまな場面で詩を書いてきました。治療2年目に，彼女はより決意を込めた態度で詩を書き始めます。彼女がセッションに持ってきたある詩には，ブライアンの記憶がこめられていました。そこに彼女は，彼女の孤独と家族からの疎外感を描きました。彼女はブライアンへの懇願で詩を締めくくっています。「私を追いかけて，けれど二度と離さないで」と。

　両親が支払いをしている治療を「利用する」ことは，カレンにとって，抵抗を放棄し彼らに屈服しなければならないことを意味していました。彼女は絵の

具セットも，科学セットも，演劇のクラスも利用してこなかったのです。なぜ今降伏するのでしょうか？　そして，治療の最初の2年間，彼女がまったく進歩せず，今もなお抑うつ的だと言い続けている訳が明らかになりました。働いてお金をためることにカレンが失敗していることを理由に，彼女の両親は，治療がまったく進展していないという彼女の感情に同調していました。私はカレンに，もし両親が経済的援助を止めたらどうなるだろうかと尋ねました。彼女は「多分私はすぐ死んでしまうでしょう」と答えます。カレンはまるで両親に，あなたは私に生きていて欲しいのかそうでないのか？　と決断する機会をもう一度与えているかのようでした。治療の支払いが両親の経済援助に含まれるため，そこには彼女の治療に対するニードと，治療が彼女にとって重要であることがほのめかされているとも私は理解しました。

　治療の最初の2年間，カレン自身と家族によって閉じ込められた部屋に包まれたままの状態で，いつもカレンはセッションにやってきました。彼女はセッションに来ずに文字通り部屋に閉じこもるか，もしくはコミュニケーションを取らず比喩的に閉じこもりました。セッションで私は，まるで自分たちが初対面であるかのようにしばしば感じました。彼女は前回のセッションで起こったことについてまったく言及しませんでしたし，私もそうでした。カレンは，自分の体験に関する私の非常に情緒的な説明によって心を動かされたようでした。彼女が心を動かされたとき，涙が彼女のほほを伝わって転がり落ちました。なぜ泣いているのか，たいてい彼女は話すことができませんでした。

　治療の最初の2年間において，カレンは週3回の約束のうち少なくとも1回は欠席し，他の2回は遅刻して到着しました。欠席や遅刻は彼女の挫折感を強めました。私がやさしくそのパターンについて尋ねると，それだけセッションに来ることができたのは一つの達成だと私に言います。またこの間に，彼女は2度の妊娠中絶をし，それに対し強い抑うつで反応しました。私たちは，彼女の人生に表れては消えるある恋人との問題について論議してきましたが，彼女はぎりぎりまで妊娠中絶について話しませんでした。

　治療の2年目の最後の方で，彼女は2度目の自殺を図ります。最初の2年間に，私はカレンを精神科医に紹介しましたが，彼女は規則的に薬を服用しませんでした。幸運なことに，服薬しなかった薬は手元にはありませんでした。代わりに，彼女は薬棚にあるものを手当たり次第に使ったのです。この企ての

後，私はカレンと彼女の両親に2回会いました。両親はカレンの問題の重大性を理解できませんでした。カレンの母親は「私たちは誰でもときどき憂うつになりますから」と言います。私はカレンにはまだ高い自殺の危険性があると感じました。

この自殺未遂の後，カレンが予約の時間に到着するかどうかを待つことは，私を大変不安にさせるものでした。私からのより活発な介入がなければ，離人的状態と自殺衝動の可能性は続くだろうと私は感じました。私は，彼女とのより確かで強い結びつきを必要としました。私は，あまり心配することなく彼女に手が届く機会がある，と感じる必要がありました。

そこで，治療3年目の始めになると，私は予約時間の2時間前に必ずカレンに電話しようと決心しました。私は彼女に面接時間を思い出させ，会うことを楽しみにしていることを伝えました。3, 4か月以内に，カレンがセッションを欠席することはなくなりました。

私が必死になり始めるほど，カレンは充分に私とかかわってきたのです。私が彼女に電話する決心をしたとき，私は，詩のなかにある「私を追いかけて，けれど二度と離さないで」という彼女の懇願を意識していませんでした。しかし，私は明らかにそれに応答していました。今にして思えば，私のしたこと enactment は確かに，多くのカレンのコミュニケーションの前象徴的性質にマッチしていました。自分は基本的に望まれていないのだという，長期にわたって絶えず強化された確信でも，言語的介入と説明だけで変化したかもしれないと問う人がいるかもしれません。調律された理解 attuned understanding ならば，治療プロセスをよりよく促進したかもしれなかったでしょうか？　私の電話は，彼女の主観において共感的浸透の延長線上にあったでしょうか？　それとも私は，彼女を犠牲にしてでも，私のために私とつながることをカレンに要求していたのでしょうか？

妥当〔な問い〕ではありますが，そのような問いには，相互交流調制における私の自己調制と役割はもっと少なくて良かったし，持ち込まなくても良かったのにという意味合いが含まれます。標準的な分析作業からひどく離れたものになりましたが，電話連絡は，不安を許容する私の能力が限界に達したという文脈から生じました。さらに，私のしたことはカレンに具体的に解釈を与えたことになりました。「あなたは求められていますよ」という解釈です。振り

返ってみるとこの行動は，この事例における調制プロセスと治療作用の重要な一部分であることがわかります。

　カレンのかかわらなさにもかかわらず，私のコメントのいくつかに対する彼女の応答性は，私の側の強いかかわりを呼び起こしました。セッションに規則的に来るというような，私の電話に対する彼女の劇的な応答は，彼女がいかに深く私によって影響されたのかを示唆しました。さらに，彼女の応答は私が感じたいと思っていたものにぴったりとマッチしており，だからこそ，治療にとって，そして彼女にとって，それは好機となったのです。治療のより初期の段階では，私が自分の自然な応答性を制限し弱めたことで彼女の効力感は進展しました。今，私の効力感は，彼女がその応答性を広げ，私や治療に対する関係を再オーガナイズしたことによって促進されました。つまり，複合的で複雑にマッチされた相互的調制が生じたのです。

　3年目の終わりまでに，徐々にしっかりとしてきた自己対象的結びつきによって，自殺の可能性は減り，抑うつも減少しました。彼女は長年こんなに快適に感じたことはなかったと認めました。彼女はもう自殺を試みるなんてことは考えないと，自発的に述べることさえしました。

　電話をするようになった最初の1年間，彼女がまだ眠っている場合は，留守番電話が応答したので，私はメッセージを残しました。抑うつを感じることが減り，カレンがよりエネルギーを感じるようになると，私の電話がある前にしばしば彼女は家を出ました。彼女は私の電話なしでセッションにやってきて，夕方家に帰ってからやっと私のメッセージを受け取りました。何度か，私は彼女に電話についてどう感じているかと尋ねました。彼女は私に，私が電話することは「OK」だと言いました。私は彼女の「OK」を彼女が電話を望んでいることを伝える唯一の方法であると理解しました。彼女は自分がそれらを必要としていることを認識できませんでした。彼女の「OK」は，私に電話する許可を与え，そして，私は侵入的ではないと，あたかも私を安心させようとしているかのようでした。この応答からは，カレンが未だ彼女の秘密の部屋で自分を孤立させ防御していることが明白でした。

　治療の4年目の初めまでに，カレンはより生き生きとし，関係を持ちやすくなったようでした。比較的信頼できる自己対象的結びつきの段階的な確立によって，カレンの自己調制能力は情動と覚醒をより許容できるように変化しま

す。彼女は依然としてある程度萎縮したままでしたが，彼女自身の体験や歴史にアクセスすることが増えていきました。彼女が書くものに，過去と現在の痕跡が表現されることが増えました。

　この4年目にカレンは，知人が最近亡くなったことについて母親と話したいと願いました。それはブライアンの死と疑いのない類似点を持つ出来事でした。彼女の母親は，音楽の流れるバーで会って，この死について話そうと提案します。カレンはそのとき私に電話をしてきました。彼女は，この知人と最後に会ったときの自分の行動について罪悪感を覚えており，今また彼女を受け流そうとする母親に対して落胆と憤慨を感じていました。つまり，孤立の状態は続いていたものの，この危機において，彼女は自分を修復するために私たちの結びつきを使うことができたのです。

　治療5年目になると，物書きとしての興味と能力から，カレンは大学院に入学し，クラスに参加して課題を提出することができるようになりました。アイスランドを訪問した後，彼女は詩を出版することに成功します。彼女はまだ，不安定で無責任なカリスマ的な男たちとの関係を捜し求めていましたが，もはや言いなりでも依存的でもありませんでした。「セーフ・セックス」も実行していました。

　自分が遠ざかれば，家族にとって自分はあまり問題でなくなるだろうというカレンの確信は優勢なテーマとして残りました。実際，彼女が両親を訪ねたとき，それは絶えず確認されました。彼らは，彼女の情動や能力の範囲が広がったことに気づいていないようでした。両親は，カレンの抑うつや打ち解けない態度が仲間を陰うつにさせるので，彼らが友人を楽しませているときには，リビングルームには入ってこないようにと言ったのです。

　5年間の治療の後，カレンは，冒険好きで，無鉄砲，非常に信頼でき，機知に富んで，ユーモアのある，そしてまだ幾分自己破壊的な人となりました。彼女らしい簡潔な方法で，彼女は治療での彼女の進歩をこうまとめました。「私は人と話すことができませんでした。今は人と話すことができます」と。

　8年の治療の後，ニューヨークの外の土地でレポーターとしての仕事を得て，カレンは治療を終結しました。年に1, 2度，どうしているかを私に知らせてくれるため，彼女は電話をくれます。治療終結後5年間，彼女は生産的で自立的であり続けています。

ディスカッション

　生まれたときからのカレンの挫折体験は，回避，離人感，現実喪失感，情動の鈍磨のような，強烈で窮屈な自己調制方略への早期の依存へとつながりました。再外傷を避けるためにつくられたこれらの方法は，彼女を部分的に守っただけでした。彼女は自己表現と自己破滅の間で不安定なバランスを保っていました。

　カレンの発達において，音は情緒的な接触を妨害する破壊的な騒音となりました。視覚は遠くはなれた感覚になりました。彼女はあたかも遠くから自分自身や自分の体験を見ているかのように感じました。呼吸，睡眠，空間的向きは損なわれました。感覚‐情動的体験はいたずらに覚醒させられ，幻覚や悪夢といった身体症状や破壊的イメージとして現れました。彼女は自分自身の情動状態を調制することができず，情緒的に覚醒する体験，つまり破壊的な可能性を持つ体験を避けました。

　ブライアンとの関係は，情緒的に存在を認められ，二者関係の一部となるというカレンの予期（期待）をよみがえらせました。それは，彼女が自分の感情を信じ，誰かの内的な人生にかかわり，絆をつくることができるかもしれないという予期を再び燃え上がらせたのです。私たちは，ブライアンとの結びつきは，両親との早期の不安定な自己対象的結びつきを再接続したのだと考えました。ブライアンの死によって，カレンは外傷化されました（Lachmann & Beebe, 1997）。つながっていると感じる唯一の人を失ったというだけではなく，両親がまた彼女の深い絶望感を認めることに失敗したということでもありました。そのため，自己対象的結びつきは取り返しのつかないほどに断絶されました。

　カレンの治療は，自己対象的な結びつきを治療的に確立する際の相互交流調制と自己調制の役割を例証しています。カレンの感情は分類され，分化し，承認されました。再外傷に対する彼女の恐れは，治療の間に詳細に検討され反証されました。ブライアンのときと同じように，愛着は喪失をもたらすのではないかと彼女は恐れていました。その上，窮屈な自己調制範囲のため，受け入れ

られ，理解され，絆のなかに含まれるかもしれないという予期によって生み出される，興奮と希望を許容する彼女の能力は阻害されていました。これらの問題は，彼女の友人関係，クラス，仕事の可能性，治療に広く認められました。

　カレンの無表情な顔や平板な声，コートを着たまま座り，見るでもなく，何か言うでもない状態は，標準的ではない方法を必要としました。彼女に手を届くようにするには，治療者は情動や活動の範囲を制限しなくてはなりませんでした。そうすれば，カレンの覚醒水準は彼女に許容できる範囲であり続けます。やわらかく平坦な声で話し，リズムをゆっくりとすることが，カレンの覚醒に対する許容量を増やしました。より生き生きとした声と顔で，彼女は自分の人生について話し始めました。治療者は自分自身の覚醒水準を広げ，彼女の恐れを解決する努力をすることができました。入れ替わりに，カレンはあまり引きこもらなくなります。彼女の歴史の断片が浮かび上がり，そこから三つのモデル・シーンが構成されました。一貫性 coherence の増加は，夢や，「運転手なしの車」の幻覚のような連想について報告するカレンの力をもたらしました。そして，関係の遮断と，誰も舵取りするものがいない彼女の世界が解釈されました。

　カレンはこの治療なしでは自分は死んでしまうだろうと認識できましたが，2回の妊娠中絶，広範囲に及ぶ離人症，2度目の自殺企図，頻繁な遅刻，継続的な欠席のために，治療者は毎回の予約の前に，彼女に電話をかけるという劇的な介入をしなければなりませんでした。規則的に〔セッションに〕来ることで，カレンが同様に劇的に応答したため，治療者は彼女と作業し続けていけると感じることができました。治療は明らかに，カレンの素晴らしい弾力性を結集させました。彼女は治療者の活動へ与えた自分自身の影響を体験することができ，そして彼女の覚醒水準に与えた治療者の影響を体験することもできました。両者とも，自己調制は交互的な相互的調制を通じて改変されました。つまり，カレンの離人的状態に関する広範囲の作業と，私たち二人を再調制する努力が，電話連絡の劇的な効果の充分なお膳立てとなったのです。

　私たちは，治療作用に対する自己調制と相互交流調制の貢献を明らかにするため，非言語的次元に注意を向けてきました。治療が始まった時点では，たった一つの自己調制がカレンの主な生き抜く方法でしたが，それにも失敗していました。この治療は，やりとりのなかに彼女の自己調制が含まれるように，自

己調制を広げようと試みたものです。それぞれが他方に別のコミュニケーションを送っているような，二つの分離した存在として分析家と患者をみる代わりに，私たちはシステムとして治療関係をみる方法を明らかにしてきました。この相互交流の理論は，どのようにして自分自身の行動（自己調制）とパートナーの行動（相互交流調制）の両方から，それぞれの人が連続的に，瞬間瞬間に，影響を受けるのかを明確にするものです。

　私たちは，二者関係のシステム的観点が，どのように精神分析的治療プロセスに対するアプローチを洗練するのかを明らかにしてきました。力動的内容を強調するのではなく，リズムのマッチング，声の輪郭の変調，休止，姿勢のマッチング，凝視の調制，といった水準における非言語的相互交流を前景におきました。この自己調制と相互交流調制の非言語的システムは治療作用の本質的な次元でした。

　人生最初の１年におけるこのシステムの起源に注目し，次章は，新たに生じる自己表象と対象表象の前象徴的基盤を規定する乳児の早期の能力を概説します。その次の章では，対面遊びにおける早期の相互交流調制のパターンを概説します。私たちは，その調査を用いて，相互交流プロセスそれ自体が乳児によって前象徴的形式で表象化されることを論じます。その次の章で私たちは，成人の治療に対するその研究の関連性を考察しますが，私たちの目的は，成人患者の幼少期を再構成することにあるのではなく，むしろ，患者‐分析家相互交流を解明する幼少期の相互交流のオーガナイジングプリンシプルを定式化することにあります。

第4章

早期の能力と前象徴的表象

　近年の研究は，乳児が驚くほど有能な生き物であるという観点を私たちに提供してきました。乳児はまさに，人生の最早期から，非常に複雑な対人的相互交流にかかわります。乳児がどのようにこのような相互交流にかかわるのか，またどんな種類の相互交流のパターンが構成されるのかということから，私たちは関係性についての人間の能力について知ることができます。本章で私たちが焦点づけようとしているのは，前象徴期における相互交流を，乳児がどのようにして表象するようになるのかということです。私たちは特に，相互交流の起こり方の予期を早期から可能とする乳児の知覚能力と認知能力について概説します。本研究は，新たに生じる自己表象と対象表象の前象徴的な基礎を述べるためのものです。そこでは，心が最初にオーガナイズされる最も根源的な方法が取り上げられます。同様にこの知見は，私たちが治療のなかで成人を取り扱う際にも役に立つものです。

　ここでは，自己表象と対象表象は，**前象徴**的起源という見地から取り扱われます。私たちは，ピアジェ（Piaget, 1937）のタイムテーブルを用いますが，そこでは，生後1年目の終わりに象徴的思考が出現し，16か月から18か月での大きな再オーガナイゼーションを経て，3年目に確固たるものになると位置づけられています。**象徴形成**を簡潔に定義するとすれば，物理的には存在しない対象を模倣する能力であり，物理的な特徴によった定義がなされないやり方，つまり様式化された（言語的な）象徴を通して対象を表す能力です（Piaget, 1954; Werner & Kaplan, 1963）。しかし，象徴形成に先立って存在する，複雑な前象徴的表象能力を立証することができます。

本章では，前象徴的な表象能力の研究結果を提示します。本章の最後で私たちが主張するのは，実験室状況下で説明されるこれらの能力が，進行し続ける相互交流を表象するために，乳児によって実際に用いられることです。第5章では，この前象徴的な表象能力が，対面の社交的遊びの間に起こる相互交流調制のパターンに関連づけられます。つまり，二つの異なった乳児研究，前象徴的な表象に関する研究と対面遊びの調制に関する研究が，自己表象と対象表象に関する精神分析理論に関連づけられます。

相互交流パターンは，母親と乳児の相互交流が展開する際，両者が相互に影響を与え合う特徴的な方法として定義されます。これらのパターンは，乳児が自分自身の覚醒を調制する方法（自己調制）と相互交流調制の両方を含んでいます。相互交流のパターンは，時間，空間，情動，覚醒といった次元を通してオーガナイズされます。乳児は，繰り返し起こるこのようなパターンを認識し，予測し，記憶するようになります。このようなパターンが繰り返し起こるとき，そのパターンは一般化されるようになり，乳児の体験をオーガナイズし始めます。前象徴的な水準で表象されるのは，力動的な相互交流プロセス自体で，瞬間ごとにそれぞれのパートナーが相手のパートナーに影響を与える際の交互的な相互作用です。それらは，相互交流的あるいは二者関係的な表象です。表象されるのは，乳児の二者関係に関する体験です。

精神分析において，自己と対象については充分に概念化されていますが，二者関係についてはそうではありません。個別的で，切り離され，固定した存在としての自己と対象という概念は，二者関係によって生み出される関係性が持つ力動的な性質をとらえてはいません（Modell, 1984, 1992を参照）。それゆえ，私たちが必要とするのは，対象に対する自己の関係を概念的に説明しうるシステムとしての二者関係の理論です。多くの哲学者は，相互交流がどのように二者関係的にオーガナイズされるのかということの記述について，驚くほどの見解の一致を示してきました。たとえば，ミード (Mead, 1934)，ラシュリー (Lashley, 1951)，ハーバーマス (Habermas, 1979)，ブルーナー (Bruner, 1977) はそれぞれ，相互性のシステム，交互的関係のシステム，相互認識，共有された一組の規則について言及しています（Tronick, 1980も参照）。私たちがここに記述した研究は，実際どのようにその二者関係的なプロセスが進行し続けるのかということを詳細に記録しています。

第2章で示唆したように，基本的に乳児期における行動のオーガナイゼーションは，個々の特性としてよりも，母親と乳児のシステムの特性としてみなされるべきでしょう（Weiss, 1973; Sander, 1977, 1983, 1985 を参照）。それは，個人ではなくむしろ二者関係的なもの，つまりオーガナイゼーションのユニットなのです。それでもなお，個人はシステムの要素です。それゆえ，システムは自己調制プロセスと相互交流調制プロセスの両方によって定義されます（Hofer, 1987 も参照）。

　早期の相互交流が体験をオーガナイズするという主張は，発達の連続性は一般化された関係パターンの水準にあるという立場に基づいています（Zeanah et al., 1989）。連続性とは，発達の線形モデルに基づくものではありません（Reese & Overton, 1970 を参照）。その代わりに私たちが用いるのは，絶え間ない変容と再構造化が行われる変容モデルです。ザメロフ（Sameroff, 1983; Sameroff & Chandler, 1976）が主張するように，発達とは，再オーガナイゼーションが活発に行われる一定の状態のなかに生じます。さらに，ザメロフが主張するように，子どもだけ，あるいは環境だけから予測を行うことはできません。予測は，子どもと環境の**間**の交流と，それらの規則的な再構造化からのみ可能となります。私たちは，生後1年以降も，関係のパターンには多くの変容と再構造化があるだろうと想定しています。

相互交流パターンの前象徴的表象

　相互交流パターンは，どのようにして表象されるようになるのでしょうか？ 前象徴的表象の能力は，どのような能力に基づいているのでしょうか？　この10年の間に，乳児の知覚と記憶に関する研究は，表象に関する私たちの概念を根本的に変えてしまいました。これまで，表象能力と象徴能力は伝統的に同等とみなされていたのに対し，まだ象徴的ではない初期的な rudimentary 表象能力のいくつかは生後2か月で現れることが，研究者たちによって今や実験的に立証されています。この研究によって，表象に関する異なった考え方が要求されます。この観点からすると，象徴形成は，初期的な表象能力がすでに存在するシステムのなかに，より後期の発達として生じることになります。

さて，人生最初の数か月における前象徴的表象の能力に関する研究結果の説明に移ります。私たちがここで示唆しようとしているのは，象徴能力の発達に先立ち，乳児は予想される特徴的な相互交流パターンを表象することができること，それらのパターンには，明確に区別できる時間的，空間的，情動的，関連する覚醒的特徴が含まれることです。生後1年目の終わりに向けて，予想される相互交流パターンの表象は，一般化された原型のなかに抽象化されます。これら一般化された原型は，自己表象や対象表象といった後期の象徴形成の基礎になります。乳児と養育者の間の力動的で相互的に調制される相互交流は，多種多様な相互交流のパターンを創造し，そしてその相互交流から原型が抽象化されます（Beebe & Stern, 1977; Stern, 1977, 1985 参照）。

　前象徴的表象の基礎をなすのは，動機づけの情報処理モデルです。乳児は，情報を処理し整理するために，一次的な内因的活動と生得的動機づけを持ち込みます。遊びや好奇心，探求心は，空腹や痛み，疲労を軽減させたいという欲求と同じぐらい決定的に重要なものです。情報それ自体の性質——情報の新奇さ，複雑さ，適合性，不調和，驚き——は，行動に対する生得的な動機づけを提供します（Piaget, 1954; Hunt, 1965; Berlyne, 1966）。エムディ（Emde, 1988, p. 20）は，アイス（Haith, 1980）の次のような提唱を引用しています。「乳児は，自分自身の脳を刺激する視覚的活動に従事する準備性を生物学的に有している」，そしてまた乳児は，「規則性を発見すること，予想を生成すること，そしてそれらの予想に基づいて行動することにもともと動機づけられている self-motivated」のです。

■ 母親と見知らぬ人の識別

　赤ん坊は人びとに反応するように準備されています。生後15時間の乳児は，母親の声を聞き分けることができ，見知らぬ人の声よりも母親の声を好み（DeCasper & Fifer, 1980），見知らぬ人の匂いよりも母親の匂いを好み（MacFarlane, 1975），そして見知らぬ人の顔よりも母親の顔を好みます（Field et al., 1982）。これらの研究でいう「好み」とは，統計的に有意な応答パターンの偏りを意味しています。

■ 子宮内での学習

学習は子宮内で始まります。デキャスパーとスペンス（DeCasper & Spence, 1986）は，出産を3か月後に控える妊婦を研究しました。女性たちは，スース博士の本『帽子をかぶった猫』を自分の胎児に向かって合計15時間音読しました。誕生時の赤ん坊は，母親がスース博士の別の話『王様，ネズミ，人間』を読み聞かせることよりも，子宮内にいるときに母親が読み聞かせた話をテープ録音したものの方を好んだのです。妊娠期間中に母親の声を聞いていた乳児たちは，リズム，イントネーション，周波数の変化，発話の音声要素におけるわずかな差異を誕生時に聞き分けることができるのです（DeCasper & Fifer, 1980）。

■「自己」の聴覚的識別

マーティンとクラーク（Martin & Clark, 1982）は，生後1日目の新生児が自分自身の発声を認識し，その他の乳児たちの発声と聞き分けることを論証しました。落ち着いている赤ん坊は，自分自身の泣き声を録音テープで聞いてもそれほど発声しませんが，別の乳児の泣き声を聞いたときにはより多く発声します。泣いている赤ん坊は，自分自身の泣き声を聞いてもそれほど泣きませんが，別の乳児の泣き声を聞いたときにはもっと泣きます。この研究は，前象徴的水準でも，乳児は自分自身の音と環境の音とを識別しており，有機体と環境との間にある本来的な知覚的混乱がないという意味で，生まれたときからの「自己」（Butterworth, 1990）が聴覚的特異性を有していることの証拠であると解釈されました（自己と環境との間の識別に関するさらなる議論については，Bahrick & Watson, 1985; Stern, 1985 を参照）。

■ 随伴性の知覚と予想の創造

デキャスパーとカールステンス（DeCasper & Carstens, 1980）による一連の実験は，乳児の注意や記憶，まさにその学習能力は，環境から随伴的で予想可能な刺激が提供されるかどうかによって影響されることを明らかにしました。そこではまず，基準値となる乳児の吸うリズムが評価されました。次に乳児は，吸う間の休止を長くしたり短くしたりすることによって，自分で音

楽をならすことができることを教えられました。音楽の演奏は，乳児が吸うリズムの変化に随伴して起こりました。乳児がこれを学習できる可能性が唯一あるのは，休止の持続時間を計測する能力がある場合だけです。

　この実験の別の段階で，研究者たちは乳児たちに悪いいたずらをしかけました。乳児が休止を長くしたり短くしたりすることを学んだ後に音楽を止めたのです。乳児は大騒ぎし，すすり泣き，顔を歪めました——なかには吸うことを完全に止めてしまう乳児もいました。乳児たちは，自身の行動と環境の応答との間のある随伴性を予想することを学んでいたため，この予想の妨害が否定的な情動を生み出しました。

　アイス，ハザン，グッドマン（Haith, Hazan, & Goodman, 1988）は，生後3か月から4か月の乳児が視覚的な予期を急速に発達させ，自分自身の行動をその予期に基づいてオーガナイズする傾向があるという研究結果を示しています。チェッカー盤，ダーツの的，線画顔 schematic face の一連のスライドが乳児に見せられ，乳児の目の片方がビデオテープに録画されました。乳児は一連のスライドを2回見せられ，一つは視覚的中心の左右に規則正しく交互に示され，もう一つは左右の空間位置に時間的に無作為に示されました。乳児は，交互に規則正しく提示される一連のスライドの出現を規定する時空間の規則性に気づき，そして，一連のスライド提示のなかで直近に生じる出来事に対する予期を発達させ，これらの予期を適応的な活動のために利用しました。乳児たちは先行的な目の動きを通してこれを見抜いていることを示し，スライドの出現に対する反応時間を上げました。

　アイスとその同僚たちは，次のように結論づけます。

　　早くも生後3.5か月の月齢になると，赤ん坊は自分が直面している状況に関する活動に基づく知覚モデルを創り出すことができます。また，このモデルから短期間の予期を生み出し，活動を後押しすることができます……。このような，モデリング，予期，行為という連鎖が，絶え間なく変化する知覚世界の連続性を維持するのに役立ちます……。乳児は力動的な出来事の規則性を見抜き，そして自己制御の下に自分の行動を持ち込むために，部分的にでも予期を発達させることに動機づけられています……。この知見によって，最早期の赤ん坊には，自分自身の知覚活動を制御するための生得的な動機づけが存在していることが示唆

されます [p. 477]。

　要約すると，乳児は自分がすることと，自分の活動のすぐ後に環境がすることの間にある随伴性に気づくのです。この随伴性は，行動主体性や効力感の感覚の発達を促進します。乳児は，出来事がいつ起こるのかということについての予想と，そして吸う実験のなかであったように，環境が応答するかどうかということに関する予想を発達させます。社交的な相互交流がどのように起こるのかについての予想を発達させるために，乳児はこの能力を利用することができます（Beebe & Stern, 1977; Stern, 1985; Watson, 1985; Beebe & Lachmann, 1988 を参照）。これらの予想は，早期の表象のオーガナイゼーションと極めて重要なつながりを持っています。

■ 記憶

　乳児は驚くほどの記憶力を持っています。ラトガーズ Rutgers 大学のロビー＝コリアー・グループ The Rovee-Collier group は，次のような方法を用いました。リボンを赤ん坊の足首に結び，モビールとつなぎました。赤ん坊は，自分がキックをすればそのモビールが動くことを学習します。生後2か月の幼い乳児でも，詳細かつ正確にどんな飾りがモビールのなかにあるのか思い出すことができ，24時間後でも変化を見抜くことができました（Fagen et al., 1984; Hayne et al., 1986; Greco et al., 1986）。

　もし生後2か月から3か月の乳児が，24時間の間にモビールの特異的詳細を符号化し，記憶することができるならば，この知見は乳児の記憶に関する伝統的な見方，つまり約8か月から12か月になって初めて，乳児は初期の体験を記憶し，すぐ目の前にある知覚の場での出来事とそれを比較することができる（Kagan, 1978, 1979; Mast et al., 1980; Hayne et al., 1986 を参照）という見方に異議を唱えるものとなります。ヘインとその同僚たち（Hayne et al., 1986），マストとその同僚たち（Mast et al., 1980）は，生後3か月ほどの乳児が，モビールの表象をかなり詳細に保持することができ，その表象が24時間のあいだ乳児の行動に影響を与えると主張しています。

■ 記憶と情動

　注目すべきこのグループ（Singer & Fagen, 1992）の実験は，生後2か月の乳児の学習時の情動が，記憶に影響を与えることを明らかにしました。〔上記と〕同じ方法を用い，実験者は最初に，10個の飾りがついたモビールを動かすためには，キックすればよいということを赤ん坊たちに教えました。2個の飾りがついたモビールと取り替えられると，半分の赤ん坊たちは泣きました。1週間後，泣いていた乳児たちは，モビールをキックして動かすことをよく覚えていませんでした。しかし，泣かなかった乳児たちは，自分たちがキックすればモビールを動かすことができるということを最大3週間覚えていたのです。泣いた乳児にとって，学習時の強い否定的な情動が記憶を妨害したようでした。

　ロビー＝コリアー・グループは，この赤ん坊に，「思い出させるための手がかり」も与えました。実験者たちは，乳児にただモビールを見せ，随伴的にではなく動かしました。泣いてしまい，3週間後にモビールを思い出さなかった赤ん坊たちも，思い出すための手がかりを与えられると思い出すことができました。実験者たちは，この赤ん坊たちにとっての問題は，記憶の貯蔵ではなく，検索の問題であると結論づけました。学習の瞬間における，否定的な情動の高まりによって，記憶へのアクセスが干渉を受けたのです。実験者たちは，その記憶を永続的なものだとみなしました。実験者たちは，何を覚えているかということを問うのではなく，どのような条件下で検索が可能になり，どのような条件下で検索が干渉されるのかということを問います（Singer & Fagen, 1992）。この観点は，ハドレー（Hadley, 1983, 1989）によって概観された最近の神経生理学の研究結果と適合します。その研究結果は，貯蔵されるのはすべてのことで，興味の問題が検索の条件になることを示唆しています。この観点はまた，「活気のある hot」情動条件下より，「落ち着いた cool」情動条件下の方が，言語獲得が最適な形で進むというブルーム（Bloom, 1993）の見解にも適合します。

　シンガーとファーゲン（Singer & Fagen, 1992）は，幼い乳児の記憶は，私たちがこれまで信じていたよりも精緻なものであると結論づけました。乳児自身の情緒状態も記憶の一部です。この研究は，記憶のオーガナイゼーションに

関する相互交流的な観点を示していますが，その観点によれば，有機体の状態の性質は，環境を記憶する有機体の能力と相互に関係するものとみなされます。このように情動は，早期の記憶発達の性質に強い影響を与えるかもしれません。この研究は，健忘や解離，心的外傷の記憶に関する問題にかかわります。検索の手がかりがそれほど特異的なものでないかぎり，否定的な情動が高まる条件下で起こる出来事は貯蔵されますが，簡単には検索されないかもしれません（第7章の情動の高まりのオーガナイジング力に関する議論を参照）。

■時間，空間，情動，覚醒の知覚

時間，空間，情動，覚醒は，乳児の知覚の主要な特徴です。社交的な相互交流が乳児によって表象されるのは，これらの次元を通してです。

時間：乳児は時間を知覚する能力を持って生まれてきます（Lewkowicz, 1989）。乳児は少しの持続時間や何分の1秒も測定することができます。生後2か月では，乳児は25/1000秒の違いを区別します（Jusczyk, 1985）。乳児は環境の刺激と同様に，自分自身の行動についても計測します（DeCasper & Fifer, 1980）。乳児は，時間的連鎖を知覚する能力，随伴性を見つける能力，出来事がいつ起こるのかという予想を発達させる驚くべき能力を持っています（Lewis & Goldberg, 1969; Allen et al., 1977; Finkelstein & Ramey, 1977）。（後述する）母親‐乳児の発声的なやりとりに関する，私たちの対人関係的なタイミングの研究は，乳児自身の行動や相手の行動の持続時間を計測する乳児の知覚能力に基づいています。

空間：乳児は，生まれたときから驚くほどの空間的知覚を有しています。聴覚‐視覚的調整によって，新生児は視覚的空間にある音の存在を推定することができます。乳児の顔へ迫ってくる刺激に対する反応として，乳児は頭をひょいと下げ，反射的に手を挙げて防ごうとします（Bower, Broughton, & Moore, 1970）。

姿勢とバランスに関する実証的な研究のため，生後2か月の乳児が，ゆっくりと壁が近づいてきたり，退いたりする部屋のなかに座らされました。乳児は，姿勢と頭を動かすことで実際にはないバランスの喪失を補いました。視覚的流れのパターンは，環境と乳児自身の動きとの関係について，固有受容器的情報をあらかじめ構造化しています（Gibson, 1966; Butterworth, 1990）。

マンドラー（Mandler, 1988, 1991）は，生後3か月から4か月の乳児が，対象は永続的で，隠れても存在し続け，固体であること——つまり二つの物体が同じ空間に存在できないこと——を理解していることを論証する実験的結果を概説しました。生後3か月の乳児は，「生物学的な」動きにかかわる対象とそうでない対象とを区別します。これらの実験で乳児は，動く点でできた二つの漫画，人の動きのパターンを意味するものと，機械的な動きを意味するものを区別しました。生後4か月の乳児は，対象の空間的な軌道とその因果関係を認識しました。乳児は，原始的な行動主体性の相違をカテゴリー化し，それ自体で動く対象の軌道と，ある対象が他の対象の動きを引き起こす軌道との違いを識別しました。

マンドラーは，乳児が，いくつかの対象の軌道とその空間上の相互交流に関するイメージスキーマを形作ると主張しています。彼女は，対象と出来事に関し乳児が言語習得以前に理解しているのは，原因となる対象とならない対象の単純化された空間的構造，それらが生命のあるものかそうでないものかというカテゴリー，それらの空間上の軌道であると示唆しています。脱線した相互交流（追いかけとかわし）の説明のなかで後に述べるように，対象と対象同士の相互交流に関する空間的軌道のスキーマを形作る能力は，複雑で急速な接近‐回避の空間的パターンに関する私たちの見解の知覚的な基盤となっています。

顔の情動：顔に表れる情動に関する乳児の表現や知覚は，驚くほど洗練されたものです。妊娠7か月で，顔の神経が分布する部分はほとんどすべて随鞘を有しています（Oster, 1978）。生後3か月から4か月になってからでないと乳児は表情をすべてあらわすことができませんが，出生時に乳児は成人の顔の筋肉に近いぐらいの動きをすることができます。生後6か月時には，基本的な情緒，つまり，興味，喜び，嫌悪，驚き，苦悩，悲しみ，怒りという感情が表れるということが，異なる文化の乳児でも証明されています（Izard, 1979; Ekman, 1983）。

乳児は，パートナーの顔に表れる情動を充分正確に知覚することができます。パートナーの情緒状態は，乳児自身の情緒状態にとって基本的に重要なものです（Tronick, 1989）。新生児は，成人モデルが示す驚き，恐怖，悲しみという表情を見分け，そして，それに対応する自分自身の表現を通してこの識別を表現します。このような対応は，乳児が見ているモデルの表情がどれなのか

を観察者が推測するのに充分役立ちます（Meltzoff & Moore, 1977; Field et al., 1982）。乳児は，成人の怒っている顔よりも，喜んでいる顔の方を長く見ます。もしも母親が怒った顔をすれば乳児も同じようにします（Field et al., 1982, Malatesta et al., 1989）。

　生後10か月までに乳児は，自分たちが環境を解釈できるように，積極的に相手の感情の情報を探します。視覚的断崖の実験（Sorce & Emde, 1981; Klinnert et al., 1986）において，乳児はガラステーブルの上を渡ってテーブルの向かい側の端にある興味深い対象に近づくようにさせられますが，そのガラステーブルは，子どもにはまるで「崖」から落ちるかのように見えます。母親が恐がった顔をすると，子どもは渡りません。しかし母親が笑顔でいると，子どもは視覚的断崖を渡るのです。

　デビッドソンとフォックス（Davidson & Fox, 1982）は，脳波の賦活パターンによって，生後10か月までに脳が肯定的情動と否定的情動に機能分化することを証明しました。微笑んだり，笑ったりする女優のビデオテープを乳児に見せると，脳波の賦活パターンは肯定的な情動の一つを示します。一方，苦悩して泣く女優を見せると，脳波の賦活パターンは否定的な情動の一つを示します。乳児は相手の顔に反映される相手の情緒から逃れることはできないのです。

　発声情動：情動はまた，旋律の輪郭や音の高さのような特徴を通して乳児に知覚されます。一連の比較文化研究においてファーナルド（Fernald, 1985; Fernald & Kuhl, 1987）は，乳児が生後6か月で「肯定的な」（音の高さが高くなる）輪郭と「否定的な」（音の高さが低くなる）輪郭を聞き分け，否定的な輪郭から離れて肯定的な輪郭の方に向かうことを示しました。スターン（Stern, 1985）も，類似の結果を見出しています。

　覚醒：ガードナーとカーメル（Gardner & Karmel, 1984）は，覚醒の水準が新生児の情報処理に影響を及ぼすことを示しました。新生児が（産着に包まれていたり，授乳中であったり）低覚醒状態の場合，新生児は点滅光の時間的頻度が増大するにつれて長く見続けます。（産着に包まれておらず，授乳中でもないような）高覚醒状態の場合，新生児は点滅光の時間的頻度が増してもそれほど見ません。つまり乳児は，最適な覚醒水準を維持しようとします（Hadley, 1989も参照）。自己調制的な覚醒のプロセスは，乳児が環境を処理

すること processing と相互に関係します。
　フィールド（Field, 1981）は，対面の社交的相互交流の間に，母親から短時間視線をそらすことで，乳児が自分の覚醒水準を調制していることを，心拍数の測定から明らかにしました。乳児が視線をそらす5秒前，心拍数は基準値よりも急上昇し，「防御的な」反応，もしくは情報処理の減少を示しました。乳児が視線をそらした5秒後，心拍数は基準値に戻りますが，これは「促進的な」反応，もしくは情報処理の増加を示します。その後すぐ，乳児は視線を戻して母親を見ます。フィールドとその同僚たち（Field et al., 1988）もまた，抑うつ的な母親の生後6か月の乳児が，心拍数とコルチゾールレベルを高めていたことを明らかにしました。乳児たちは，覚醒が高められ苦悩する状態にいます。これらの研究は，乳児の覚醒レベルが，社交的相互交流や情報処理に伴って体系的に変化することを示唆しています。

■ 特徴を見抜くこととスキーマの形成
　赤ん坊は，たとえば，色，明るさ，形，パターンなどの刺激の特徴と，話し方の特異的な特徴を見抜きます。乳児はパターンの類似点と相違点を見抜きます（Fantz, Fagan, & Miranda, 1975; Bornstein, 1979, 1985; Eimas, 1985; Kuhl, 1985; Mehler & Fox, 1995）。生後3か月の時点で乳児は，ある出来事を2回だけ見た後，それらの予想を管理するためのルールをつくり，その出来事がくり返し起こりそうかどうかを判断しました（Fagen et al., 1984）。これらのルールは，あるパターンが同じなのか違うのかという乳児たちの判断に基づいています。5か月の乳児は，2週間後でも，ある顔の写真を認識しました（Cohen & Gelber, 1975）。乳児は刺激を見て，はっきりとした刺激の特徴のモデルをつくり，そのモデルを貯蔵し，後で与えられた刺激バージョンとそのモデルを比較します（Fagan, 1974; Cohen & Gelber, 1975; Bornstein, 1979, 1985; Meltzoff, 1985）。赤ん坊が無生物刺激に対してつくり出すのと同じ種類のモデルやスキーマが，人間のパートナーに対しても同様につくられると私たちは想定しています。
　スキーマやモデルを形成するこのようなプロセスは，非常に基本的なもので，3か月から5か月の乳児がスキーマを形成する能力から，2歳から5歳時点での言語性知能を予測することが可能です（Bornstein, 1985）。推定上，ス

キーマを形成する乳児の能力は，生得的資質と環境から受けたものとの相互交流から生じます。ボーンスタインの実験では，乳児は聴覚と視覚の刺激を何度も与えられました。乳児たちが刺激に注意を向けるのをやめたとき，彼らは刺激に慣れたと考えられます。その慣れがスキーマ形成の指標となります。乳児は新しい刺激を見せられると，慣れたものよりも新奇なものを見ました。つまり乳児たちが，何が新しい刺激であるかを認識し，慣れたものの記憶と新奇なものを比較できたことを示しています。乳児の慣れの速度——つまり，乳児がいかに素早く刺激のスキーマを構築するのかということ——は，2歳から5歳の言語性知能を予測します。スキーマを形成する能力は，表象を分類しつくり出す原始的能力の指標となり，発達の成果を予測します。ボーンスタインは，この表象化能力によって基礎となるプロセスが提供され，そのプロセスを通して発達上のある連続性が認識されると指摘します。

■異種感覚知覚

　乳児たちは驚くべき異種感覚的知覚を有しています。乳児たちは，光のフラッシュで表現されたリズムを，聴覚的な音で表現されたリズムに変換することができます（Lewkowicz & Turkewitz, 1980）。何度も引用されている実験（Meltzoff & Borton, 1979）では，小さな二つのゴムボールが使われましたが，その二つは，一つのボールに小さな突起があること以外はまったく同じものです。乳児は目隠しをされ，ボールの一つを口に入れられます。その後乳児は目隠しを解かれ，二つのボールを見せられます。すると乳児は，先ほど自分の口のなかに入っていた方のボールを好んで見るのです。乳児は自分の舌からの情報，つまりボールに突起があるのか，滑らかであるのかという情報を視覚的情報に変換していたのです。乳児は，異種感覚知覚によってさまざまな様相から一つのパターンを抽象化し，知覚的水準で対象の恒常性を促進することができます（Bornstein, 1985）。

■前象徴的カテゴリー化

　前象徴的カテゴリー化プロセスの多様性は，現在では充分に立証されています（Strauss, 1979; Bornstein, 1985; Younger & Cohen, 1985; Mandler, 1988, 1991; Stern, 1985; Younger & Gottlieb, 1988）。カテゴリー化がなされたと推

定されるのは，乳児が識別可能なさまざまな実在物をよく似たものとして扱うときです。一つのカテゴリーが形成されるのは，乳児が規則性を知覚し，この規則性から平均性または「原型」を形成するときです。カテゴリー形成は，多様性を減らし，オーガナイジングプリンシプルを与えることで知覚や記憶や情報処理を促進します（Bornstein, 1985）。知覚的に識別可能な実在物間の共通性を抽象化する能力，そして抽象化したものの基礎となるものを一般化する能力によって，初期的形態の表象を形成することが可能になります。非常に初期的な方法によるカテゴリー化の力によって，言語形成や象徴形成の初期のスキーマがもたらされます。シールズとロビー＝コリアー（Shields & Rovee-Collier, 1992）が指摘するには，乳児のカテゴリー化は「年代を越えていつでもみられるもので，後に現れる高次の認知能力とみなされるべきではありません。むしろ乳児のカテゴリー化は，記憶を符号化し検索する通常の進行し続けるプロセスによる自然な副産物であるようです」（p. 257）。

　カテゴリー形成の三つの水準を区別することは有効です（Bornstein, 1985）。感覚水準のカテゴリーに共通の属性は，形，大きさ，色など，具体的で感覚運動的な特徴です。概念水準でのカテゴリーに共通の特性は，空間的関係や性別などもっと抽象的なものですが，しかしそれでも，具体的な感覚‐運動的な情報に結びついています。たとえば乳児は，生後6か月までにさまざまな顔を性別に基づいて分類します（Lewis & Brooks, 1975）。言語的水準でのカテゴリーに共通の特性は象徴で，ここでは真実や美しさなどのような，はるかに高次の水準の抽象性が働きます。カテゴリー形成における最初の二つの水準のみが生後1年で起こります。

　カテゴリー化についての研究結果は，スターン（Stern, 1985）のRIGs（一般化された相互交流の表象）という概念の基礎をなします。このようなカテゴリーによって赤ん坊は，知覚的あるいは概念的特性に基づいて相互交流を一般化することができます。スターンや私たち自身が主張するのは，相互交流がどのように典型的な形で進むのかという予想は，乳児の最初の1年の終わりにかけてさまざまなカテゴリーのなかに要約されるということです。

　どのように相互交流が進んでいくのかということに関する予想は，三つの主要な原理によってオーガナイズされるものと理解されます。その最も基本的な原理は，相互交流の典型的な進み方によって予想がオーガナイズされるという

もので，それを私たちは「進行し続ける調制」と呼んでいます。第 7 章で私たちは，相互交流に関する予想をオーガナイズするさらなる原理として，「断絶と修復」と「情動が高まる瞬間」を付け加えて説明します。

■ 前象徴的表象

したがって，一連の素晴らしい前象徴的表象化の能力は，生後 1 年の乳児のなかに存在します。乳児は特性を知覚し，異種感覚的に翻訳することができ，パートナーが随伴的に行動しているのかどうかを見抜くことができ，行動パターンが似たものなのか，違うものなのかを見分けることができます。乳児はこれらのパターンの予想を発達させ，それを記憶し，そしてそれをカテゴリー化します。それらの予期は，時間，空間，感情，覚醒を通してオーガナイズされます。これは，赤ん坊が特徴的な相互交流の前象徴的表象を発達させるために用いる道具なのです。

生後 1 年目の終わりころ，予想された相互交流の表象は一般化された原型に抽象化されます。この原型は，乳児が自己表象や対象表象を象徴的に形成する際の基礎となります。ピアジェ（Piaget, 1937）によると，生後 1 年目の体験は，象徴的な思考の開始に伴って急激に変容します。象徴的な思考は，生後約 9 か月から 12 か月で始まり，16 か月から 18 か月に主要な再オーガナイゼーションが行われ，そして約 36 か月までに構成されます。象徴を使用することで，子どもは「任意な arbitrary」やり方，つまり物理的な特徴によっては定義されないやり方で，対象を参照することができます。そうなると子どもは，物理的にはそこに存在しないモデルを模倣する能力を有します。対象間の関係を象徴化する能力によって，子どもは自分自身を客観的存在として知覚できます（Kagan, 1979; McCall, 1979; Sroufe, 1979a）。この時期は，人生最初の 3 年における自己表象と対象表象を構築するプロセスの全盛期です。そしてこのプロセスは，生涯を通じ重要な方法として続けられます。

ブッチ（Bucci, 1985）が表象の二元コード化理論 dual-code theory のなかで主張するのは，表象には言語的なものと非言語的なものの二つの並列したシステムがあり，そのいずれもが象徴化能力を発達させるということです。表象の言語的様式では，私たちは言語的形式で情報を貯蔵し，そして非言語的な様式では，イメージや音や香りのような知覚的様式を通して情報を貯蔵します。

たとえば，建築家や芸術家は，高度に精緻化された非言語的な象徴表象化能力を持っているのかもしれません。私たちは，乳児がオーガナイズする表象は，非言語的な表象システムを通してまず象徴的になると仮定しています。そうした表象が，言語的な表象システムのなかに翻訳されることを必ずしも仮定する必要はありません。実際にブッチは，成人の精神分析における一つの課題は，言語的表象システムと非言語的表象システムとの間の翻訳だと述べています。私たちの見解は，ゼルニックとバコルス（Zelnick & Bucholz, 1990）やモデル（Modell, 1992）と一致しており，前象徴的水準での早期の相互交流構造は，のちに子どもや成人において無意識的にオーガナイズし続ける構造，あるいは記憶構造を広く構成すると考えます。私たちが用いる無意識という言葉は，「力動的な」無意識ではなく，ストロロウ（Atwood & Stolorow, 1984; Stolorow & Atwood, 1992）のいう「前内省的な」無意識と同様のものです。

■生後1年目における社交的相互交流の前象徴的オーガナイゼーションの研究結果

　実験室条件下で調べられた乳児の能力が，進行し続ける社交的相互交流において，乳児に実際に使用されているかどうかということを，私たちはどのようにして知ることができるでしょうか？　乳児研究において，実験的な知覚研究と自然主義的な naturalistic 社交的相互交流研究は二分されたままです。これは，物事としてある程度避けがたい状態です。なぜなら，知覚の実験的な研究を可能にする変数をしっかり統制することで，相互交流に関する自然主義的な研究のなかで観察される現象が損なわれてしまうからです。それゆえ，実験室のなかで証明される知覚能力は，自然な社交的相互交流のなかでも作用しているという**仮説**がまだ広く残っています。それでもなお，次のような二つの理由からそれは優れた仮説です。第一に社交的刺激は，実験室内で操作された変数よりもはるかに顕著で過剰ですし，有意義で一貫性のある随伴的フィードバックをする力があります。それゆえ，社交的な刺激は，乳児の最も**高等な**知覚能力の使用を引き出すはずです。ブラゼルトンとその同僚たち（Brazelton et al., 1975）とトロニック（Tronick, 1982）は，対面状況に関する記述のなかで，まさにこの点を力説しています。第二に，この仮説を支持する多種多様な研究結果が増え始めています。

現在，実験室設定で証明されるさまざまな種類の知覚能力が，社交的設定でも同様に作用することに関する，実験的な研究結果と自然主義的な研究結果の両方があります。この研究結果の出典には，以下のものが含まれます。(1)セッションからセッションに反復され，やがてある一点を軸に複数のセッションを通して反復され，家庭と実験室の設定を通しても反復されるとみなされるオーガナイズされた行動パターン，(2)抑うつ的でない見知らぬ成人に対しても，母親との異常な相互交流パターンを一般化する抑うつ的な母親の乳児，(3)抑うつ的な母親の乳児における，健康な母親の乳児とは異なった脳波賦活パターン，(4)トロニックとその同僚たち（Tronick et al., 1978）の静止顔の方法論に基づいたもの。そこでは，母親が静止顔になると，乳児は通常通りの応答的なパートナーを予想し，静止顔の操作を思い出しますが，静止顔をやめさせようとする乳児のコーピング法は愛着の安定性を予測します。(5)次のような長期間にわたる研究結果。(a)生後1年から2年の乳児は，生後6か月時に起きた珍しい一つの出来事を思い出すことができること，(b)乳児の生後6か月における相互交流のパターンは，1歳から2歳時の社交的そして認知的な成果を予測すること，(c)子どもや成人の治療から得られる生育歴は，生後1年の間に心に記録され，その後の体験をオーガナイズし，後の象徴的身体的体験を強く形作るような出来事の影響について詳しく述べていること。

オーガナイズされた行動のパターンが繰り返すことに関する研究結果は，スターン（Stern, 1974; Stern et al., 1975）やゼルナー（Zelner, 1982）によってもたらされました。彼らは6組の母親と乳児を1か月間にわたって12回撮影し，セッション毎の一貫性を明らかにしました。ワインバーグ（Weinberg, 1991）もまた，乳児の顔に表れる情動，注視パターン，身振りの測定において，6か月から6か月半のセッションごとの安定性を明らかにしました。

フィールドら（Field et al., 1988）は，抑うつ的な母親の生後6か月までの乳児たちが，抑うつ的ではない最適に調律する新奇の成人女性と一緒にいても，「抑うつ的な」行動を示すことを明らかにしました。これらの結果から考えられうる一つの理解は，強い抗議やかかわりからの離脱など，抑うつ的な母親との間の異常なパターンは，乳児が見知らぬ人との間にも同じような相互交流を予想し，同じように振舞ってしまうくらい強くオーガナイズされるというものです。

ドーソン（Dawson, 1992a, b）は，生後10か月までに，乳児の脳が母親の抑うつを反映することを明らかにしました。そして私たちは，デビッドソンとフォックス（Davidson & Fox, 1982）の研究から，左右の前頭葉はそれぞれ肯定的な情動と否定的な情動に特化されていることを知っています。ドーソンのデータによれば，（母親といないいないばあ遊びをする）健康な子どもに対して肯定的な情動行動と脳波パターンを賦活させる出来事が，抑うつ的な母親の乳児に対して否定的な〔情動〕行動と脳波パターンの賦活を惹き起こします。その逆もあります。つまり，生後10か月までに，抑うつ的な母親の乳児の情緒的応答性は，健康な乳児の情緒的応答性とはすでに異なる形でオーガナイズされているのです。

　トロニック（Tronick et al., 1978）の静止顔実験では，2分間の自然遊びの後，母親たちは顔を動かさず声も出さずに乳児と2分間向かい合うように指示されました。乳児は微笑んだり，声を出したりして，母親に働きかける努力を繰り返し，母親が応答しなかったときには驚きの表現を示します。そして，かかわりからの離脱と応答を引き出すための努力を繰り返しました。マレー（Murray, 1991; Murray & Trevarthen, 1985）は，「随伴性の侵害」実験で，同じように，母親の応答を引き出そうとする乳児のパターンと，当惑してかかわりから離脱するパターンを明らかにしています。この実験では，**数分前**に行われた相互交流で自分に応答する母親のビデオテープを乳児は見せられるため，ビデオのなかの母親が，乳児の現在の行動に対して随伴的に応答することはまったくありません。この実験は，乳児たちが随伴的に応答するパートナーを予期していることと，その予期が裏切られたときの乳児たちの苦悩を明らかにしました。

　トロニック（Tronick, 1989）は，母親が通常の遊びを再開した後も，静止顔実験の効果が数分間持続することを明らかにしました。乳児は否定的な気分状態を示し，母親を見ることを避けました。トロニックはこう結論づけます。「この知見は，生後3か月の乳児でさえ，単純にその場の刺激状況の影響下にあるのではなく，出来事が永続的な効果を持つこと，たとえば内的に表象化されるということを示唆している」（p. 114）。

　コーン，キャンベル，ロス（Cohn, Campbell, & Ross, 1991）は，静止顔状況に対処する乳児の様式が，生後6か月までに特徴的になるかまたは安定的に

なり，それが生後1年時における乳児の愛着状態を予測することを明らかにしました。微笑んだり声を出したりするなど，肯定的な行動を用いて乳児が母親からの応答を引き出そうと試みる場合，生後1年時における乳児の愛着状況は安定的なようでした。そのような肯定的な〔応答の〕引き出し行動がないことは，不安型の愛着を予測します。つまり，静止顔のストレスは，関係の履歴に索引を付け，母親とかかわることに役立つと乳児が予想するものに関する「ワーキングモデル」や「表象」を評価する一つの方法を提供します。肯定的な〔応答の〕引き出し行動は，自身の肯定的な行動が母親とのかかわりをうまくいかせるだろうと乳児が予期していることを示しています。

　生後6か月時点での（暗闇のなかでガラガラを求めて手を伸ばすという）日常的ではない出来事の記憶が生後2年目まで持続するという縦断的研究の結果が，ペリス，マイアズ，クリフトン（Perris, Myers, & Clifton, 1990）によって示されています。ジャフィと彼の同僚（Jaffe et al., 2001）は，生後4か月時点における母親‐乳児の発声リズム調整のパターンが，生後1年目の愛着と認知を予測するという縦断的研究の結果を示しました。生後6か月における社交的な相互交流が，生後2年から3年における社交的，認知的結果を予測するという縦断的研究の結果は，現在では多くの文献に見られます（たとえば，Bakeman & Brown, 1977; Ainsworth et al., 1978; Cohen & Beckwith, 1979; Martin, 1981; Crockenberg, 1983; Lewis et al., 1984; Bretherton, 1985; Malatesta et al., 1989; Isabella & Belsky, 1991; Lester & Seifer, 1990 を参照）。

　最後に，子どもと成人の治療から得られた膨大な事例も，生後1年時の出来事の持つ継続的な影響を明らかにします（Bernstein & Blacher, 1967; Herzog, 1983; Casement, 1990）。たとえばケースメント Casement は，生後11か月のときに受けたひどいやけどにとらわれているある成人患者の治療事例について述べています。その外傷的な出来事は，その成人の分析において中心的なオーガナイジングテーマでした。

　これらの研究結果は，生後1年を通じてオーガナイゼーションが生じることを推論するための論拠となっています。私たちは，オーガナイゼーションとは，比較的持続的なパターンあるいは情報の分類であると定義します。これらのパターンは，入ってくる情報を構築したり，再構築したりする能動的なプロ

セスによって形成されます。オーガナイズされた行動パターンの反復を記録する健康な母親－乳児のペアに関する研究と，損なわれた相互交流のパターンが一般化することを明らかにする抑うつ的な母親とその乳児に関する研究が，比較的持続的にオーガナイズされたパターンの基準に関するデータとなります。生後6か月までに相互交流行動にかなりの安定度がみられるということは，それを通して乳児の関係の取り方が安定し特徴的なものになる，早期の強いオーガナイジングプロセスが存在することを意味しています。抑うつ的な母親の乳児の脳は，10か月までに健康な母親の乳児の脳とは異なってオーガナイズされるという神経生理学的な研究結果と，早期の相互交流から後の結果を予測するさまざまな研究によって，人生の最初の1年を通じ，はっきりと異なった結果を伴って体験がオーガナイズされることが証明されます。早期の知覚能力と認知能力についての研究と共に，これらの研究結果に基づき，早期の相互交流パターンは，繰り返され特徴的になることで，最初の1年を超えて展開する前象徴的表象をオーガナイズすると私たちは主張します。それでもなお，それらの早期の相互交流パターンは，最初の1年の後でもさまざまな変容や再オーガナイゼーションがなされることを私たちは強調したいと思います。

精神分析における前象徴的表象の重要性

　精神分析では，前象徴的な表象は，主として象徴的な表象の「前段階」と考えられてきました。元来，前象徴的な表象は，二次過程と対比され，一次過程の推定上の始まりとして重要でした。最近10年になるとそれは，自閉的過程や共生過程，あるいは言語や象徴的な表象に変換することが難しいプロトタクシス的歪み——切望や不安——の推定上の起源でした。しかし，その臨床的有用性がどうであれ，これらの公式化は，自我の前段階として，あるいは象徴的，言語的処理様式の前段階としてこの段階を区別しています。もうこの考え方は

　＊（監訳者注）：サリヴァンは，乳児に特徴的な，未分化で全体的，オーガナイズされていない体験形態をプロトタクシス的体験様式と名づけた。それによれば乳児は，時間，空間，自分を環境と区別できず，ものとものを関連づけることもできなければ，ものとものを分離することもできないと仮定される。

通用しません．対照的に，本章で概説してきた早期の能力は，乳児が並はずれたオーガナイゼーションと共に人生を始めることを示しています．複雑な社交的相互交流と非社交的相互交流を通して，早くも生後3か月から4か月には，乳児は豊饒で識別可能な体験のまとまりを迅速に生み出し，その体験は記憶されたり，予想されるようになります．つまり前象徴的に表象されます．私たちが，一度乳児の持つ早期の並はずれた能力を把握すれば，最初の1年，それどころか最初の半年でさえも，前段階ではなく，その本来的なオーガナイゼーションと重要性を持った時期としてみることができます．この研究は，早期乳児期にすでに「自我」が存在し，自我は環境のオーガナイゼーションに参与して相互交流的なプロセスのオーガナイゼーションを学習する，というラパポート（Rapaport, 1960）の主張と完全に一致し，またそれをさらに精緻化するものです．その意味では，人間の基盤は混沌とした「イド」ではなく，相互交流的な場の文脈において進行し続ける自己オーガナイゼーションの能力です．さまざまに変容されるものではありますが，これと同じ能力は，生涯にわたって作用し，精神分析オフィス内で作用し，そして通常は気づきの外側で作用し続けます．無意識的な記憶，実演 enactment，あるいは非言語的な相互交流パターンといった形態のなかにも，これらは見出されるかもしれません．

次の章で私たちは，人生早期の数か月において，対面の社交的な遊びのなかに見られる相互交流調制のパターンについて引き続き述べます．本章で提示した実証的研究を用いて私たちは，相互交流調制のパターンは，前象徴的な形式で乳児に表象化されると主張します．〔そのなかで私たちは〕前象徴的表象に対する知覚的認知的能力と，早期の相互交流のパターンの論述を合わせ，自己表象と対象表象の起源に関する私たちの見解を導き出します．

第 5 章

早期の相互交流調制パターンと自己表象と対象表象の前象徴的起源

　第4章では前象徴的表象について述べました。私たちは，乳児の知覚能力と認知能力についての研究と，相互交流パターンの予想や記憶，最終的には前象徴的表象についてこれらの能力がオーガナイズされる方法についての研究を概観しました。この章では，対面遊びに関する乳児研究の領域について述べ，母親と乳児の間における実際の相互交流パターンの性質について説明します。この研究の主要な特徴は，ビデオテープとフィルムを用いた行動の連鎖に関する非常に注意深い「マイクロ分析」です。この研究によって，早期の関係性のパターンがどれほど微妙で，複雑で，そして速やかなものかを理解することができます。前象徴的表象能力は，この相互交流パターンを「コード化」したりスキーマ化したりするために使われ，自己表象と対象表象の初期の前象徴的道筋をつくります。続く章で私たちは，臨床的な領域に戻り，ここで示したデータが意味するものについて詳細に説明します。

　乳児の社交的な能力は，生後3か月から4か月で開花します。乳児の相互交流能力のレパートリーは，この月齢では対面遊びの間に最もはっきりと認められ，そこでの唯一の目標は相互的注意と喜びです（Brazelton, Koslowski, & Main, 1974; Stern, 1977）。この状況は，乳児の最も強いコミュニケーションスキルを引き出します（Brazelton et al., 1975）。さらに，最初の6か月間におけるこの対面交流の調制パターンは，1歳の時点における認知的・社交的発達を予測します（Martin, 1981; Roe, McClure, & Roe, 1982; Belsky, Rovine, & Taylor, 1984; Malatesta et al., 1989; Feldman, 1997）。私たちがここで述べる

実証的研究のなかで用いたのは，この対面遊びという方法です。

　対面遊びにおける乳児の相互交流の能力は，誕生時点で高度に機能的で，およそ 3 か月までに成人の成熟した状態にまで達する視覚システムに基づいています（Cohen, DeLoache, & Strauss, 1979）。たがいの視覚的関心を継続する能力はおよそ 2 か月までに現れます。それは，母親と乳児の関係を発達させるための中核で（Stern, 1977），生涯を通じて続く（Robson, 1967）コミュニケーションの基本的枠組みです。さらに，スターン（Stern, 1971, 1977）が記述するように，母親たちは見つめる傾向があるため，視覚的接触を「始める」のも「止める」のも乳児なのです。乳児が見ること，目を逸らすこと，そして目を閉じることを制御しており，それが 2, 3 か月までに，乳児に「社交的接触の微妙な一瞬一瞬の調制」を可能にさせます（Stern, 1977, p. 502）。

　乳児が生後 3, 4 か月のときに，遊んでいる状態の健康な母親と乳児が研究されました。乳児が乳児用椅子に座らされた状態で，母親と乳児は，他には何もない部屋のなかで対面に配置されました。ビデオカメラは目立たないように壁に設置されました。母親たちは，普段家でしているように，乳児たちと遊ぶよう指示されます。その後，それぞれの母親と乳児のペアだけがたがいに交流できるように部屋に残されます。2 台のカメラが 1 台ずつそれぞれのパートナーの顔と上半身に向けられ，その相互交流を分割画面に映し出します。この研究方法は，純粋に注意が覚醒している間の社交的交流だけを，特異的に検討するものです。ほとんどの研究は母親と乳児に関するものですが，父親と乳児に関するさまざまな研究を見ると，私たちの結論は，父親と乳児にも一般に適用可能であると考えることができます（たとえば，Lamb, 1981 参照）。

乳児エリオットのビデオが例証する
自己調制と相互交流調制の統合

　ビデオ録画された分割画面の相互交流を見ることで，私たちは，母親と乳児がどのように相互交流してたがいに影響を与えるか（相互交流調制）だけでなく，それぞれが自分の注意状態と覚醒状態をいかに調制するのか（自己調制）を評価します。相互交流調制と自己調制を一つのシステムとしてみなすことが

非常に重要です。たとえば，簡単に落ち着いたり覚醒したりできない乳児の気難しさは，相互交流調制の性質に影響を与えるため，乳児はより難しいパートナーになるでしょう。同様に，相互交流調制の性質は，自己調制の能力を促進することもあれば妨害することもあります。一つのシステムとして概念化されると，自己調制と相互交流調制はたがいに絶え間なく影響を与えていることがわかります（Gianino & Tronick, 1988; Lichtenberg, 1989; Beebe & Lachmann, 1994 参照）。

今から述べる最初の相互交流は，連続して三人のパートナーと遊ぶ生後5週の乳児エリオット Elliot が示すものです。パートナーが交代する際の休憩は無く，それぞれの相互交流はほぼ2分間続きます。それぞれのパートナーとの間で，乳児は非常に異なった自己調制能力を示し，そして非常に異なった相互交流がそれぞれの二者関係によって生み出されます。

ビデオが回り始めたとき，母親は少しためらいがちで，やや平板な顔をし，少し抑うつ気味なようです。エリオットはいくぶん気難しく，アイコンタクトは成立しません。母親はおしゃべりや顔の遊びをしません。代わりに彼女はエリオットを速いリズムで揺すります。そのような速いリズムは少し普通ではなく，観察者にとっては嫌悪感を覚えるものでした。エリオットは嫌がっていますが，母親は彼とかかわるためのごく限られたレパートリーしか持っていません。生後5週で，エリオットは対面遊び状況において正常範囲内の自己調制の難しさがありました。結局母親は，彼の自己調制を促進する「ハッピーバースディ」を歌って聞かせるという方法を考えだします。彼女が歌い始めた瞬間，乳児の目は焦点があわない状態からしっかり注意が向けられる状態に変化し，アイコンタクトが成立します。これは，母親が刺激をおおいに構造化して提供した最初の瞬間で，エリオットはそれによく応答しました。しかし，彼女はその他の方法を持たなかったようで，結局「ハッピーバースディ」をもう一度歌いました。もはやエリオットは興味を失い，そして母親は彼の関心を取り戻すことはできません。

2番目のパートナーは赤ん坊と遊ぶ訓練をしている学生です。彼女の顔はとても生き生きとしていましたが，彼女はエリオットの情動にマッチしていません。彼女は大きく口をあけて笑い，本当に楽しそうに見えますが，乳児は楽しくありません。エリオットは少し不機嫌な表情のまま大人しくしており，この

相互交流もまたうまくいきませんでした。その後学生は，乳児を抱き上げ体全体のリズムで揺すり，彼女は彼をすこし縦にして抱き，それが彼の自己調制を促進します。短時間たがいの視覚的なかかわりがありましたが，その後相互交流は崩壊しエリオットは泣き出しました。

最後のパートナーの私（ビービー）は，乳児の泣くリズムに声を合わせることから始めます。しばらくして私がペースを落とし，声量を下げると，エリオットは私と共にすっかり静まります（Stern, 1985 参照，同様の記述）。エリオットは，まるで催眠にかかっているかのように見えます。彼の注意が集中し，視覚的に引きつけられます。その後エリオットの覚醒水準が低くなりすぎ，彼は眠たそうに見え始めます。刺激を強める必要があるのは今です。私は顔での刺激を増やしますが，声の大きさは落としたままです。必要なのは落ち着かせることと，覚醒させることの複雑な組み合わせです。寝入ってしまわないように乳児は覚醒させられなければなりませんが，彼を刺激しすぎないように刺激はゆっくりでなくてはならないわけです。この時点で，エリオットはほとんど眠りかけています。そこで私はやり方を変え，顔，声，頭で，より速いリズムを取り始めます——声量は落としたまま，ペースだけ上げます。エリオットは視覚的なかかわりを保ち，そしてより注意が集中し，口を少しあける動きをしました。

この相互交流は，赤ん坊によって相互交流に持ち込まれる自己調制の力，パートナーの調律，乳児が持つどんな能力も利用する二者関係の力，といったものを例証します。乳児の自己調制の力と，相互交流のなかでかかわり合う力は，三人のパートナーごと非常に異なっています。相互交流の成果はそこに生じる二者関係的現象なのです。成人の分析治療でも同様に考えることができます。

この相互交流はまた，スターン（Stern, 1983）の概念である「状態変容」——このケースの場合，神経質で過覚醒な状態から，注意集中かかわる準備ができた状態への変容——も表すものです。そのペアがうまく確実に乳児の状態変容を達成できるかどうかは，表象の新たなオーガナイゼーションに大きな違いをもたらします（Sander, 1977 も参照）。この早期の年齢で大切なのは，自分の覚醒が心地よい範囲にとどまるであろうという予期を乳児が発達させるかどうか，そして乳児の覚醒の範囲が，パートナーとかかわるために充分な注

意集中を含みやすいかどうかです。エリオットの年齢にあたる生後2か月の乳児にとって，覚醒と注意集中の調制は中心的な主題ですが，後続の研究で対象とした乳児たちの年齢である4か月までに，この主題は背景的なものとなっていきます。

双方向的調制の統計的分析

ここで論じる研究は，双方向的調制，つまりそれぞれのパートナーの行動が他方の行動に影響を与えるかどうか，を査定するための統計手法である時系列分析（Gottman, 1981）に基づきます。相互交流行動の理論は，いかにその人がその人自身の行動に影響を受けるかを考慮に入れる必要がありますが，それは自己調制の一側面として概念化することができます（Thomas & Martin, 1976）。この次元は，それぞれの人の自分の行動の予測可能性の程度を査定するもので，時系列分析においては自己相関と呼ばれます。相互交流行動の理論はまた，いかに個々の人がパートナーの行動に影響されるかという，相互交流調制も考慮しなければなりません（Thomas & Martin, 1976）。調制が実際に双方向的であるかどうかを判断しようとする場合，通常の相関分析法では二つの行動の流れが共に上下して変化するということしか証明できず，誰が誰に影響を与えるかを明らかにすることができません。高い相関があるように見える二つの行動の流れも，両者における強い自己調制の産物として似ているだけかもしれないのです（Gottman & Ringland, 1981）。たとえば，もし両者がとても強く似たリズムを持つならば，それぞれのテンポと強いリズムは大まかに同じであるために，実際にたがいに関係が有っても無くても，彼らは高い相関があるかのように示されるでしょう。近年は時系列分析を適用してこの問題を回避します。

時系列分析はまず，それぞれのパートナーの行動の規則性と予測可能性を測定します（自己相関）。そして自己相関は，それぞれのパートナーについてその影響が分析から取り除かれるように「統制され」ます。その後，標準的な重回帰分析を用い，たとえば母親自身のなかでの予測可能性（自己相関）のほかに，彼女の行動のなかに乳児の行動から予測されるさらなる変動（相互相関）

が見られるのかどうかを分析します。同様の分析が乳児に対してもなされます。「調制」あるいは「相互交流の随伴性」は、全体的な行動の流れを通し、一方のパートナーの行動から他方の行動を予測することと定義づけられ、因果関係を意味しません。時系列分析は、乳児への母親からの影響（乳児の行動は母親の行動から予測可能か？）と、母親への乳児からの影響（母親の行動は乳児の行動から予測可能か？）を分けて分析することを可能にするものです。

時系列分析では、行動の系列を実際の時間で順番どおりに注意深く記録しなければなりません。たとえば、後段で述べる顔の映し返し分析の基礎となる口、目、頭の動きを想像してください。これらの行動は、口をあけること、眉を上げること、頭の向きの変更、凝視方向を変えること、微笑むこと、眉をひそめること、しかめ面、まじめ顔などを含んでいます。その記録は、1秒の何分の一かで計測される母親と乳児の口、目、頭のあらゆる動きからなる二つの並行する連鎖から成っています。これらの行動はおよそ1/4秒から1/3秒間続きます（Stern, 1971; Beebe & Stern, 1977; Beebe, 1982）。

顔の映し返し

顔の映し返し facial mirroring は精神分析の文献のなかでよく述べられているもので、乳児研究はこの語を精神分析から引用しました。ウィニコット（Winnicott, 1967）に最も有名な記述の一つがあります。「鏡 mirror のさきがけは母親の顔です。乳児が母親を見るとき、彼は何を見ているのでしょう？彼自身を見ているのです」(p. 131)。これは、母親が乳児の情動を映し返したり、それにマッチしたりするというおなじみの概念です。精神分析の文献のほとんど、そして多くの乳児研究もまた、映し返すのは母親であるという一方向の影響モデルで映し返しを概念化する傾向があります。

対面のかかわり尺度：顔の映し返しを調査するため、ビービーとガーストマン（Beebe & Gerstman, 1980）は、乳児と母親の顔－視覚的かかわりの程度を測る順序尺度を開発しました。生後3, 4か月までに、広い範囲の対人関係的な情動表出が乳児に現れます。ビデオテープを16ミリフィルムに変換し、それをスローモーションで見ることで、肉眼ではあまり見られなかった、束の間

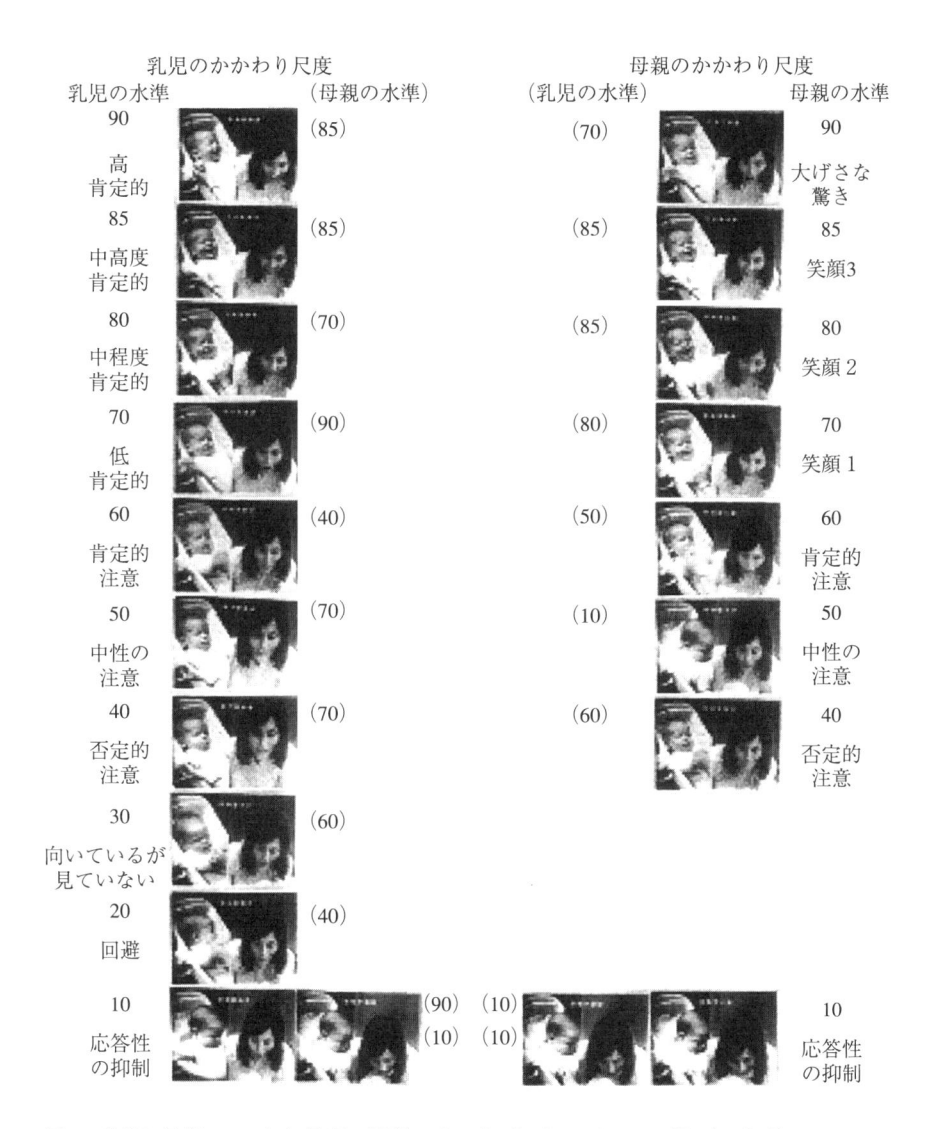

第5章　早期の相互交流調制パターンと自己表象と対象表象の前象徴的起源　93

乳児のかかわり尺度			母親のかかわり尺度		
乳児の水準		（母親の水準）	（乳児の水準）		母親の水準
90 高 肯定的		(85)	(70)		90 大げさな驚き
85 中高度 肯定的		(85)	(85)		85 笑顔3
80 中程度 肯定的		(70)	(85)		80 笑顔2
70 低 肯定的		(90)	(80)		70 笑顔1
60 肯定的 注意		(40)	(50)		60 肯定的 注意
50 中性の 注意		(70)	(10)		50 中性の 注意
40 否定的 注意		(70)	(60)		40 否定的 注意
30 向いているが 見ていない		(60)			
20 回避		(40)			
10 応答性 の抑制		(90) (10)	(10) (10)		10 応答性 の抑制

図5　乳児と母親のかかわり尺度の写真。ビービーとガーストマン（Beebe & Gerstman, 1980）より。

の微妙な相互交流が明らかになりました。対面遊び接触を持続させたり断絶させたりしている乳児の観察は，母親に対する向き，母親への視覚的注意，そして顔の表情における微妙な変動，それらを乳児が組み合わせるさまざまな方法を評価する乳児のかかわり尺度の発展につながっています（Beebe & Stern, 1977; Beebe & Gerstman, 1980）。この尺度は，情動的な質の微妙な差異は，独立したオン・オフのカテゴリーとしてではなく，推移の連続線上に現れるという概念に影響を受けたものです（Marler, 1965; Tobach, 1970; Stern, 1981）。図5は，母親と乳児それぞれの増減する情動的かかわりに関する二つの同じような尺度を示しています。乳児の尺度のみを詳しく述べますが，母親の尺度も同じやり方で用いられます。

　この尺度は〔頭の〕向き，凝視，そして顔の表情をもとに順序づけたものです。どの程度その人がパートナーに頭を向けているか，その人がパートナーを注視しているかどうか，そしてその人の顔の表情を示しています。まず，乳児尺度の上半分を見てみましょう。中央点（50）で乳児は，母親に正対し，彼女の顔に視覚的に関心を向け，中性の表情を見せています。かかわりが増加していく尺度の上方向へは，〔頭の〕向きと注意は一定で，口の開きと広がりの表示の増加によって尺度が並べられましたが，これには母親に向かって頭をぐっとあげることや陽気な発声も伴います。最も高い水準（90）では，いわゆる**大口笑い** gape smile で，口は最大限に大きく広く開き，頭はぐっと前に突き出し，長い視覚的関心を伴います――喜びで陽気になる瞬間の印象を与えています（Beebe, 1973 参照）。

　乳児の快表現の多次元的な性質は，笑顔を見せることの増加だけでなく，頭の動きと口の開閉（口を広げたりすぼめたり）に基づくため，必ずしも向きや視覚的関心を変えなくても，気分の強さや質の小さな変化を伝えるすばらしい能力を潜在的に乳児に与えます（Beebe, 1973）。後に述べる顔の映し返しの研究は，主に尺度の上半分における調制を説明します。

　次に，かかわりの減少（またはかかわりにおける妥協の増加）の方向に進む，乳児尺度の下半分を見て行きましょう。中央点（50）のすぐ下は，「否定的注意」（40）まで中性表情が失われ，顔と顔を正対する布置で，視覚的には母親へ注意集中していますが，ひそめ眉やしかめ面を伴います。次の段階では，乳児の頭は依然として母親の方を向いていますが，視覚的関心の減少を伴

います（30）。ここからさらに対面の向きが失われ,「回避」への動きが続きます（20），つまり頭の向きと凝視が母親から回避されます。最後に，**応答性の抑制**と呼ばれる完全な応答性の喪失があり（10），そこで乳児はぐったりとし，動かずにうなだれ，かかわろうとする母親の試みへの無関心を続けます。後で述べる脱線 derailment の研究は，主に尺度の下半分における調制を説明しています。

　乳児が生後4か月になる母親‐乳児ペア5組の顔‐視覚的相互交流がコード化されました。1組ごとに約4,5分のデータが分析されました（Kronen, 1982; Beebe & Kronen, 1988; Cohn & Beebe, 1990）。分析箇所は，乳児が母親を最も長く凝視した時間に基づいて選ばれました。使用された16ミリフィルムは1秒に24フレームで，フレームは番号を付けられ，顔の表情，凝視，頭の向き，それぞれの変化の開始と停止のフレームが同定されました（Stern, 1971; Beebe & Stern, 1977; Beebe & Gerstman, 1980; Kronen, 1982）。私たちは1/12秒まで精確にコード化しました。これらの行動の持続時間は1/4から1/3から1/2秒の範囲です（Stern, 1971, 1977; Beebe, 1982; Kronen, 1982）。情動的なかかわりの強さの変化を表示するために，私たちは前述のかかわり尺度を使用しました。母親らはかかわりの水準を3/4秒ごとに一度変更し，乳児らは1¼秒ごとに変更していました。時系列回帰分析が顔の随伴性を評価するのに使われました。

　顔の映し返しの双方向的調制：時系列分析を使った顔の映し返し研究において，私たちは頑健な robust 双方向的調制プロセスの存在を立証しました。コーンとトロニック（Cohn & Tronick, 1988）も同じような発見を報告しています。このように，母親と乳児はたがいの顔‐視覚的変化を反映します。顔の映し返しの連鎖の一例は図6に示されています。

■「映し返し」は正確なマッチを意味するでしょうか？

　私たちには，何が正確にマッチされているのか，マッチは（鏡が象徴的に意味するように）正確なものかどうかという疑問がありました。実際，私たちの尺度を使い，私たちは正確なマッチングのかなりの欠落を見つけました。むしろ，パートナー同士は主として**同じ情動的方向に動いており**，尺度上を一緒に上下しているのです（Beebe & Kronen, 1988）。スターン（Stern, 1985）はこ

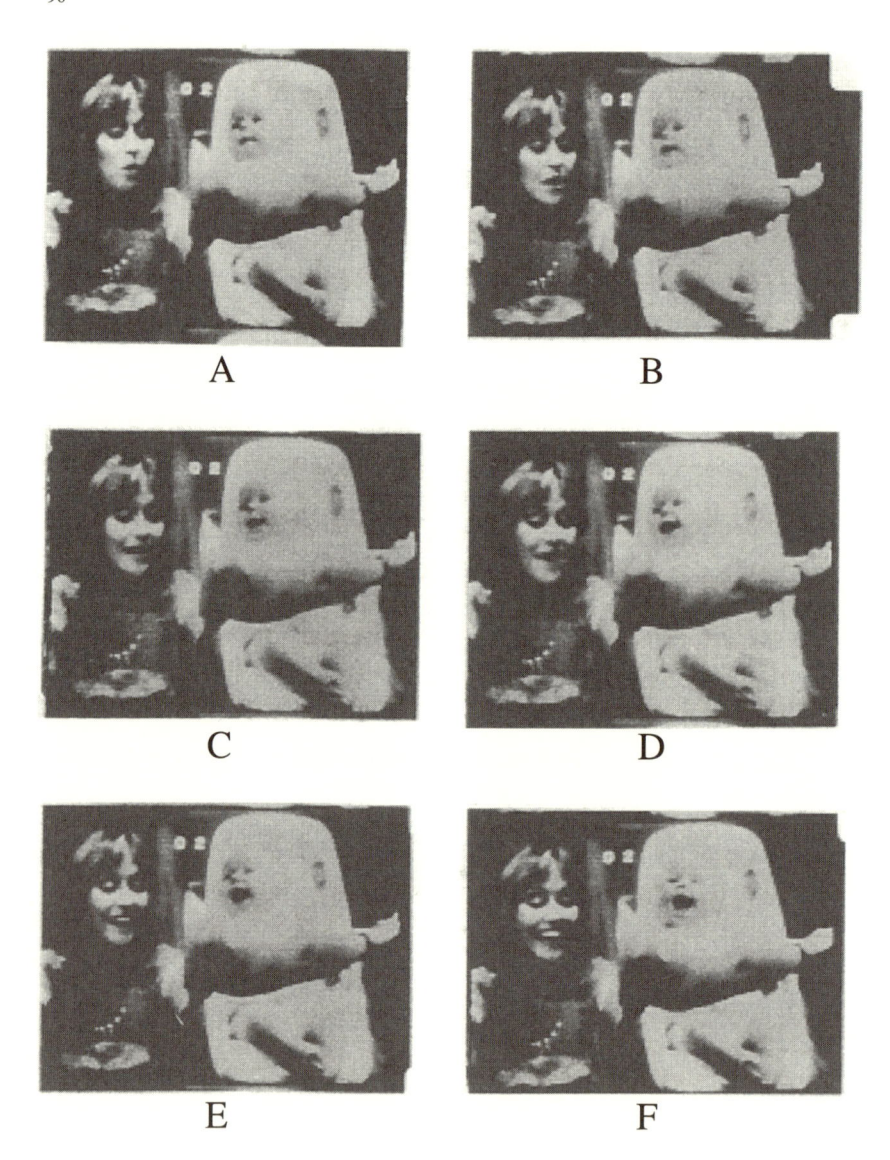

図6 「顔の映し返し」連鎖の写真。母親と乳児は対面で座り，たがいを見ている。Aの時点で母親は「キスする顔」を示し，乳児の唇は部分的に口のなかに引き込まれ，緊張した硬い顔の表情になる。0.54秒後，Bの時点では母親の口は広がり，少し快の表情になり，一方乳児の顔はリラックスしてわずかに口が広がり，少し快の表情になっている。0.79秒後，Cの時点では母親と乳児の両者が少し微笑みを見せる。0.46秒後，Dの時点

れを「勾配のマッチング matching the gradient」と呼び，ウェルナー（Werner, 1948）は，母親と乳児は行動の「動的－方向的特性」をマッチさせていると示唆しました。

■顔の映し返しの速度

それから私たちは，どれくらい速くこの顔の映し返しが起こるのかについての疑問を持ちました（Cohn & Beebe, 1990; Beebe & Jaffe, 1992b）。スターン（Stern, 1971）は，それぞれのパートナーがたがいに1秒の何分の一かで応答する，ほんの一瞬の世界に母親と乳児が住んでいると述べています。この仮説は，必要とされるきめ細かいデータも適切な統計手法も簡単に利用できなかったために，これまでたやすく検証することはできませんでした。

このような双方向的随伴性の速度を評価するため，コーンとビービー（Cohn & Beebe, 1990）は，このような顔の随伴性を検出するにはどのくらいの速度で標本抽出することが必要なのかを調べようと，標本抽出の間隔を変更しました。たとえば，私たちが1秒に1度のデータを標本抽出したならば（ビデオテープからコード化した顔の相互交流を評価するのに使われた標準的な間隔），1秒より速いものを見つけることは不可能です。私たちは1秒，1/2秒，1/4秒，1/6秒そして1/12秒の標本抽出間隔を用いてみました。通常のユニットである1秒で標本抽出したとき，結果は何も見つかりませんでした。一方，最も短い標本抽出間隔である1/12秒（それは私たちの精度の限界でもあった）は，明らかに最も検出力の高いものでした。母親に関しては，次の間隔の1/6秒で行ったときよりも3倍多くの結果を検出しました。乳児に関しては，1/6秒間隔で行ったときよりも2倍多くの結果を検出しました。最短時間の出来事は，継続時間と開始から開始までの時間の両方において，4フレームフィルム分（4/24つまり1/6秒）かかるものだったので，1/12秒の標本抽出単位は，研究される最も速い出来事の少なくとも2倍速くデータを標本抽出するという基

で母親と乳児の両方がさらに彼らの顔をほころばせて笑う。再び0.46秒後Eの時点，そして0.58秒後Fの時点では，母親と乳児の両者はさらに笑顔を増加する。EとFの時点で乳児は「大口笑い」を示している。Fの時点で乳児は彼の頭の向きをさらに彼の左，そして上方に変動し，大口笑いの発現を増加させる。写真の上端の数字はフレームを示す（24フレーム＝1秒）。

準を確かに満たします。

　1/12秒の標本抽出間隔において，結果はそれぞれの二者関係で頑健に双方向的でした。乳児の行動は母親の行動により予測され，逆もまた成立しました。したがって非常に速い標本抽出が，このすばやい顔 - 視覚的コミュニケーションの検出にとって不可欠だと思われます。

　私たちの次の疑問は，いかに速くパートナー両方が相手に応答するかでした。私たちは，それぞれの二者関係における随伴性（調整）の構造を，1/12秒と1/6秒の標本抽出間隔の結果を使って調査しました。私たちは，調整あるいは対人関係的随伴性を検出するために，いくつ前の標本抽出間隔に戻ることが必要なのかを検討しました。調整が有意なままであるのがいくつ前の抽出間隔であるかを数えることによって，いかに速くそれが起こっているかを判断することが可能になります。すべての乳児と母親が多様な間隔で有意な結果を示しました。最も短い時間差を評価してみると，5人の乳児のうちの3人が1/3秒以内に応答しました。4番目の乳児は5/6秒で，そして5番目は1½秒で応答しました。5人の成人のうち4人は1/6秒以内で，そして5番目は1⅓秒で応答しました。

　これらの5組の二者関係における結果は，双方向の効果を拾い上げるのに非常にきめ細かい標本抽出をする必要性と，母親と乳児の応答速度との両方に驚くほど一致しています。二者間の随伴性と速い応答性はおそらく，母親 - 乳児のコミュニケーションシステムの一般的特質なのでしょう。

■先行的な顔 - 視覚的スキーマの創造物としての顔の映し返し

　母親の方がより速いですが，母親と乳児両方が非常に速い顔 - 視覚的交流に関与しています。私たちはこれらの交流の速さをどのように説明することができるでしょうか？　この速い応答性は，視覚的な反応時間としては速すぎるため，刺激 - 応答に基づくことはありえないと私たち（ラックマンとビービー）は主張します。一つの出来事を受けとめて反応するのに必要な時間は，成人で1/3から1/2秒，乳児で6/10から8/10秒です（B. Karmel, 1992年4月，私信）。私たちが議論している出来事の持続時間はほぼ1/4から1/2秒で，最も短い時間差は乳児と母親それぞれに1/3と1/6秒なので，開始時間の多くはほとんど同時でした。つまり，一人のパートナーの（非常に短い）行動が完成する前に，他

のパートナーはすでに行動し始めているのです。

　これらのデータは，フォーゲル（Fogel, 1992a, b）の，共調制されたコミュニケーションの連続的統制モデルに適合するもので，それによれば個々の人の行為は同時的に変化するパートナーの行為によって絶え間なく修正されます。アイス（Haith, 1980; Haith et al., 1988）の連続的視覚先行処理モデルが，このプロセスを説明するのに役立ちます。この月齢の乳児は，視覚情報を先行して処理し，絶え間なく時間的空間的予測を創り出す能力があります。つまり乳児は，一つの独立した出来事としてだけでなく，予測可能な流れの一つの要素としても，それぞれの行動に応答しています。

　このプロセスは，スターン（Stern, 1977）によってもまた，自分と関連する他者の行為の連鎖を先取りすることを可能にする，空間‐視覚的スキーマの創造物として記述されています。これら非常に速い顔‐視覚的応答性の説明は，前象徴的表象を構成し，結果的に自己表象と対象表象のより象徴的な型の基礎となるスキーマの概念化につながります。

　スターン（Stern, 1977）は，前象徴的表象は時間‐空間的スキーマの予想として定義することができると述べています。彼はモハメド・アリ Mohammed Ali とアル・ミンデンバーガーAl Mindenbergerのボクシングの試合のフレームごとの分析を行い，アリのジャブの53％とミンデンバーガーのジャブの36％が視覚的反応時間（180 msec）よりも速かったことを発見しました。一つのパンチは，それをかわしたり防御したりする応答を引き出す刺激ではなく，私たちは単体としての刺激と応答以上に長い連鎖を見なければならないと彼は結論づけました。むしろ，一つのパンチや一つの防御は，それぞれの人が時間と空間のなかで相手の行動の連鎖を理解し予測するための仮説生成的，または仮定検証的な試みである，と考えるのがより妥当です。パンチが上手くきまるということは，ある選手が相手の連鎖を解読することができ，そして相手の次の動きが，時間と空間において正確に見越すことができることを意味する，とスターンは主張します。相手もまた動いているなかで，同時に「そこに決める」ための時間を得るために，相手の動きを予測することが不可欠なのです。より普通の社交的状況では，私たちは私たちの動きについての情報を隠そうとはせず，私たちは私たちの行動的スキーマをとてもオープンに表示しています。私たちは，私たち自身の行動の流れと関連する他の人の行動の流れの時

間 - 空間的（そして感情 - 覚醒的）スキーマをつくるのです。このように前象徴的表象は，時間 - 空間 - 情動的スキーマであり，パートナー二人の行動を調整するための「小筋書き miniplot」なのです (Beebe & Stern, 1977; Stern, 1977, pp. 87-88参照)。

■ 顔の映し返しと自己表象と対象表象

　時間，空間，情緒，覚醒はすべて，相互交流のオーガナイゼーションにおいて重要ですが，顔 - 視覚的情動は，桁外れなほどの調節と繊細さで独自の情報を運んでいます。それぞれのパートナーの顔がどのように惹きつけ合い，他者の顔に対してどのように応答するかは，人生を通じて親密さの基礎の一つをなしています。顔の映し返しは，自己表象と対象表象の前象徴的オーガナイゼーションに貢献する相互交流のパターンの一つです。顔の映し返しの相互交流が正の相関をする水準まで，パートナーたちは同じ情動的方向に変化し，乳児は（情動的な方向性において）マッチしマッチされるという予期を表象化します。**表象されるのは，ほんの一瞬に，瞬間瞬間において，随伴的に，力動的に，マッチしマッチされる相互交流プロセスです。**同時に生じる覚醒のパターンと自己調制の様式も表象の一部分です。乳児は，自分の顔により似るように絶え間なく変わっていく母親の顔を見る体験を表象化します。乳児はまた，自分の顔が母親の顔により似るように絶え間なく変わっていく体験を表象化します。このような「マッチング」の体験は，同じ波長で理解してもらい調律されているという感覚となります。それぞれのパートナーは，情緒的な方向にマッチするように他者に影響を与え，このマッチングによってそれぞれに他者の感情状態に入っていくための行動上の基礎を提供します。

対人関係的タイミング：時間的パターンのマッチング

　前段の顔の映し返しの分析では，母親と乳児の行動の「内容」を考察しましたが，それは情動的なかかわりの水準と方向を意味していました。しかし同じ行動の**純粋に時間的な**オーガナイゼーションもまた調べることができます。行動の内容に関係なく，タイミングとリズムだけが，生涯にわたるコミュニケー

ションの強力なオーガナイジングプリンシプルになるのです。行動的なタイミング自体が，行動の内容や様相に関係なく，パートナー間の関係性について重要な対人関係的メッセージを伝えています。時間的パターンとは，速度，リズム，休止，反応時間，割り込み，そして〔やりとりの〕交代のような現象を意味しています。対人関係的タイミングの調整とは，二つの平行な行動の流れが相関するかどうかに関するものです。時間的パターンの調整は，社交的関係性がオーガナイズされる上で一つの重要な方法を提供します。これから見ていくように，対人関係的タイミングの調整は乳児の前象徴的表象を理解するのに不可欠なものです。

　他者と関係するプロセスは，多かれ少なかれ各々が他者の状態について絶え間ないフィードバックを受けることを必要としますが，各々の人はいつもあるリズムを持っているため，リズムによってこの情報を得ることができます（Byers, 1975）。一般に，タイミングとリズムは，明確に気づいていたり，慎重なコントロール下にあったりするものではありません。しかし，リズムはすべての運動と発声行動の背後にあります（Lenneberg, 1967）。このように，リズムの違いはパートナーの状態について絶え間なく情報を提供します。リズムには私たちが「良い」（「良い感じ」）として体験するものもあり，騒々しいと体験するものもあります。人は，自分自身のリズムと照合することによってのみ，そのパートナーのリズムを評価することができます。つまり，私たちは絶え間なく対人関係的なリズムの関係を評価しているわけです（Byers, 1975）。

　母親‐乳児の時間的パターンの考察は，当初成人の研究から示唆されました。中性の話題について話すように要求されると，面識のない成人同士は会話の内容に関係なく，単にやりとりの時間的リズムだけをマッチすることが発見されました（Jaffe & Feldstein, 1970; Feldstein & Welkowitz, 1978; Feldstein, 1998）。やりとりのリズムのマッチングと，共感と情動との間にある関係の発見は特に重要です。面識のない成人同士がリズムをマッチさせたときは，彼らのリズムがマッチしなかったときよりも，たがいをより好きになり，たがいを暖かく，似ていると知覚したのです。つまり，コミュニケーション行動の時間的パターンにおける類似は，対人魅力と共感に関連しています。

　逆に言えば，とても速く話し，パートナーが横から口をはさむための充分な長さの休止がほとんどない話し手は，交流を強力に妨げます。パートナーは欲

求不満になり，「同調しなくなる tune out」かもしれません。話し出すのを躊躇したり途中で割り込んだりするようなタイミング上の微妙な変化もまた，聞き手の関係性の体験に影響を与えます。成人の会話では，その相手が「同調して tune in」いることを知り，スムースに話を交代するために，私たちは時間的パターンのマッチングを利用します。

　乳児は時間を知覚し，数秒や数秒にも満たない合間の持続時間を見積もる能力を持って生まれてくるため，タイミングは乳児の研究において優れたシステムです (Lewkowicz, 1989)。乳児は，環境的刺激と同様に，彼自身の行動時間も計測します (DeCasper & Fifer, 1980; Haith et al., 1988)。母親‐乳児の相互交流の対人関係的タイミングに関する私たちの研究は，彼ら自身とパートナーの発声と沈黙の持続時間を計る，乳児のこの知覚能力に基づいています。

　フィルムのマイクロ分析は，母親と乳児が1/2秒未満しか行動が続かないほんの一瞬の世界に住んでいることを明らかにしました。それぞれのパートナーは非常に速く，同時から1/2秒の時間幅で相手に応答します (Stern, 1971, 1977; Beebe & Stern, 1977; Beebe, Stern, & Jaffe, 1979; Peery, 1980; Beebe, 1982; Kronen, 1982; Jaffe et al., 2001)。この速さをみると，少なくとも母親については，このようなほんの一瞬の調節が，部分的または全体的に意識の統制外で生じることがわかります。

　成人の会話におけるリズムのマッチングに類似したものは，生後3か月から4か月という早期に，母親‐乳児の発声的コミュニケーション，顔‐視覚的コミュニケーションにおいて見られます。時系列分析の利用を通して，母親と乳児間における行動のさまざまな時間的パターンの双方向的調制が明らかになりました (Alson, 1982; Jasnow, 1983; Mays, 1984; Beebe et al., 1985; Jaffe et al., 2001)。それぞれのパートナーは相手の行動の持続時間に非常に敏感で，それぞれのパートナーは瞬間ごとの水準でこの持続時間を追跡しマッチします。この重なり合った時間的応答性において，乳児はもう一人の人と「共にいること」の基本的なマイクロ構造を修得します。

■ 発声リズム調整と乳児の愛着と認知の予測

　乳児期における対人関係上のタイミングと，乳児の発達にとってそれが意味するものに関する最も大規模な研究は，ジャフィら (Jaffe et al., 2001) に

よって行われました（Beebe et al., 2000 も参照）。この研究は，母親‐乳児，見知らぬ人‐乳児の対面での相互交流における発声リズムについて，82人の健康な4か月児を対象に家庭と研究所において調査したものです。見知らぬ人には大学院生の女性になってもらいました。乳児は生後12か月の時点で，愛着（エインズワース Ainsworth のストレンジ・シチュエーション・テスト）と認知（ベイリーBayley の乳児発達尺度）について査定されました。時系列分析を使用したところ，母親と乳児，そして見知らぬ人と乳児は，発声のリズムを調整することが見出され，さらに4か月時点における調整の程度は12か月時点での愛着と認知の結果を予測することがわかりました。しかし調整の「意味するもの」は，パートナー，場所，個々の結果判定法によって異なりました。

　この母親‐乳児の発声的やりとりを研究するために，それぞれの声が別のチャンネルに入るように対面の相互交流が録音されました。それぞれの乳児は，家庭と研究所で，母親と「見知らぬ人」と対面で相互交流させられます。自動コード化システムが，25/100秒で音声と沈黙を標本抽出しました。パートナーが一方的に声を出す瞬間にその「順番」とするとルールを定め，それぞれのパートナーの発声と沈黙の**持続時間**，つまり「発声」，「休止」（同じ人が発声を再開するところ），そして「交代の休止」（自分の番の人が休止して，他方のパートナーが話し始めるところ，順番の交代となる）が計測されました。このコード化システムは音声，構文法，そして意味に関する情報が入らないので，純粋にやりとりの時間的側面をとらえ，どの年齢でも，時間の領域における会話の交流の対人関係的基本原理を明らかにします。

　時系列回帰分析によって，4か月児に頑健な双方向的調整が見られることが明らかになりました。見知らぬ人と乳児の組み合わせ同様，母親と乳児の両者はたがいの発声，休止，そして交代の休止の持続時間を調整し（または「追跡し」），そしてそれぞれのパートナーの持続時間は他方の持続時間から予測可能でした。たとえば一人のパートナーの発声の持続時間が長くなるとき，もう一方の人は短くなり，また逆もありました。この相関は正も負もあります。このように母親‐乳児，そして見知らぬ人‐乳児の相互交流は生後4か月で共調制されます。

　生後4か月の乳児が，母親のときと同じように見知らぬ人と類似の双方向システムに関与するので，発声タイミングの調整は，愛着の人物に限定されたも

のではなく一般的な社交的知覚能力を抜き出したものであると私たちは考えています。これらの対人関係の時間的な調整の強さを見ると，それらは生物学的に備えられている能力で，乳児期早期に現れるものであることがわかります。それは対人関係的観察と関係性の一つの重要な型をつくっているのです。

母親－乳児，そして見知らぬ人－乳児のデータのなかに，成人の会話のものと非常によく似た順番取りの構造があります。交代の休止は，順番交代の境界を示します。交代の休止の調整とは，相手が順番をとる前に，それぞれのパートナーが同じくらいの持続時間で休止することを意味します。交代の休止の調整は成人の会話の顕著な特徴でもあります。それが潜在的に意味しているのは，順番交代あるいはやりとりの構造が，生後4か月ですでにはっきり存在し，そして成人の会話に見られるのと同じ方法で調制されているということです。乳児は，言葉を話し始めるのに先んじて言語の時間的調整に関するこのような側面を備えているのです（Beebe et al., 1988 参照）。

生後4か月時点における母親－乳児，見知らぬ人－乳児の発声的やりとりに関する時間的調整のこの指標は，1歳における乳児の愛着と認知を予測します。つまり，発達の結果もまた共構築的なのです。乳児が成人に随伴する時系列モデルと，成人が乳児に随伴する方式は，愛着と認知に対して異なる方法ではありますが，生後12か月時点での結果を予測することにおいて大きな検出力を有します。

対人関係調整が意味するものについて，これまでの研究では三つの競合する仮説があります。一つめは，高い調整と対人関係調整がコミュニケーションに最適だと提唱するものです（Chapple, 1970）。二つめは，高い対人関係調整は病理的なコミュニケーションを示す指標だと考えるものです（Gottman, 1981）。三つめは中間域の調整が最適であると見るものです（Warner et al., 1987）。ジャフィら（Jaffe et al., 2001）の研究結果は，特定のパートナー，場所，そして結果判定によって，これらすべての仮説が正しいことがありうるという，より複雑な事態を示唆しました。

母親と乳児の間の双方向的調整が高いことは，愛着についての危険な指標で，無秩序型と呼ばれる不安定な愛着の形態を予測します。双方向的調整の中間域のスコアは最適です。愛着における高い調整は，相互交流をより予測可能にすることによって困難に対処する試みとして解釈することができます。ま

た，愛着は見知らぬ人－乳児の相互交流によっても予測されうるものでした。この場合もまた，双方向的調整の中間域のスコアは安定した愛着を予測しました。一方向の見知らぬ人－乳児の研究結果もあります。乳児に対する見知らぬ人の（逆はない）高い調整は，不安－抵抗型愛着を予測し，見知らぬ人に対する乳児の（逆はない）低い調整は，回避型の愛着を予測しました。

　しかしながら，私たちの認知の測定（ベイリーテスト）では，実験室研究で乳児と見知らぬ人の間の調整が高いことは，最適なベイリースコアを予測しました。乳児と見知らぬ人の間の高い調整は，適切な情報処理の指標として解釈されたのです。新奇性に対する応答は，どの年齢でも知性の中核をなすものであり，新奇性に対する乳児のより高い応答は，よりよい認知的な結果を予測することを多くの研究が示しています（Fagan, 1982; Berg & Sternberg, 1985）。このように発声リズム調整の程度が「意味するもの」は複雑で，どこで，誰と，何の発達課題のためにという文脈に完全に依拠しています。

　愛着の予測において非常に高い調整は，警戒，監視過剰，用心の指標とみなされます。非常に高い調整は，相互交流において不安を打ち消すための適応の試みであるかもしれません。他の研究では，うまくいっていない夫婦間にも非常に高い調整が見られました（Gottman, 1981）。大学生のなかの友人，「敵対者」，そして見知らぬ人の比較において，クラウン（Crown, 1991）は，見知らぬ人に最も高い調整がみられることを発見しました。早産児の母親は，正常児の母親より高い調整を示しました（Hitchcock, 1991）。マラテスタら（Malatesta et al., 1989）は，乳児の顔の変化に伴う母親の顔の調整が低から中間域では安定した愛着を予測する一方，母親の顔の調整がとても高いことが，乳児における回避型愛着を予測することを発見しました（乳児の母親への調整は調査されていない）。トバイアス（Tobias, 1995）は，母親が安定型〔愛着の〕経歴を持つグループ内よりも，母親たちが不安定型（とらわれ型）愛着の経歴を持つグループ内の方が，母親と乳児が同じく，より調整されることを発見しました。とても高い調整は，相互交流において高度に予測可能な随伴的連鎖を提供する構造や調制を必要とする指標かもしれません（Crown, 1992）。損なわれたシステムは高く構造化されており，柔軟性に乏しいのです。

　ジャフィら（Jaffe et al., 2001）の研究は，調整が中間域の値であるときが最適であったことから，安定した愛着を予測するものとして「中間域モデル」

を提供しました。この範囲において母親と乳児は，あるいは見知らぬ人と乳児は，明らかにたがいのパターンに影響を与えていますが，対人関係的な拘束は強く調整されません。中間域の調整は，伝達やマッチングの体験のなかでより多くの「遊びの部分 space」やより多くの不確定さの余地を残します。値の分布において，調整の非常に高い者と非常に低い者は一つの極値（への偏り）に「とどまらされている stuck」のに対し，中間域の調整者はパートナーの平均値を位置づけることにおいて，より流動性を保ちながら，より自由に値の範囲を利用します。私たちは，範囲内の可動性が残されている限り，極値を含む全範囲の調整度がおそらく共感にとって必要なものだと推測しています。一方，病理的な関係性は，発声の時間的パターンの非常に高い調整の側か，または非常に低い調整の側，どちらかの極値にその人が「とどまらされている」ことによってその指標とされるかもしれません。

　したがって，愛着の予測において，「マッチング」と調整の概念は変わらなければなりません。乳児の文献はしばしば，より多いマッチングやより多い調整を，「より良い」またはより「関係がある」ことの指標と仮定してきましたが，この発声リズム研究は「より多いことは必ずしもより良いことではない」ことを示しています（Cohn & Elmore, 1988 参照）。安定型愛着の予測において，中間域の調整が最適で，調整過度や調整不足の両極は不安定な愛着を示していました。

　生後4か月での見知らぬ人-乳児の相互交流は，この研究において興味深い情報を提供してくれました。生後12か月でのベイリー得点を予測するうえで，見知らぬ人-乳児の相互交流の方が，母親-乳児の相互交流よりも，説明される変動の比率において8倍の検出力を有していたのです。そして愛着は，（違うタイプの情報が作用したとしても）母親-乳児の相互交流からと同じくらい充分に，見知らぬ人-乳児の相互交流からも強く予測されるのです。見知らぬ人-乳児の相互交流は，乳児の能力の高まりを支援する発達的課題とみなすことができます。

■自己調制と相互交流調制のバランスモデル

　発声リズムと愛着に関するジャフィら（Jaffe et al., 2001）の研究結果は，図7に示すビービーとジャフィ（Beebe & Jaffe, 1999），ビービーとマクロー

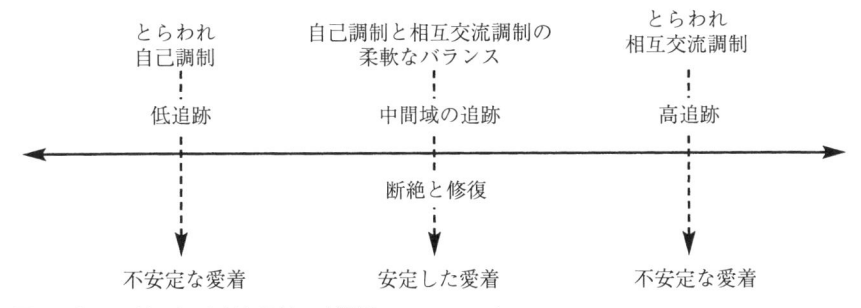

```
       とらわれ          自己調制と相互交流調制の        とらわれ
       自己調制              柔軟なバランス           相互交流調制

        低追跡                 中間域の追跡              高追跡
    ────┼──────────────────────┼──────────────────────┼────→
                              断絶と修復
         ↓                      ↓                      ↓
     不安定な愛着             安定した愛着            不安定な愛着
```

図7 自己調制と相互交流調制の中間域バランスモデル

リー（Beebe & McCrorie, 印刷中）による，自己調制と相互交流調制のバランスに関するシステム的観点を仮定するのに使われました。相互交流調制の観点から見ると，中間域の調整は安定した愛着を予測しましたが，中間域以外でのスコアは不安定な愛着を予測するものでした。自己調制の観点からも，同様に中間域が最適だと仮定されました。中間域のバランスモデルは，中間域において，相互交流調整は見られるけれども拘束的 obligatory ではなく，そして自己調制は保たれているけれども過度ではないと考えます。最適な社交的コミュニケーションと発達は，乳児の注意，情動，覚醒の相対的に最適な水準を伴って，自己調制と相互交流調制の間を移動するだけの柔軟性と共に生じると仮定されます。それぞれのパートナーにとって，中間域外で機能することは相互交流における混乱に対処しようとする試みを示すでしょう（Malatesta et al., 1989; Roe et al., 1990 も参照）。パートナーによる過度な監視は，自己調制を犠牲にする，不均衡の片方の極である「相互交流的警戒」と定義し，相互交流へ敏感になることを犠牲にした自己調制へのとらわれを，引きこもりや抑制という不均衡のもう一つの極と定義します。不均衡の両極では，乳児が注意と覚醒，情動の不適切な水準でもがいていると私たちは考えています（Jaffe et al., 2001; Beebe & McCrorie, 1996, 印刷中）。

相互交流調制を犠牲にした過度の自己調制（引きこもり）は，いくつかのタイプの抑うつ的な母親の乳児に関するトロニック（Tronick, 1989）の記述から例証されます。その二者関係における相互交流調制のさまざまな失敗は，修復されないまま，乳児が自身の苦悩状態の自己慰安 self-comfort や自己調制（顔を背けたり，体位のコントロールを喪失したり，口での自己慰安を行った

り，自分の体の一部を握り締めたり，揺れたりすること）にとらわれるようになり，相互交流の随伴性の低下を伴うと記録されました。発声的随伴性が最も高い場合，自己調制が譲歩されたと推定され，それが不安定型愛着の不安‐抵抗型と無秩序型愛着を予測することからも，おそらく自己調制を犠牲にした，パートナーの過度な監視（警戒，または高い追跡）が考えられます（Jaffe et al., 2001; Sander, 1995 も参照）。

■ 対人関係的タイミングと乳児の前象徴的表象

4か月児の発声リズムの対人関係的タイミングパターンが，1歳での結果を強力に予測したこと，そして調整度の違いが最適な結果にも最適でない結果にも関連したことは，相互交流の時間的調整が，発達，表象，そして関係性に関する乳児の体験のオーガナイゼーションにおいて重要な次元であることを示唆しています。発声タイミングの調整は，それぞれの人が相手の瞬間ごとの行動の持続時間を追跡し，それに影響を与えるなかで，表象の時間的な次元をオーガナイズします。発声リズムの調整は，それぞれのパートナーの持続時間が，パートナーの持続時間から瞬間瞬間に予測されることを意味します。それは随伴性と持続時間の相対的マッチとの両方に関与します。この時間的調整は，その早期の表象としてやがて表象化される関係性の重大な側面を形成します。それは相互交流の「時間的特徴」を構成します。顔の映し返しの交流がちょうどそれぞれのパートナーに相手の情動状態のなかに入る方法を提供するように，時間的な調整はそれぞれのパートナーに他者の時間的な世界と感情状態のなかに入る方法を提供します。

私たちの中核的な仮説は，(1)生後4か月の時点で，調整された対人関係的タイミングは，愛着と認知の両方を予測するので，相互交流的行動のタイミングは，従来どおりに測定されたときにはまったく異なってみえる多くの構成概念を基礎づけるような媒介変数となる。(2)タイミング調整は，乳児期の早期のコミュニケーションシステムで，のちの社交的コミュニケーションの発達の足場になる。(3)言語の時間的構造は，言語以前の発声的，動作学的コミュニケーション行動の時間パターンにおける対人関係的調整から由来する。そして(4)タイミング調整のパターンと**程度**は，コミュニケーションや発達を促進したり妨害したりする二者関係の適応をつくる（Jaffe et al., 2001），というものです。

乳児の体験のオーガナイゼーションについて
情緒的時間的マッチングの意味するもの

■主観的状態を共有すること

　相互交流パターンの調制の研究結果を体験の言語に翻訳する場合，常に多くの推論を含み，難しさが残ります。精神分析は自己と対象がどのように体験されるかを強調しますが，母親‐乳児の相互交流研究はパートナー二人が行うことを測定するものです。行動から体験へ推論を進めていくうち，この年齢（最初の6か月の間）で観察される乳児の行為は，乳児の体験と非常に近く平行して進行していることが想定されました。後の発達においては，行為と体験はしだいに引き離され，潜在的に矛盾することさえあります。しかし乳児は彼の苦悩や喜びや疲労を隠すことはできません。

　タイミングや行動の情動的方向に「マッチ」したり調整したりするために母親と乳児がたがいに調整するさまざまな方法は，各々の人にパートナーの知覚，時間的世界，そして感情状態を知り，そこへ入るための行動的な基礎を提供します（Beebe et al., 1985参照）。私たちはここで，マッチングという言葉を最も一般的な意味で使いますが，マッチの**程度**という重要なもう一つの次元を念頭に置くことが大切だと思っています。人がたがいに共感するとき，彼らの言語とコミュニケーション行動がより似てくることは広く知られています（この文献を概観するにはFeldstein & Welkowitz, 1978を参照）。他の人に馴染んでいくプロセスは，ある部分で，より似ることを含み，おそらく他者の行動を予測する能力の増加に基づくものです。ここで意味されるのは，行動上の類似やシンメトリーが，感情状態の一致に結びつけられているということです。この一致の仕組みは何なのでしょうか？

　二者関係的なプロセスのなかで，私たちは一人の人の感情状態を別の人につなぐ三つのプロセスを同定することができます。第一に挙げられるのは主観的な感情状態が行動に表現されたときに起こるものです。社交的な相互交流のなかで，表現されたものはパートナーによって知覚されますが，そこには何らかの方法で（そのタイミング，情緒，方向などで）外面的なものにマッチすると

いう強い傾向があります。このマッチングが，感情状態を伝達する第二の媒介様式です。第三の方法は，マッチングの行為そのものが，マッチした受け取り手のパートナーのなかに中核的な情緒状態を生み出すことです。この概念は，ザイアンス（Zajonc, 1985）の研究や，私たちが第2章で紹介したエクマン（Ekman, 1983）の研究に基づいています。

エクマン（Ekman, 1983）は，プロの俳優たちと顔を研究している科学者たちに，一連の表情をつくるための筋肉の動きの特定の組み合わせ（たとえば，特定の目と頬の筋肉と共に特定の額の筋肉を収縮させること）を教えました。第二の作業として，彼は被験者たちにさまざまな情緒を追想するように教えます。それぞれの作業の間に，心拍，体温，そして皮膚抵抗のような自律神経の指標が記録されました。単純に顔の筋肉の動きのパターンをつくり出す方が，情緒を実際に追想するよりもはっきりと自律神経の変化を起こすという結果になりました。エクマンは，顔の筋肉を収縮させることが，関連する自律神経の活性を誘発すると結論づけました。このように彼の研究は，マッチさせる受け手のパートナーの生理学的状態が送り手のパートナーの生理学的状態に非常に類似することを示唆したのです。

この実験は，共感に関し，一人の感情状態がどのように他方に伝達されるのかという疑問について特に説明するものです。エクマンは，たとえば，見ている人が相手の顔に知覚するのと同じ顔の筋肉を収縮させることが，見ている人に相手と同じ自律神経の興奮を感じさせることができることを示唆しました。ザイアンス（Zajonc, 1985）も同様の考えを示しています。「もし顔の筋肉の動きが，大脳の血流と特定の神経伝達物質の放出に対する影響によって，快楽のトーンの変化を引き起こすのに充分で，主観的な状態の変化に結びつくのならば，他者の表情をまねることは，見ている人に類似の情緒状態を充分つくり出すだろう」(p. 19) と。

私たちは，特定の顔の表情と同様に，情動的方向や時間的パターンのマッチングを含め，エクマンとザイアンスの考えを広範囲なマッチング現象に一般化して適用することを提案します。他者の情緒表示の空間的パターンまたは時間的パターンを再生する間，人は自分自身の顔と体を感じ，そして関連する自律神経の活性を感じます。これは，外部イメージまたは時間的パターンの知覚から内的な固有受容器的体験への異種感覚移動だといえます。そのような異種感

覚移動は，生後最初の1か月に示されます（Meltzoff & Moore, 1977; Rose, 1979; Lewkowicz & Turkewitz, 1980; Spelke & Cortelyou, 1981）。私たちが第2章で記述したように，メルツォフは，顔の動きの伝達が乳児に「私みたい」という最早期の体験を提供すると示唆しました。他者の示すものの空間的パターンあるいは時間的なパターンのマッチングは，その人自身に類似した精神生理学的状態を引き起こすのです。このプロセスは，社交的な相互交流のなかのどこにでもあるマッチング現象の（共感，緊密な結びつきへの）情緒的効力を説明するでしょう。マッチングの生理学的な相関に関するデータを示しているわけではありませんが，バイアース（Byers, 1975）は時間的パターンのマッチングに関して同じような主張をしています。彼は，同期的状態にある二つの反応体は，たがいの同調によって同じ状態になると示唆したのです。母親と乳児がたがいに時間的感情的パターンをマッチさせるとき，それぞれは自分自身のなかにパートナーのものと似た精神生理学的状態を再現します。つまり他者の主観的状態へ関与するわけです。

　これらのプロセスは特に共感の起源と関連します。たとえば，共感は「他者の知覚に精神的に入り込むこと。運動の模倣」（*American College Dictionary*, 1962）と定義づけられますが，それは，行動的類似性，つまり運動の模倣を主観的状態に関連づけるものです。同じ方法で，または同じ時間的パターンで行動することは，他者の知覚状況に入ることであり，そして他者がどのように感じるかという重要な側面を知るための行動的基礎を提供します。ここに提示した同様の時間的パターンの研究成果は，母親と乳児が自分たちの行動の持続時間を同じ方法で計り，それぞれがタイミングにマッチするように相手と調整するならば，このマッチングはそれぞれのパートナーに相手の時間的な世界と感情状態の側面への入場許可を与えるものであることを示唆しているわけです。

　情動的方向にマッチすることも同じように解釈することができます。それぞれのパートナーは，自分の顔に感じるようなものと，パートナーの顔に見えるようなものの間の類似性を体験します。それぞれが，瞬間ごとの水準で他者の情動的方向にマッチし，追跡するという双方向的調整から得られる研究結果は，ここでも母親と乳児がたがいの感情状態へのすぐれた通路を持っていることを示唆しています。エクマン（Ekman, 1983）の研究をより広範に適用させるという私たちの観点に従うならば，パートナーが情緒的に示す（空間的また

は時間的な）パターンにそれぞれがマッチするとき，そのマッチングはそれぞれのなかにパートナーの体験に対応する固有受容器的体験を引き起こすということができます。

マッチされるという予期は，他者の状態にマッチし関与することの予期と同様に，乳児における自己と対象の前象徴的表象の一つの側面であると私たちは考えています。その表象は，マッチすることとマッチされることがどのようなものなのか，あるいはどのようなものではないのかについて，瞬間ごとの水準における体験のいくつかの原型を含みます。つまり，前象徴的表象は，関連した固有受容器的パターンと同様に，力動的な相互交流プロセス自体を含んでいます。

情動や対人関係的タイミングにマッチするなかでのこれらの体験は，黙示的な手続き的形式でコード化され，より年長の子どもや成人においては，これまで定義してきたすべての意味で，調律されたり，理解されたり，または「同じ波長で」いるという予期をもたらします。「私はあなたを反映する」という体験だけでなく，「私はあなたと共に変わる。私たちは同じ方向に進んでいる。あなたを追跡しているし，あなたに追跡されていると，私は自分を体験している」という体験だろうと私たちは考えています。最適な愛着を特異的に促進するのは，中間域におけるマッチングと調整であると私たちは強調しますが，この主張をさらに詳しく見るためにジャフィら（Jaffe et al., 2001）の研究を利用します。相互交流調制のあらゆるパターンが自己調制の特定のパターンと体験に関連するので，自己調制の次元もまたこの主張に加えられなければなりません。

脱線の相互交流パターン

すべての母親は，ときに最適な水準の刺激より少なかったり行き過ぎたりします。乳児は侵入に対処したり，侵入に対して防御したりする名人級の行動範囲を持っています。次に述べる研究（Beebe & Stern, 1977）は，この範囲の一部分，母親の過剰刺激と乳児の引きこもりを説明するものです。乳児は生後4か月です。母親への教示は，あなたの赤ん坊と家でしているように遊んでく

ださい，というものでした。

　相互交流のパターンは，統計的に有意な連鎖〔の場面〕を通して記述すると次のとおりです。母親が赤ん坊の顔の正面に「大きく現れる」と，赤ん坊の頭は後ろに遠ざかります。そして母親は，自分の頭と体を赤ん坊に向かって動かして「追いかけ」ます。彼女が追いかけると，赤ん坊は同時に彼の頭をさらに遠ざけるように動かします。これらの連鎖はほんの一瞬の反応において生じるもので，母親が自分の頭を赤ん坊に完全に向け終える前に，すでに赤ん坊は遠ざかり始めています。これは準同調的相互調整です。赤ん坊が彼の頭を完全に遠ざけてしまうと，母親は彼を抱き上げる傾向があります。しかし，彼女が彼を抱き上げているとき，赤ん坊は反射的に彼の頭を中心に動かしますが，母親を見ないままです。母親が彼を膝の上に下ろすとき，彼の頭はすでに再び遠ざかっています。このように母親がアイコンタクトで赤ん坊に再びかかわろうとするすべての努力は，それが完結する前にすでに失敗しており，彼はさらにもう一度彼女から「逃れて」しまっています。

　この赤ん坊は「拒否権」を持っているのです。つまり彼は，母親との視覚的な出会いを完全に避けることができます。これは回避的な相互交流ですが，その調制はまだ双方的です。赤ん坊の顔へ向かう母親の動きに赤ん坊の遠ざかる動きが予測可能に続き，そして赤ん坊の頭と体が母親から離れる動きに母親の追いかけが予測可能に続くからです。私たちはこの相互交流を追いかけとかわしと名づけますが，それはまた，かわしと追いかけということもできます。乳児の引きこもりは母親の侵入を引き出し，そして母親の侵入は乳児の引きこもりに影響を与えます。「追いかけとかわし」連鎖の一例を図8で説明します。

■例証：追いかけとかわしフィルムの記録

　この連鎖は相互交流に入って42秒で始まります。ほんの少し前，その乳児は母親の方を短く向き，そして彼女の顔をちらっと見ました。母親は乳児の凝視に目が合い，驚いて見せ，彼の前に「大きく現れ」彼の顔に向かって体を下へ傾けます。「大きく現れてくる」間，乳児は視覚的接触をやめて彼の頭を後ろに引いて離れます。記述されるように，続く6½秒の間ずっと乳児は視覚的にかかわることはありませんでしたが，それにもかかわらず彼は，周辺視を通し母親の頭と体のすべての動きにとても敏感であり続けました。24フレームで1

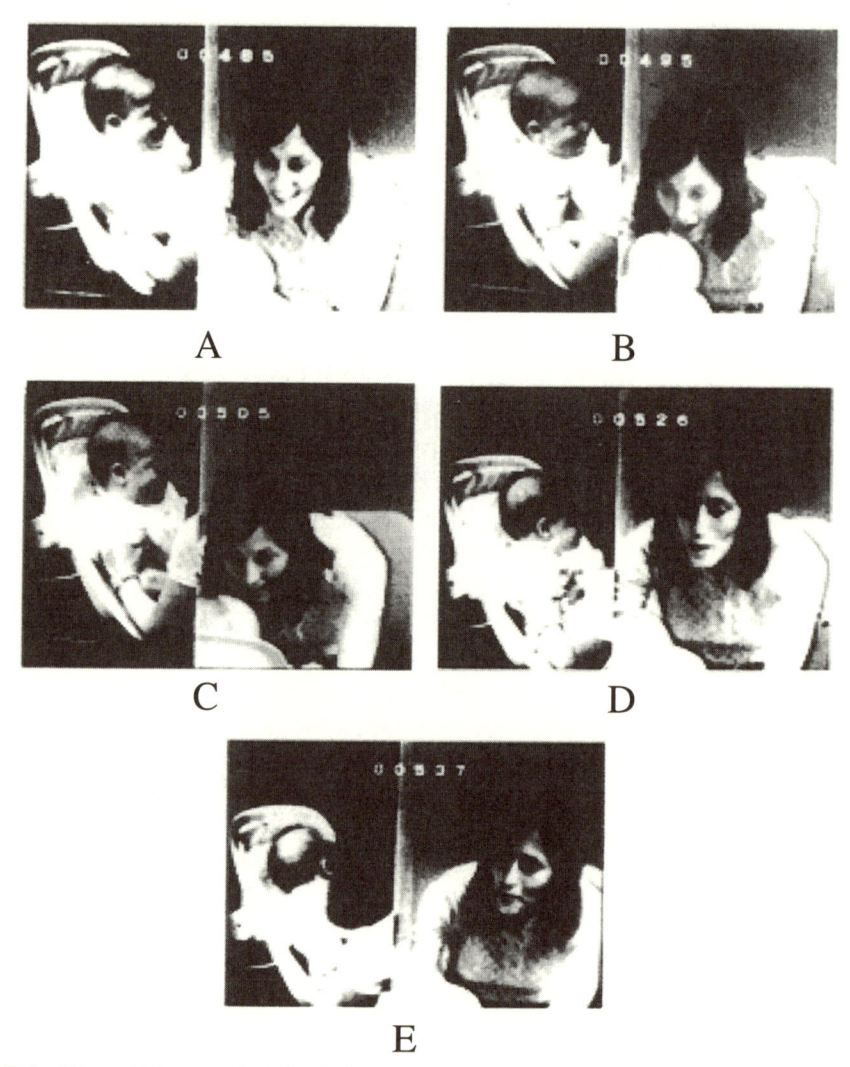

図8 「追いかけとかわし」連鎖の写真。母親と乳児は対面で座らされる。Aの時点では乳児は母親の顔のほんの少し左を見ており，母親は笑っている。0.42秒後Bの時点では母親が乳児の顔の近くに「大きく現れ」，彼女は「大げさな驚き」の表情をする。0.42秒後Cの時点では，母親が笑顔で大きく現れ終わったとき，乳児は彼の左側にすでに顔を背け始めてしまっている。0.87秒後Dの時点，母親が無表情で後ろに下がり始めたとき，まだ乳児は彼の左側に遠ざかり続けている。0.46秒後Eの時点では，母親がやや顔をしかめてまださらに後ろに下がっている間に，乳児は完全に90度頭を背けている。写真の上端の数字はフレームを示す（24フレーム＝1秒）。

第 5 章　早期の相互交流調制パターンと自己表象と対象表象の前象徴的起源　115

秒です。特定の行動に応じたそれぞれのパートナーの開始フレームを読みとることで，母親と乳児の間の非常に速い応答性の「ほんの一瞬の世界」をみることができます。

■ 記録

　母親が乳児をわずかに抱き上げる［フレーム1035―1043］。彼女はその後，乳児がちょうど動いて行った方向に頭を動かし［フレーム1071―1081］，ここで彼女は中央線から30％に向いた乳児と正対する。

　母親が頭で追う動きを始める時点から1/8秒で，乳児は弓なりになり［フレーム1074―1082］，頭を上後方に動かし，両腕を広げて挙げながら［フレーム1083―1089］その後中央線から45％の位置まで彼の頭をさらに背けます。直ちに［フレーム1090―1104］母親は乳児を自分から離して右の方へ持って行きますが，同時に表情が硬くなり深刻な様子で彼女は歯をかみ締め，彼女の頭を後ろへ動かします。

　乳児はその後［フレーム1107―1113］目を閉じて，中央線の反対に頭の向きを変え，中央線から反対側の45％で止まります。同時に母親の顔は暗くなり，こわばって硬い表情になります。ここで彼女は［フレーム1119―1130］乳児の頭が最後に動いた方向を頭で追いかけ，そして彼女は彼を少し低くし［フレーム1131―1147］，同時に自分の頭を下前方に動かし，彼に近づきます。彼女がそうすると，彼は彼の頭をさらに遠くに中央線から60％まで背けます［フレーム1142―1150］。1/2秒後［フレーム1164―1172］，乳児は再び頭を中央線の反対側に向け変え，目を閉じ，そして反対側の限界までぐるっと動き，目をそこで開け，中央線から30％の方向を向きます。母親は硬い表情で口を閉じ［フレーム1173―1183］，真っ直ぐな姿勢になるまで後ろに下がり［フレーム1173―1193］，そして乳児の手をつかみ，彼を強く跳ねるように動かし始めす［フレーム1185―1201］。

■ 記録の考察

　パートナー二人によるこれらの動きの始まりと終わりの調査は，他方の動きが完了する前に，頻繁に一方のパートナーが調整したり「応答」したりし始める準同期システムを明らかにします。これらのデータはフォーゲル（Fogel,

1992a, b, 1993a, b) の共調制されたコミュニケーションの「連続的統制」モデルに適合しますが，それによると，それぞれの人の行為は，絶え間なく変わりゆくパートナーの行為による修正に敏感に影響されます。

　かかわりから引きこもる方向ではあっても，この乳児は母親の瞬間ごとのそれぞれの動きに敏感なままです。その相互交流はかかわることとかかわりを避けることの間の妥協策です。なぜならば，ある意味ではその赤ん坊はとてもかかわっており，どのような母親の動きに対してもよく応答するからです。母親もまた，非常にかかわっています。しかしかかわりの質は，肯定的な情動を伴い，たがいの視覚的関心を持続させるものではありません。むしろ，追いかけと逃走の性質を持っています。赤ん坊は無視しているのではなく，この相互交流は，絶え間のない応答性と警戒としておそらく最もよく特徴づけられる，早期の「コーピング」活動の一つの側面を示します。

　もし，この相互交流がそのペアに特徴的なものならば，その乳児の体験は修正されず，調制不全の予想としてオーガナイズされるでしょう。表象されるのは，母が追いかけ，乳児がかわすという鋭敏な応答的相互交流です。一般化されるこの連鎖の空間的スキーマは，あなたが近づくとき私は離れ，私が離れるときあなたが近づく，というものかもしれません。かかわりの瞬間とかかわらない瞬間の間にあるゆるやかなバランスは損なわれています。パートナーと共にいることよりも，離れている状態をつくることに相互交流の多大なエネルギーが費やされるでしょう。後の乳児の象徴的体験は次のようなものでしょう。私はあなたの近くにいるとき，あなたが私に圧力をかけているのを感じます。私は過剰覚醒され，圧倒されていると感じます。たとえどこへ私が動こうとも，あなたとの間で私は心地良くなることはできません。私はかかわることもできないし，かかわらないでいることもできません。それと交互して，母親にとっても，彼女の言語化される体験は次のようなものでしょう。私があなたとかかわりたいと思うとき，自分があなたに応答してもらいたいとどれだけ思っているのかに気づきます。私がかかわりたいという願いを示すと，あなたが私から離れていくと感じます。私はあなたとの関係で心地よい場所を見つけることができません。不安で拒否されていると感じます。

第5章 早期の相互交流調制パターンと自己表象と対象表象の前象徴的起源　117

■ 乳児の体験のオーガナイゼーションにとって，相互的に調制された
　回避パターンが意味するもの

　双方向的調制は影響を受けずに残っているかもしれませんが，そのペアは情動，覚醒，タイミングなどのさまざまな方法で誤調律される可能性があります。追いかけとかわしの相互交流は，そのような誤調律を示すものです。母親と乳児は，たがいに敏感な応答性を続けます。母親の追いかけ行動が乳児のかわし行動の確率を増加させるし，またその逆もあるという意味では，「関係性」，つまり双方向的な調制は残っています。むしろ，妥協された関係性の本質です。乳児の注意，情動，そして覚醒は最適には調制されません。

　この相互交流を異常なものにしているのは，乳児の頭の回避が依然として母親の行動に予測可能な影響を与えているにもかかわらず，それは母親の刺激の強さが増加する方向において影響しているという点です。標準的なパターンでは，乳児がよそを見たりよそを向いたりしたとき，母親は一時的に自分の刺激を減少させます（Brazelton et al., 1974; Donovan & Leavitt, 1978; Field, 1981; Langhorst & Fogel, 1982; Hirschfeld & Beebe, 1987）。乳児は彼の覚醒を再調制するため凝視の回避を使います。遊びの間の乳児の心拍数は，凝視の回避の直前に上昇し，直後に減少します（Field, 1981）。しかし，この相互交流では，乳児の覚醒状態は彼がよそを見たりよそを向いたりするときに減少しますが，母親は覚醒の段階的減少に，言い換えると，乳児がより静かな状態を得ることに関与していません。乳児がかかわらないことに，母親が耐えられないということだと思われます。

　もしこの相互交流がこの特定のペアに典型的なものであることがわかれば，追いかけとかわしの相互交流における乳児の主観的体験についてさまざまな推論をすることができます。通常，乳児は「効力感」を体験します。つまり，環境中の出来事が彼の行動に随伴するとき，乳児はこれらの出来事を「つくり出す者」として自身を体験します（DeCasper & Carstens, 1980 参照）。この母親の行動はまだ乳児の行動に随伴しているので，この乳児の効力感の体験は，ある程度まで影響を受けないかもしれません。しかし，追いかけとかわしの相互交流において，この乳児が母親の行動のなかに「つくり出す」ことができるものは典型的ではありません。なぜなら彼は，母親の刺激の強度を段階的に上

昇させることを「つくり出す」からです。したがって彼は，母親の行動によってではなく，「自分自身で」自分を静めなければならないと体験するかもしれません。乳児の行為は効果を生み出していますが，これらの効果は否定的情動や覚醒の増大と関連しているため，効力感の体験自体はある程度損なわれていると私たちは推測しています。相互交流調制の性質は，乳児自身の覚醒の最適な調制を促進せず，積極的に妨害するでしょう。

　一般的な場合，相互交流が進むにつれて，乳児の情動と覚醒は最適な範囲内にとどまり，そして肯定的情動を伴う相互的凝視が簡単に得られるようになります（Stern, 1977, 1985）。しかし典型的ではない相互交流では，予測可能性と双方向の調整は残されるものの，乳児の行動の一部の側面は最適には調整されません。肯定的情動は劇的に妨害され，そして乳児は極端な姿勢の回避と引きこもりの状態を示します。調制不全の予想がそのような乳児の体験をオーガナイズします。それは，嫌悪刺激が自分の行動に随伴するという体験で，乳児はやがてこの種の否定的相互交流を予想するようになります。もしこの相互交流のパターンがそのペアの特性を表しているならば，乳児は強い特定の情動と覚醒状態を慢性的に体験します。これらの状態は多かれ少なかれ，彼の体験を支配する傾向にあり，これらの状態を調制するための極端な試みにもかかわらず，乳児は決して適切な成功を収めません。相互交流調制パターンは依然として相互関係的なままですが，乳児の注意や情動，覚醒を最適に調制することはできません。

　そのような調制不全の予想は，前象徴的表象として蓄積されると私たちは考えています。もしそれらがその相互交流の特性として続くならば，乳児が1歳になるまでに，それは原型として抽象化されるでしょう。さまざまな要素からなるこの原型が，誤調律された misattuned 自己と対象の象徴的表象の基礎を形成します。

相互交流のパターンと前象徴的表象の起源：要約と結論

　コミュニケーションについての二者関係システムの考え方は，体験と表象の相互交流的オーガナイゼーションについての私たちの概念的基礎となっていま

す。母親と乳児はパターン化された動きの連鎖を共同構築し，時間，空間，情動，覚醒の次元を通じてこれらの動きを調制するための「ルール」をつくります。自己調制の結果と共に，二者関係の動きの連鎖に関する特徴的なパターンを予期すること，それが乳児によって前象徴的形態で表象されるこの相互交流プロセスです。

　初期の前象徴的表象的能力は，周期的に起こる，予想可能な，そして典型的な相互交流のパターンを「スキーマ化」するために使われます。最初の数か月において乳児は，彼の社交的な相互交流と同様に，規則性についての情報と環境の特徴を知覚し，整理し，貯蔵します（そしてある状況下では検索します）。乳児は，その瞬間における相互交流パターンの性質を，相互交流が典型的に進むときのモデルや表象と比較し，そしてその二つが同じなのか異なっているのかを評価する力があります。乳児は，象徴能力の出現より前に，生後最初の半年に「表象的世界」をオーガナイズしていきます。

　乳児は，これらの特徴的，原型的な相互交流のどの特徴を主要なものと理解し，保持し，相互交流が典型的に展開する場合のモデルを生み出すために使うのでしょうか？　私たちは，時間，空間，情緒，覚醒がこれらの特徴を提供すると提唱します。時間の次元では，乳児は相互交流の割合，リズム，連鎖，そして随伴性を貯蔵するでしょう。空間の次元では，乳児は接近‐接近，接近‐回避のパターンを表象化するでしょう。顔の情動の次元では，乳児は顔が共に動く方法，同じ方向あるいは違う方向の動きのパターン，そして顔と声の肯定的そして否定的な色調を表象化するでしょう。乳児はまた，関連した覚醒パターンやこの覚醒パターンを調制する相対的容易さ，そして自分の動きの固有受容器的体験を貯蔵します。

　体験の早期のオーガナイゼーションにおいて，私たちが例示してきた覚醒，情動，空間，時間の次元での相互交流パターンの例は，(1)状態変容，つまりパートナーの貢献で覚醒状態を変容させることができることの予期，(2)顔の映し返し，つまり情動変化の方向にマッチすることとマッチされることの予期，(3)対人関係的タイミング，つまり発声リズム調整の程度の予期，そして(4)追いかけとかわし，つまり修復のない空間‐方向的パターンの調制不全と脱線の予期でした。

　自己表象と対象表象の繰り返される形態におけるこれらの質的な違いは，早

期の相互交流パターンに基づき，続いて起こる体験をオーガナイズし，改変し，そして限定し続ける可能性があります（Atwood & Stolorow, 1984; Main, Kaplan, & Cassidy, 1985 参照）。メイン Main と彼女の同僚は，これらの表象は体験と行動の評価を導く意識的無意識的「ルール」，つまり，愛着の人物に関して，その種の利用可能な情報や記憶の使用を許可したり制限したりするものを形作ると主張しました。これらの表象がひとたびオーガナイズされると，それらは主として意識的な気づきの外側で作動し，強い自己永続傾向を持つため，再オーガナイゼーションに抵抗する傾向があると多くの著者が述べています（Freud, 1938; Sullivan, 1953; Bowlby, 1980; Main et al., 1985; Sroufe & Fleeson, 1986）。

　私たちが考える表象の継続的プロセスのモデルでは，母親（養育者）の行為に関連する自分の行為に関して，瞬間ごとの力動的相互交流を乳児が表象すると理解されます。つまり，最初に表象されるものは対象ではなく，対象‐関係，言い換えると，対象に関係した自己です。自己と対象のこれらの前象徴的表象は，同時的に構築され，たがいに**関係づけられて**構築されます。表象されるのはそこに生じる二者関係の現象で，どちらか一方のパートナーのみに基づいて記述することはできない**相互関係性**の性質です。

　表象が本質的に二者関係的な性質を持つということは，相互交流における両者の役割が，その人に知られるものであることを意味します。成人の治療において，深い相互交流のなかでなぜ患者が両方の役割を知り，場合によってはその役割，たとえば被虐者‐加虐者，略奪者‐犠牲者，かわす者‐追う者，遺棄する者‐遺棄される者といった役割を交代させるのかということは，これによって説明することができます。その一方または他方は否定されたり，抑圧されたり，葛藤に巻き込まれたり，パートナーの責任とされたり，あるいは何が何でも求めようとされたりするかもしれません。「欠けた」側への道筋を修復することは治療に不可欠です（Winnicott, 1967; Ogden, 1989）。相互交流のパターンとは，いかなる役割もそこに交互性を含み，そしてどちらも他方なしでは表象されないような，相互的にオーガナイズされ，相互的に理解されるコードのことです。つまり，自己表象と関連のない対象表象はそこに存在しませんし，また逆も同様です。

　表象に関するこの力動的なプロセスの観点は，独立的，固定的，個別主義的

な考え方に明らかに反するものです。私たちが述べてきた相互交流パターンの例は，対面の相互交流におけるすべての行為と情報は共同構築される，つまり双方向に調制されるという私たちの立場を詳細に説明するものです。私たちの提示した研究は，フォーゲル（Fogel, 1992a, b, 1993a, b）の共調制の概念を説明するものですが，それは，すべての行動は一人の人間のなかで同時的に展開されるけれども，一方でそれは，パートナーの変化し続ける行動によっても絶え間なく修正されるというものです。このコミュニケーションの継続的プロセスのモデル（Fogel, 1992a, b, 1993a, b; Beebe et al., 1992）においては，コミュニケーションのための情報はどちらかのパートナー「のなかに」存在するのではなく，絶え間なく両者によって構築されるのです。

　私たちは人生の最初の年に，強力な早期のオーガナイジングプロセスがあるという根拠を提示してきました。関係を持つ方法は，安定し，特徴的で，予測可能なものとなり，それらは適応と発達において明らかに異なった結果をもたらします。しかし私たちは，表象を固定化されたものとはみなしません。私たちの表象のプロセスモデルでは，二者関係が関係性のパターンについて折衝を続けるなかで，表象が変容する可能性が残されています。つまり，対象に関係した自己の表象は，生後1年目の初期の様式を引き継いだものですが，それらは更新可能なものとして開かれています。精神病理の一つの定義として，この変容的性質が相対的に抑制され，その結果，表象がますます静的，固定的，または硬直的になることである，と言うことができるでしょう（Field et al., 1988; Tronick, 1989; Fogel, 1992a, b, 1993a, b）。あるいはまた精神病理とは，表象がますますその一貫性を失うといった，パターンの進行的不安定化であると言うこともできるでしょう。健康的な発達は，最適な程度の安定性，バランスの取れた予測可能性と変容という概念によって特徴づけられるかもしれません。

第 6 章

内的プロセスと関係的プロセスの共構築
乳児研究と成人の治療における 自己調制と相互交流調制

　精神分析の歴史において，自己と対象については充分に概念化されてきましたが，二者関係のシステムについてはそうではありません。現代の精神分析では，二者関係的な相互交流の理論を明確にしようと理論家たちが努力しています。私たちは，母親－乳児の相互交流において調制されているものが，成人の分析的な二者関係で調制されているものと必ずしも同じだと考えるわけではありません。むしろ，乳児研究が定義してきたのは，二者関係システムにおけるオーガナイゼーションの原理です。これらのオーガナイジングプリンシプルは，人間の交流のさまざまな形式に効果的に適用されうるものですが，ここで私たちは，成人の治療へそれらを適用するための概念化に特に関心を持っています。前象徴的心性と象徴的心性は大きく異なるものですが，そのような非言語的コミュニケーションのオーガナイジングプリンシプルは，相互交流プロセスの本質とその共構築の本質を，その両方の領域において明らかにします。

　本章では，自己調制と相互交流調制が組み合わされる方法，もしくはたがいに働きかける方法を明らかにします。二者関係的な相互交流プロセスは，母親－乳児と分析家－患者の相互交流における，内的プロセスと関係的プロセスを再オーガナイズすると私たちは主張します。それと交互して，どちらかのパートナーの自己調制の変化も，相互交流プロセスを変化させます。

　本章では，乳児研究と成人の治療から得られる素材を織り交ぜながら，四つの観点から自己調制と相互交流調制の共構築を説明します。(1)自己調制への二

者関係的なアクセス，(2)かかわりのために求められる特別な自己調制，(3)相互交流調制における過剰警戒の形式，(4)〔身体的〕向きの回避です。その他にもたくさんのことが同定されるかもしれません。いずれの場合も，乳児研究と成人の治療の両方に調制のそのような形式が見出されることを示していきます。

自己調制への二者関係的なアクセス

　第5章で私たちは，連続して三人の異なるパートナーと遊ぶ生後5週のエリオットについて述べました。母親，見知らぬ人（大学院生），ベアトリス・ビービーの三人です。エリオットは三人のパートナーそれぞれに対して大変違っていました。彼は異なったパターンのかかわりやぐずり方を見せ，自己調制の二者関係的なオーガナイゼーションを示しました。一緒にいるパートナーによって，乳児は自分の自己調制能力の範囲へ異なったアクセスをします。相互交流上の成功や苦悩は，そこに生じる二者関係的な現象なのです。

　私たちは，成人の治療においてもよく似た問題を概念化することができます。患者は，どのくらいの範囲の自己調制を持ち込むのでしょうか？　そして，患者の自己調制範囲へアクセスしそれを拡大するため，その特定の治療者と患者はどんな機能を生み出すのでしょうか？　異なった治療者に対しては，患者は自分の自己調制範囲でも非常に異なった部分へアクセスするかもしれません。同様に，異なった患者に対しては，治療者は自分自身の自己調制範囲へ異なったアクセス方法をします。

　治療過程のなかで利用可能な患者の自己調制の性質と範囲は，相互作用調制の質や，パートナー両方が試しに持ち込むかかわりと自己調制のスタイルに左右されるでしょう。治療者は分析作業を，患者の注意と情動の状態にマッチし，それを追跡するものと考えるのでしょうか（「ジョイニング」）？　あるいは，患者の情動と覚醒を刺激したり低下させたりするものと考えるのでしょうか（「改変」），一定で比較的同じ水準に注意と情動を保つものと考えるのでしょうか（「中立」）？　それぞれのスタイルに対し，患者はどのように反応するのでしょうか？　その患者の黙示的な（無意識的な）相互交流の目標（治療者が邪魔しないことを確かめること，良性の背景として治療者をもとめるこ

と，愛や承認を得ること，自分に対する治療者の欲求を見つけようとすることなど）と治療者の応答はどうでしょうか？　いずれのパターンにおいても，相互交流調制と自己調制はそれぞれのパートナーによって違います。これらの違い，そして治療作用に対するこれらの意味合いについて，緊急に研究する必要があります。

　ここまで，私たちは第3章で述べたカレンの事例を通してこの問題を例証してきました。本章ではさらに，相互交流プロセス自体がしばしば治療作用の対象となった，かかわりにくい患者の臨床例を提供します。これらの相互交流調制と自己調制のパターンのいくつかは，長い間，介入にとって利用しやすいものではありませんでした。

■成人患者の自己調制範囲への二者関係的なアクセス

　この素材は，（ビービーによって）13年間治療された，ポールPaulの9年目の治療から引用されています。最初の数年間は週3回（対面で）会っていましたが，ポールは州外に引越し，以降残りの治療は週1回で行われました。ポールは30代半ばの重篤なスキゾイドの男性です。ポールの父親はビジネスマンとして成功していましたが，妻や子どもに対しては情緒的な虐待をしていました。母親は抑うつ的でアルコール依存症でした。ポールを主に養育してきたのは祖母でした。

　治療の最初の7年間，ポールは予約時間にも現れず，関与しているのがやっとの状態でした。彼は，自分の人生の主だった出来事も話しません。ポールは長年同棲しているガールフレンドと深刻な問題を抱えていましたが，それを話題にすることもできません。

　治療の7年目，ガールフレンドと別れたころになると，もうこれ以上生きていくことができないと，ポールは繰り返される絶望感について次第に話すようになります。ポールはガールフレンドをふった後になって始めて，彼女を性的に虐待してきたことを明らかにしました。恥ずかしさから，彼はガールフレンドとの関係について話すことができないでいました。自分は愛することができないのかもしれないという恐れについて話し合うことを意味していたからです。その関係がどれほど悪いものかを私に明らかにしてしまうと，彼らは別れねばならないことを意味するかもしれず，そして何年間もその問題に取り組む

ことに自分が耐えられないことを恐れました。分析の最初のころ，ポールがかかわらないことを私が許容しつつ，絶えずポールに「手を伸ばそうと」しなかったならば，自分は「落ちぶれた goner」ままであったかもしれないと，ポールは後に振り返って語りました。

9年目までに，治療は劇的に進展しました。やっとポールは真摯に治療に臨みます。私は初めて，「同盟者」を得たと感じました。次第にポールは，自分の体験を共有し内省できるようになります。この時期，大きな自己調制の問題のため，さらなる前進が一時的に妨害されます。私は，いくつかの異なる話題に渡ってみられるある反復的な相互交流に気づきました。それらの話題のとき，ポールの顔は生き生きとし，熱心になり，笑顔になるのです。しかし，ポールは感情について何も言いません。ポールの顔のなかに私が見た生気，それに対する私自身の反応にとても感動したため，私は最初，彼がまったく感情を体験していないことを信じられませんでした。

私と心地よくかかわったと感じられないのは，彼があまりにも怯えているためかもしれない，という可能性を私は探索しました。しかしさらに話し合うと，より複雑な状況が明らかになります。彼は内的状態について，「ガチャンと閉じられ，しっかりと封印される鉄のドア」と表現しました。私は自分の注意を，このしっかりと封印された内的状態の探索に向け変えました。

活動停止の証拠を探索するなかで，私は，ポールに彼自身の脈をとってもらうという方法を彼の連想から思いつきます。ポールが脈拍を数えると，脈は1分間に約40回でした。ポールはある程度運動をする方でしたが，それでも，極端な自己調制方法で大幅に自分の覚醒を弱め，何も感じないように自分自身を閉鎖していたのです。この自己調制方略は，明らかにポールの生き生きとした顔の応答から「外れて」いました。ポールは，表面上は標準的な関係の取り方で関与することができました。それにもかかわらず，私たちの間に起こったことは何も，ポールの内的状態に影響を与えることができないのです。情動‐覚醒的水準で私たちの関係を体験する力を，ポール自身が妨害していました。つまり，相互的調制はこの極端な自己調制方法によってもひどく妨害されたのです。私たちがこの方略を表現する力を増すにつれて，それほど極端ではない自己調制方略が次第に促進され，私と生き生きとかかわる力が向上しました。

かかわりのために求められる特別な自己調制

■ **自己調制と乳児の愛着**

エリオットの事例のなかで私たちは，生後5週における普通の自己調制の困難さを例証しました。今私たちが目を向けるのは，生後4か月の乳児における自己調制のプロセスをさらに詳細に調査した研究です。エインズワース Ainsworth の分離の理論的枠組みで，安定型に対し不安定‐回避型と分類された1歳の乳児（Koulomzin, 1993; Koulomzin et al., 1993）について，特別に自己調制に求められるものを私たちは同定しました。12か月時点で，8名の乳児が不安定‐回避型と分類され，27名が安定型とされました。生後4か月の時点で，〔すでに〕乳児が安定型か不安定型になる**プロセス上にある**ことを理解した上で，私たちはこれらの4か月の乳児を「安定型」あるいは「不安定型」と表します。

ボウルビー（Bowlby, 1958, 1969）やエインズワースとその同僚による研究（Ainsworth et al., 1978）に基づいて，現在の乳児研究は，実験室で母親と乳児を分離させることで愛着を検査し，それから彼らの再会を評価します。安定型の乳児は分離にとても動揺しますが，母親が戻ってくると，母親がいることで容易に安心し遊びに戻ることができます。不安定‐回避型の乳児は，分離による影響を受けていないようにみえますが，再会時に母親を避ける傾向があり，玩具に夢中なままです。不安定型の他のサブタイプを識別することもできますが，この研究では安定型と回避型の乳児だけが調査されました。

生後4か月時の母親‐乳児の対面遊びのビデオテープ・マイクロ分析を用いて，毎秒ごとの乳児の凝視，向き，自己接触，顔の動きを私たちはコード化しました。安定型の乳児と比べ，4か月の回避型の乳児は母親をそれほど頻繁に見ませんでした。体や衣類やひもを指でいじったりこすったりするような触覚的自己慰安を行っているときのみ，回避型の乳児は安定型の乳児が見るのと同じだけ頻繁に母親を見ます。そうでない場合，つまり触覚的自己慰安がない場合，回避型の幼児は安定型の乳児の半分の頻度しか母親を見ませんでした。

4か月の安定型の乳児は，頭を安定した正面方向に向けている間に母親を見

る傾向がありました。しかし回避型の乳児は，触覚的自己慰安行動を行っているときだけ，母親を見ながらこの安定した正面の向きを維持することができました。そうでない場合，回避型の乳児は少し斜めに母親を見る傾向があり，まるで〔頭を〕「逃げるために傾けた」かのようでした。つまり，4か月の回避型の乳児において，触覚的自己慰安は，相互的凝視や安定した向きのかかわりのために，特別に求められる自己調制のようでした。

　顔の情動もまた，焦点化された注意を維持する乳児の能力と関連します。情動が中性的か否定的である場合，回避型の乳児と安定型の乳児に違いはありませんでした。情動が中性的である場合，回避型の乳児も安定型の乳児も，どちらも安定した向きと凝視を維持することができました。情動が否定的である場合，回避型の乳児でも安定型の乳児でも注意は焦点化されなくなり，そのため，母親を凝視することによって，頭を正面に固定されることはもはやありません。しかし，肯定的な情動の文脈においては，回避型の乳児と安定型の乳児では異なっていました。肯定的な情動によって，回避型の乳児の注意は焦点化されなくなり，その結果もはや，母親を見ることによって頭の動きが正面向きに固定されることはありません。代わりに，肯定的な情動を感じるとき，回避型の乳児は，頭を上方向，下方向，あるいは大きく回避方向により向けやすく，「逃げるために傾け」ました。対照的に安定型の乳児では，肯定的な情動によって，安定した正面の向きや母親への凝視が壊されることはありませんでした。

　この研究は，自己接触を通して調制される内的状態と，相互的凝視や安定した向き合いを通して調制される関係的な状態が，同時的に共構築されることを論証します。回避型の乳児では，特別な自己調制の方略が，かかわりを保持する能力に決定的な役割を果たしています。

■ 2年間のフォローアップ：相互作用調制のその後の障害

　サロー（Sarro, 1993），ゴールドスタイン（Goldstein, 1993），ジクト（Zicht, 1993）は，2歳になった同じ35名の乳児を，おもちゃを用いた対面遊び場面で母親と一緒にビデオテープに記録しました。物，パートナー，物とパートナー，そのどれに注意が向いているのかを同定するため，母親と乳児について，発声，凝視，操作が同じように1秒1秒コード化されました。

人と物の両方に対して注意を調整するよちよち歩きの幼児の力は，認知的発達と社交的発達の重要な段階です。早期の乳児の対面遊びに発達的に続くものとして，この力は，コミュニケーション能力に関係し，象徴的に会話を媒介します。愛着の分類に関係なく，群をわたり，注意の焦点化に関する頑健な robust 双方向的（相互的）調制が示されました。よちよち歩きの子どもが母親に影響を与えているという研究結果が，その逆の研究結果と同じだけ多くあったのです。発声と凝視の様相については，群全体で，幼児は母親に対して最も応答的で，凝視については，母親が最も応答的でした。

　安定群と不安定‐回避群の間に起こりうる差異に関する私たちの調査では，安定型ならびに回避型の幼児とその母親たちは，たがいの凝視行動に対して同様に相互応答的でした。しかし，安定型の幼児は，全員母親の発声行動に応答的でしたが，回避型の幼児は，どんな様式においても，母親の発声行動に対する応答性を明らかにしませんでした。これらは，母親との視覚的かかわりを保持するため，4か月のときに自己調制的な自己接触をしなければならなかった乳児たちでした。つまり，生後4か月時の自己調制の障害は，生後1年時の不安定型の愛着を予測し，引き続いて生後2年時には母親の言語に対する応答性の障害につながると結論づけられます。

　つまり，不安定‐回避型の幼児は，母親の発声による注意の焦点化に非応答的で，言語獲得のための文脈を著しく改変します。私たちは，不安定型の幼児において発達する言葉は，結果として，二者関係的に共有される同じ意味の水準にはならないと考えます（A. Harris, 1993年4月10日，私信）。私たちは変容の結果を考えてみなければなりません。その子が成人になったときの言語体験，連想の網，分析家の言語を追跡する力は，結果として改変されることになるのでしょうか？　その人の言語は，あまり対象と関係づけられないのでしょうか？　二者関係的文脈のなかで，関係的な目的で言語を用いる彼の能力は抑制されているのでしょうか？

　母親の側について言えば，不安定‐回避型の幼児の母親は，安定型の幼児の母親よりも，凝視分析数において2倍の応答性を示しました。たとえば，回避型の幼児の母親は，乳児の物への視覚的焦点化にマッチさせるために凝視を移動する可能性，両者が物を見る間にその凝視を保持する可能性，あるいは乳児との相互凝視的な出会いのなかで凝視を移動する可能性が2倍ありました。つ

まり，回避型の幼児の母親は，安定型の幼児の母親と比べて，より警戒心が強いと述べることができます。

　母親と乳児を一つのシステムとみなすならば，それぞれは，相手に応答しているとみなされます。不安定型の幼児の母親は，凝視的応答性を自分がより提供することで，幼児たちの発声応答性の欠如をどの程度埋め合わせているのでしょうか？　そして，不安定型の幼児は，高い水準の母親の随伴性に対し，どの程度応答的ではないのでしょうか？　また，回避型の幼児に見られるような，母親の発声的な注意の焦点化に対する応答性の欠如は，生後4か月の幼い時期すでに，どの程度明らかな障害の継続的指標となるのでしょうか。

　私たちは，すべての自己調制的方略は，パートナーとのかかわりを維持する必要性，そして，覚醒水準を許容範囲内に保つことで有機体的統合性を守る必要性，その二つの間の妥協策にかかわる適応的試みであると推論しています。言わば，回避型の乳児の自己接触は高度に適応的です。この方略によって乳児は，安定型の乳児がするのと同じだけ長く母親を見ることができるからです。しかし，エネルギーと注意をそこに配分するという意味では，コストがかかるものかもしれません。

　自己接触の方略を用いない場合，回避型の乳児は，母親を見る間に頭を傾けるという方略を用います。後者の方略は，接近することと回避することを同時に行うという特性を有しますが，一方，自己接触方略は，安定型の乳児に匹敵する正面のかかわりを〔回避型の〕乳児に維持させます。

　回避型の乳児が母親と安定して向き合う体位を維持する力が，肯定的情動によって妨害されるという知見は興味深いものです。私たちは，肯定的情動の覚醒の高まりは取り扱いが難しいものと考えています。ここでもまた，肯定的な情動を通した接近と，「逃げるために頭を傾ける」ことによる引きこもり，その二つの同時的活性が見られます。フィールド（Field, 1981）によって明らかにされたように，目をそらすことは，覚醒を減らすための有効な方法なのです。

■ **成人の治療にとって意味するもの**

　肯定的な情動の間，回避型の乳児の頭の向きは安定的ではなかったというコウロムジンとその同僚たち（Koulomzin et al., 1993）の知見も，成人の治療

に関連するかもしれません。乳児も成人の患者も同じように，肯定的な情動は，過剰に覚醒し自己調制が困難であることの指標となるかもしれません。頭を傾け，回避する準備状態にある場合，肯定的情動はパートナー両方によって異なって体験されます。患者の頭の向きが逃げるために傾けられる場合，おそらくそれは異なった覚醒パターンと結びついており，患者自身の肯定的な情動の体験は，対面向きでの肯定的な情動よりも，問題あるものになるだろうと考えられます。私たちはまた，少し頭の向きが傾くと，患者の肯定的な情動に対する分析家の体験が変化するだろうと考えています。肯定的に見たり感じたりしているけれども，頭の向きが少し斜めになる患者は，「アンビバレントである」とか，「用心深い」とか，あるいは「軽薄にこびている」と見られるかもしれません。

　ある種の非言語的なパターンは分析室内で観察できます。それらは気づきの外側で分析家によって取り上げられますが，それでも，分析家の言語的，非言語的な介入を形作るかもしれません。私たちは，瞬間瞬間の自己調制的な試みに気づく分析家の力を洗練されたものにするために，これらの非言語的な調制を一つひとつ利用したいと思います。これらの非言語的パターンは，パートナーとかかわることに対するニードと，自分自身の有機体的な統合性（快適な範囲における覚醒）を維持することに対するニード，その二つの間の妥協点を達成しようとする適応的な努力に根ざします。私たちは，それらの相互交流の病理に興味を持っているわけではありませんし，また，それらをいろいろな解釈的システムのなかに描き出すことに必ずしも興味を持っているわけではありません。ある患者がかかわりの断絶の歴史を持って来談するとき，それまでに必要とされてきてこれからも必要であり続ける妥協点の種類を，患者と分析家の両者は自己調制的な方略における瞬間ごとの変動を通して知ることができます。

　これらの体験は，往々にして言葉にすることが困難です。患者はそれらにほとんど気づいていないかもしれません。これらの行動の起源となる歴史の側面もまた，気づきの外側にあるかもしれません。分析家が，患者と自分自身の両方で進行し続ける行動の流れから，非言語的なコミュニケーションを「読む」ことができるならば，それらはしばしば，言語的なプロセスがそうするより前に，かかわりにおける微妙な困難さに対して分析家の注意を喚起する力となり

ます。一度非言語的なコミュニケーションが解読されると，通常その歴史と意味を理解するために多くの探索が必要となります。そのような微妙な非言語的コミュニケーションは，相互交流の基盤である，今，ここでhere-and-now生じるために，特に説得力があります。つまりそれらは，〔分析家と患者の〕両者にとって，その瞬間の何か特別に生き生きとした性質を有しています。

　私たちは，回避型のよちよち歩きの幼児を持つ母親にも興味があります。回避型の幼児の母親は，自分の幼児に対する凝視行動において，安定型の母親の２倍応答的です。私たちが指摘したように，母親の発声に対する回避型の幼児の応答性の欠如が，（部分的に）どの程度母親の過度な凝視の随伴性に対する反応なのか，あるいは逆に，母親の過度な凝視の随伴性が，どの程度回避型の子どもとかかわろうとする上での補償的警戒心なのかを知ることはできません。後者の観点からすると，この母親の方略は，回避型の乳児の強さに対してとられたものとみることができます。なぜなら回避型の乳児は，安定型の乳児と同じくらい視覚的に応答的でありつづけるからです。もしそうならば，凝視における母親の過剰警戒は，相互交流を促進するかもしれません。しかし，それは侵入的であるかもしれません。いずれにしても，その二つの可能性はこの特定のデータ上では区別されません。それでもなお，回避型のよちよち歩きの幼児にみられる母親の発声に対する応答性の欠如は，その相互交流システムが４か月と12か月の時点ですでに異常であることの指標となっています。

　よちよち歩きの幼児が成長し成人の患者として私たちの分析室に現れるまで，パートナー両方の貢献は，二者関係的な調制不全の予期として表象化されます。回避型の幼児の過剰警戒的な母親と分析家を似たものと見るならば，補償的な警戒は，かかわることが困難な患者に対する一般的な応答です。しかし，まさにその警戒自体が相互交流を妨害します。患者にとってそれは，侵入的とか，憂うつにするとか，息が詰まると体験されるものかもしれません。しかし，他の種類の患者たちは，分析家の補償的な警戒を命綱として体験するかもしれません。誰かがすべて見ていてくれ，見守っていてくれ，気づいていてくれると。

■かかわりのために成人患者に求められる特別な自己調制

　次の成人の治療事例では，かかわりのために求められる特別な自己調制の問

題が，治療の主要なオーガナイジングプリンシプルになっていました。その事例は，行動の歴史や意味の探索だけでなく，治療者自身の行動や患者の行動を通して非言語的なコミュニケーションに気づきそれを解読するという，治療者の仕事を示すものです。

（ビービーに治療された）ジェニファー Jennifer は，治療に通って15年目になりますが，前半は原則週5回セッションが行われ，後半は週に2,3回行われました。〔しかし〕治療の前半ジェニファーは，せいぜい週1回程度しか直接セッションに現れませんでした。それ以外のセッションは電話によって行われました。この期間中ジェニファーは，ベッドから起き上がることがほとんどできませんでした。治療の最初の5年間，彼女は強い自殺衝動を伴っていました。

今ではもうジェニファーはセッションにやって来ますし，自殺衝動もありません。彼女は椅子に座りますが，ほとんど私を見ません。彼女はうつむき，巻き髪が顔の一部を覆い，そして何も言いません。彼女は自分の覚醒を抑制したまま，めったに動いたり移動したりしませんでした。彼女は，時間が終わったらすぐに退室できるように，自分側の床の上にコートをおいたままにしていました。

ジェニファーの母親は抑うつ的で，ほとんどベッドから起き上がることができませんでした。治療過程のなかで，一つのモデル・シーン（Lichtenberg, Lachmann, & Fosshage, 1992）が構築されます。ジェニファーは保育園のとき，母親が自分を訪ねてくることを喜んでいました。ある日，彼女と母親は園庭のぶらんこ swing で遊んでいました。母親がジェニファーをより高く押すと，ジェニファーは自分が「園の女王」であるように感じました。突然，母親はパッと帰ってしまい，ジェニファーは意気消沈したまま後に残されました。ジェニファーは母親と共に家にいようと決意し，保育園に戻るのを拒みました。

見捨てられ体験の二つめのモデル・シーンもまた明らかになります。母親は家でしばしば彼女を「家のそでの部分」[*]に閉め出し，可動式の壁に鍵をかけました。ジェニファーはときには何時間も壁のすぐ向こう側で泣きながら横た

＊（監訳者注）：西洋式の家によく見られるもので，家の中央部から両側に伸びた部分。

第6章　内的プロセスと関係的プロセスの共構築　133

わっていましたが，母親は決してやって来ません。「私はずっとひとりで置いておかれ，生きているのか死んでいるのかさえ確かではありませんでした」。

　肯定的な覚醒が高まる瞬間において，相互的凝視を壊すのは乳児だということを発見したコウロムジンら（Koulomzin et al., 1993）の研究とは違い，ジェニファーの生育歴では，そのような瞬間に接触を壊したのは母親でした。つまり，肯定的な覚醒が高まる瞬間は，ジェニファーにとって危険なものとなったのです。どのような瞬間でもジェニファーはパートナーを失い，意気消沈したのです。

　治療では，ジェニファーはうつむいたまま見ることができず，彼女が興奮したり，幸せな気持ちになったり，過剰覚醒になったりしないように覚醒を弱めたままにし，私が接触を断絶するあらゆる瞬間を先に見越そうとしなければなりませんでした。彼女は私に，「彼女を動かす swing her」ことを任せませんでした。コウロムジンの知見と同様にジェニファーは，パートナーとのかかわりのために求められる特別な自己調制，つまり見ないようにして覚醒を弱める方法を発達させてきました。そうすることでしか，ジェニファーが話すことができる機会はつくられなかったのです。

　ジェニファーの行動は，抑うつ的な母親の乳児における精神病理の起源を示した，トロニック（Tronick, 1989）のモデルの文脈で理解することができます。彼は，母親が乳児の情動や覚醒状態を監視したり，応答したりすることができないような相互交流について記述しています。これらの相互交流が最適な範囲で乳児を調制することに失敗したとき，その乳児は，自己調制や自分で苦悩状態を取り扱うことにますますとらわれるようになりました。何時間も壁の前の床で横たわっている子どもと同様に，治療における弱められた覚醒と凝視の回避は，ジェニファーが自分で苦悩状態を調制しようとすることにとらわれているものと考えられます。

　私たちの最適な発達のモデルは，第5章で説明したように，自己調制と相互交流調制との間のバランスを仮定しています。トロニック（Tronick, 1989）の抑うつ的な母親の研究では，そのバランスは苦悩状態の自己調制に過度にとらわれる方へ移動しました。無秩序型愛着の乳児とその母親では，先に指摘した発声リズム調整の研究（Jaffe et al., 2001）のように，そのバランスは相互交流調制へのとらわれ，パートナーを高い水準で監視することへのとらわれ，

そしておそらく内的状態へのアクセスを犠牲にすることへのとらわれの方へ移動しました（Sander, 1985）。

　ジェニファーは，自己調制と相互交流調制の間における不均衡の両側に問題を呈しているようです。彼女は自分について，世界からの拒絶を過剰に警戒する者と表します。彼女は，自分にとって重要な誰かの注意を得るときはいつも幸せに感じますが，しかし苦痛なほど過剰覚醒となり，彼女自身が感じることや欲するものがわからなくなります。「私はどうせ注目してもらえなくなります。私は何か悪いことを言ってしまわないでしょうか？　今回うまくできたとしても，私はそれを続けられるでしょうか？　そんなものはもうどこかへ行ってもらいたいのです。良いことはとても苦痛なのです。彼らが私に背を向けると，それは私の過ちになるのです。私にはとても刺激が強すぎます。私が犠牲者でありつづけ，彼らが意地悪で，私が舞台に立たないならば，話は簡単です。舞台に立つと，わたしは自分を失います。私は話しすぎるかあるいは〔話の〕邪魔をします」と。

　ジェニファーは，自分を不安定にするような肯定的な体験をする可能性を恐れました。彼女の警戒心は，彼女に拒絶の手がかりを探させるだけでした。拒絶の体験は高い覚醒と興奮にはつながりません。つまり，拒絶の体験は「安全なもの」なのです。肯定的な体験が起こると，彼女はその他の社交的な手がかりを処理processしませんでした。話すとき，休止するとき，あるいは話す順番のとき，ジェニファーは自分のことを「邪魔したり，話しすぎたりする」と表現します。彼女は非常に選択的に過剰警戒だということもできます。この臨床素材はまた，拒絶に対する過剰警戒の瞬間に，彼女が内的状態へのアクセスを失い，自分の欲することを理解できなくなることを明らかにしています。

■かかわりのために分析家に求められる自己調制

　コウロムジンと同僚たちのデータ（Koulomzin et al., 1993）は，患者の自己調制的な動きに私たちがより注意を払うことを勧めています。回避的とか，うわの空とか，解離的とか，自己陶酔的masturbatoryとか決めつけられるようなものではなく，自己調制行動は実際にはかかわりを促進するものかもしれません。患者と分析家は**両者**とも，これらの自己調制行動を，かかわりを安定させるために用います。患者と分析家は両者とも，相手の快適さの状態やその

状態の小さな揺れに敏感です。分析の対象となるとき，これらの行動は，それぞれの状態や関係性の質に関する価値ある手がかりを生み出します。

　分析家がかかわりを維持するために用いる自己調制的，自己慰安的行動とは何でしょうか？　分析家は自分の髪を触ったり，姿勢を変えたり，足を揺すったり，両手をこすり合わせたり，鼻を鳴らしたり，咳をしたり，あくびをしたりします。外傷化された traumatized 患者であるドロレス Dolores の治療の際，私（ベアトリス）はビデオに記録された面接治療のなかで，自分自身のことを見る機会がありました。私は，そのほとんどに気づかないまま，自己調制のためとても頻繁に身体の一部を触っていることを発見しました。特に手が少し痛んだとき，ときどき私は両手をこすり合わせていましたが，どれくらいそれをしているのか認識していませんでした。私はまた，自分がたびたび，ほんのわずかに親指と人差し指をこすり合わせていることにも気づいていませんでした。ビデオテープの助けがなかったならば，この行動に気づくことはまずなかったでしょう。そのような行動は，患者と分析家のどちらにとっても気づきの外にあるかもしれませんが，それでもなお，潜在意識の水準で知覚されていて，どちらにとっても情報として働いています。

　（ビービーが治療していた）ドロレスは解離的なエピソードを持っており，（ビデオテープに録画されていない）別のセッションでは，私は彼女とつながることができませんでした。この間私は，「もじもじして」居心地が悪くなり，クッションを動かし，椅子のなかで動き回るようになりました。私のもじもじは，自分が彼女の心に辿り着くことができないことに直面したときの，自分の苦悩の程度を認識させました。今度はドロレスがそれに気づくことができ，私に対する彼女の影響について話すことができました。このエピソードを後に話し合ったときドロレスは，私のもじもじのせいで，彼女が私のところへ「戻り」通常のように私に「頼る」方法を見つけることができなかったと報告しました。しかし私のもじもじは，私が存在していることをより彼女に気づかせたので，その意味では彼女が私のもとへ戻る手助けをしたとも語りました。

　またドロレスの治療における他のエピソードでは，ドロレスにアクセスできない inaccessible と感じたとき，私は両足をこすり合わせ始めていました。そ

＊（監訳者注）：Lachmann & Beebe（1997）参照。

れは，私が子どものころずっと，夜に自分を寝かしつけるために用いていたしぐさだと気づきました。私の行動は，分析家が普段不慮に求められる自己調制と，分析家の自己調制による相互交流調制への妨害的影響の例を示しています。私はドロレスに，自分が足をこすり合わせていたことに気づいたとコメントしました。するとドロレスは前向きに取り組めるようになり，さらに，私がドロレスに与えた励ましの解釈を彼女が受け入れないときに，私が自分を落ちつかせるためにそれをしていたと，彼女が観察した内容についても述べることができました。私はドロレスの観察に大変感謝しました。とてもくつろいだ瞬間が続き，そのなかで私たちはたがいにより親密に感じられ，それまで関係を遮断した状態であったことを彼女は悔やみました。

　頭と凝視の微妙な回避，姿勢の向きのような患者と分析家の自己調制行動は，それが認識され，認知され，進行し続ける相互交流における位置が理解されるとき，治療にとって価値ある追加情報となります。それらは，パートナー二人の間にある関係性の状態について，重要な情報を提供し，かかわりを調制する上でのさまざまな難しさを明らかにします。

　コウロムジンら（Koulomzin et al., 1993）のデータは，乳児における自己調制プロセスを取り扱うものですが，分析家の自己調制プロセスに関する成人の研究もあります。フリードマンとその同僚ら（Freedman et al., 1978）は，非言語的な自己調制方略と注意焦点化における自己接触の役割を20年間研究してきました。彼らは，たがいのやりとりにおける傾聴を身体の動きが促進したり妨害したりすると主張します。彼らは，情報をフィルターにかけ解読することを示す自己焦点化された身体の動きと，象徴的表象のプロセスに関与する対象焦点化された動きとの間の違いを区別しています。フリードマンは，成人の非言語的行動が言語的行動と密接に結びついていることを強調しています。「その動きは言語化の前提条件であり，完全な象徴的表象の実現のために必要不可欠な前言語的活動を構成します」（p. 173）。

　フリードマンは，自己焦点化された身体の動きは，傾聴プロセスの鍵となる側面であると主張しています。彼は，自己焦点化された身体の動き（ひっかく，髪を整える，こする）のさまざまな形式は，注意の焦点化を妨害するものに対する補償的反応だと考えました。これらの動きは，より最適な情報処理を促進するような状態の変化をもたらします。

フリードマンは，傾聴プロセスについて，感受性を高め（情報を受け取る）パートナーとかかわること，そして「再焦点化」するのに充分なだけパートナーと距離をとる能力，その二つの間を揺れ動く要求から成り立つと説明しています。再焦点化は，すでに存在している参照枠に照らして情報を再構成する力です。内省的再焦点化の間，聴き手は連想と記憶に対してより開かれているかもしれません。フリードマンのグループは，一人ごとに相手の学生をつけられ，モラルジレンマの葛藤解決の議論に参加する，20名の女子大学生から得られた142個の傾聴の連鎖を分析しました。それらのデータは，パートナーの言語化が始まる前の双方の連続的自己接触が，パートナーのメッセージを吸収する聴き手の能力を高めることを示唆しています。一方で，聴き手が沈黙から言語化へ移行する時点で「対照となる」動き（運動放出）は，再焦点化するのに充分なだけ距離をとることを促進する身体状態をつくるようでした。

　この研究は，治療者と患者に関して特異的になされたものではありませんが，〔治療における〕分析家自身の自己調制プロセスと，相当な柔軟性の必要性と大きく関係しています。この研究は，傾聴プロセスのさまざまな側面を促進する自己接触の異なった機能に注意を向けさせるものです。相互交流調制プロセスの特異的なばらつきが，傾聴プロセスにおける分析家の自己調制方略の利用に影響することも付け加えなくてはならないでしょう。たとえば，私たちが推測するところでは，激しい怒りや極端な生気のなさのような患者の極端な感情状態に直面したとき，分析家はこれらの自己調制プロセスをより広範囲に，気づきの外で用いるかもしれません。それと交互して，分析家がこれらの自己調制の方略を用いるときの特異的なばらつきは，相互交流プロセスの性質に影響を及ぼすでしょう。たとえばある患者は，分析家の姿勢，頭の向き，凝視の移動によって大変混乱したり脱線したりするでしょう。

相互交流調制の過剰警戒形式：事例による例証

　前の章で記述したジャフィら（Jaffe et al., 2001）の発声リズム研究では，1歳時点での最も問題のある愛着結果（「無秩序型」）は，最も高いリズム調整程度を示した母親と生後4か月の乳児から予測されました。その範囲のもう一

方の端，非常に低いリズム調整程度もまた，不安定型の愛着（回避型）を予測しました。調整が中間域の程度であることは，安定型の乳児であることを予測しました。調整が大変低いところでは，パートナー二人は，相対的にたがいにより独立して行動しており，引きこもりや対人関係的な監視の抑制にあると解釈されました。調整が中間域の程度であることは，対応（調整）体験の範囲内に，不確かさ，自発性，柔軟性のための「空間」や余地がまだ残されているという仮説が立てられました。調整程度の高さは，相互交流の予測可能性を高めます。予測可能性の程度の高さは，挑戦，新奇さ，脅威によって引き出されるコーピング方略として解釈されました。他のデータ（Crown, 1991）では，見知らぬ成人は，知りあいの成人が示すものよりも高い調整を示しました。

　シュムスキー（Shumsky, 1996）による過剰警戒の患者の治療は，成人の治療における高い調整の相互交流パターンの例です。シュムスキーの患者であるサンドラ Sandra は，分析家の言語的ないしは非言語的コミュニケーションの微妙なニュアンスを注意深く監視していました。分析家は，自分が微妙なコミュニケーションに注意を払っても，サンドラほどには巧みではないと感じました。サンドラの過剰警戒に気づかずに分析家は傾聴し続け，サンドラのコミュニケーションを理解できるだろうと考えていました。しかし，分析家が傾聴すれば傾聴するほど，サンドラはますます混乱し，あいまいになり，本筋から脱線してしまいます。サンドラの述べることを理解するため，分析家が明確にしようとすればするほど，サンドラはますます「物事を正しく定めよう」とする努力を強めました。それは後に「ぐるぐる回転」と呼ばれ，合わせたり，もとに戻ったり，増幅したりするために，サンドラが同じ領域をたどればたどるほど，分析家は同じようにますます「回転」するか，またはめまいを抑えるためにかかわることを止めました。分析家がその「回転」についてコメントすると，サンドラは恥じてさらに回転してしまいます。

　やがて，サンドラと分析家は，分析家の不安げな「わかっていない」というあらゆる兆候が，サンドラにとって分析家が「舵取りに挫折した」ことを意味すると理解するようになりました。するとサンドラは，必死になって自分がリーダーシップを取ります。サンドラは，分析家の顔，姿勢，呼吸，エネルギー水準など，どんなに小さな変動にも心に留めました。サンドラは，分析家が落ち着きを取り戻すための何かをしなければならないと感じました。彼女の

幼少期に基づき，サンドラは自分が「結構キツイ人」と感じていて，母親を泣かせたり，泣きながら謝らせたりしてきたように，彼女は分析家も圧倒するかもしれないと感じました。分析家は，サンドラと共にいても，自分は圧倒されていないし破滅もしない，そしてサンドラの激しい感情のほとばしりを許容することもできると，さまざまな方法で示さねばなりませんでした。つまり，私はちゃんと車を運転していますよ，と。

　サンドラが分析家の微妙な非言語的変化のすべてに過剰な警戒を払っていることと，サンドラと分析家の両者が関与したぐるぐる回転の相互交流パターンは，ジャフィら（Jaffe et al., 2001）によって無秩序型愛着とされた，乳児と母親間の発声リズムの非常に高い調整ととてもよく似ています。ジャフィらもまた，この型の調整を過剰警戒としています。治療者の課題は，そのようなパターンのなかで具体化された苦悩の水準を理解することです。シュムスキーの事例は，一度そのパターンの機能が理解されると，それが変動する可能性を論証しています。

向きの回避

　対面の相互交流において，かかわりのプロセスでの変化や障害を示すわずかな向きの回避には驚くべきものがあります。これは対面による成人の治療状況で広く見られる側面です。私たちはここで，いくつかの乳児データ，成人の実験，成人のビデオテープに録画された心理療法のデータ，そして成人の治療素材を簡単に概説します。

■乳児の向きの回避に関する調査事例研究

　顔の向きの強い回避は，相互交流調制の障害という文脈における乳児の自己調制的努力を示しています。スターン（Stern, 1971）が行った，3か月の双子と同時に遊ぶ一人の母親の研究では，頭〔の動き〕と凝視行動が16ミリフィルム（1フレーム＝1/24秒）からフレーム毎にコード化されました。母親が双子の片方（マーク）の方を向いたり見たりするときはいつも，この乳児も同じように母親の方を向いたり見たりし，その逆もまた同様でした。要するに，

パートナーのどちらかがこのプロセスを開始すると，もう片方のパートナーはそれに対応したのです。しかし，双子のもう片方（フレッド）とでは，逆のパターンが展開しました。母親がフレッドの方に動くときはいつでも，フレッドは向きを変え，目をそらしました。同様に，フレッドが母親の方に動くと，母親は双子のもう片方へと向きを変えました。マークに関しては，相互交流の構造は相互的な接近－接近，相互的な引きこもり－引きこもりの構造でした。フレッドに関しては，相互交流の構造は，相互的な接近－引きこもりの構造でした。

　スターンは，この事例において，フレッドが自分の肩と下あごが平行になるまで頭を動かす極端な90度回避を第一に記述しました。向きや姿勢の極端な「遮断 cut off」行為は，動物と子どもの行動両方において，動物行動学者たちに説明されてきました（Blurton-Jones, 1972; McGrew, 1972; Chance & Larsen, 1996）。パートナーへの向きとパートナーから離れる向きの程度は，かかわりの準備性，かかわりから離脱する傾向，かかわりからの離脱の相対的重篤度という範囲にそった検出力のある信号です。

　第5章で詳しく説明した「追いかけとかわし」の相互交流（Beebe & Stern, 1977）は，母親の接近－乳児の引きこもりの似たパターンを明らかにしました。この乳児は，頭の極端な90度回避を示すだけでなく，母親の手から自分の手をひき，母親が乳児を自分の方へ引っ張ると，母親から離れる方に身体を向け，そして次第に姿勢緊張を失い完全にぐったりとしました。この乳児は本質的に，母親が視覚的に自分とかかわろうとする試みに対し「拒否権」を持っているのです。それは回避的な相互交流ですが，それでも双方で高く調制されています。母親が乳児の方への身体や頭を動かすこと（〔乳児の視野に〕大きく現れること）は，乳児が離れるように「影響を与えた」のであり，その影響は予測可能な連鎖と定義されるようなものです。そして，母親から離れようとする乳児の頭や身体の動きは，母親が追いかけるように「影響を与え」ました。これらの連鎖は，母親が乳児に対して頭を動かし終わらないうちに乳児はすでに離れ始めるような，ほんの一瞬の応答性で生じます。このペアでは，乳児の90度の向きの回避は，乳児が母親の動きを周辺視野で監視することを不可能にしました。これを奪うことは，乳児が視覚的に折り合いをつける領域を犠牲にするため，さらに相互的調制の可能性を阻害します。

■成人における向きの研究

　頭の向きと凝視方向の検出力は，フレイら（Frey et al., 1983）による実験に見られます。彼は見物者に形容詞のリストを提示し，有名な絵画『モナリザ』Mona Lisa を評定するように依頼しました（Fogel, 1993a のなかで引用されている）。被験者の最初のグループは，モナリザの頭と凝視が見物人の方に向けられた原画を見て，夢見心地，友好的，敏感，かかわっている，正直，魅惑的，とモナリザを評定しました。2番目の被験者グループは，モナリザの頭と視線がわずかに見物者から左にずれた絵画の改変版を見せられます。被験者は絵画が改変されていたことに気づきませんでした。この改変版で被験者は，高慢，緊張，非共感的，冷たい，距離をおいている，と評定しました。この形容詞群は，自己愛パーソナリティの一般的記述にとても似ています。興味深いことに，前者の形容詞群は，理想的な治療者を説明するものと言うこともできます。

■成人の心理療法のビデオテープ分析

　トラウトとローゼンフェルド（Trout & Rosenfeld, 1980）は，心理療法のセッション中（対面法）に患者と治療者が同じく高いラポールを報告する場合，たがいに上半身を相手の方に傾け，四肢を鏡映的なイメージ姿勢に保つことがより多く見られると報告しています。したがって，どちらかのパートナーがどんな程度にでも向きの上で回避的にかかわるならば，ラポールは阻害されるかもしれません。

　デイビスとハディクス（Davis & Hadiks, 1990）は，女性患者と男性治療者の対面の心理療法セッションのビデオテープをコード化しました。彼らは，向き／姿勢状態をコード化しました（完全に背いた向きから完全な対面向きまで）。彼らはまた，体験的な関与水準に関する表現もコード化しました。彼らは，治療者が言葉にする情動の強さと解釈の複雑さの増加と共に，治療者の身振りの強さと複雑さが増加することを見出しました。言語的な関与水準が高くなるのに伴って，治療者もまた患者の方を向くことが増えました。同様に，患者が表面的な話し合いから自分の内的反応を積極的に探索するように変化するにつれて，患者の身体位置は，ますますアクセス可能で開かれたものになり，

治療者の方を向けられました。

　デイビスとハディクスは，向きと身体位置は，防衛性やラポールの微妙な変化，パートナー間の情緒的な関与水準の指標であると結論づけました。その研究者たちはまた，これらの微妙な動きのパターンは，どちらのパートナーにも意識的には体験されないものの，どちらからも「読まれ」ていると述べます。そのパターンはまた，治療者の臨床的直観に必要不可欠な基盤で，治療プロセスの重要な部分だと彼らは述べます。つまり，治療におけるラポールの構築は，向きの上でのかかわりと密接に結びついています。

■成人の治療における向きの回避の例：エリザ

　（ビービーが治療した）エリザ Elisa は，中心線から頭を45度ずらし，視線を下にし，あごを胸につけ，しかめ面の顔で座っていました。彼女がその位置から私の方を見上げるとき，彼女の頭はいつも下方横へ向けられています。彼女は決して直接私に向き合いませんでした。彼女はめったに目も合わせませんでした。エリザが下から見上げるつかの間の瞬間に，たくさんの悲しみ，疎外感，苦痛が感じられました。彼女は悲嘆にくれ，私が彼女を助けることをあきらめていました。孤立感を感じるなか，私はときどき〔セッション中に〕メモをとっていました。

　治療の3年目，自己対象的結びつきが確固としたものになり始めると，向きや顔によるこのような行動は著しく減り始めました。エリザが次第に私とかかわることができるようになるにつれ，私はメモをとるのをやめます。エリザは私のこの変化にとても驚き，次に彼女は自分の向きを移動し，より向かい合った姿勢で座るようになり，より目を合わせるようになりました。エリザのこの変化によって，私はよりのびのびとできるようになりました。自己対象的結びつきが両者において確固としたものになり，私たちは二人とも前向きに取り組めるようになります。非言語的な行動それ自体は決して解釈されませんでしたが，それはかかわりにおける障害の深さに関する強力な情報源でしたし，エリザに応答する私の能力に影響を及ぼすものでした。

結語：相互交流の手続き的理論に向けて

　精神分析は，現在，相互交流に関する広い理論を求めています。私たちは，最終的にこの理論は，相互交流の言語的次元だけでなく非言語的次元も明らかにすることになるだろうと考えています（Bucci, 1985, 1997; Lyons-Ruth, 1998b; Pally, 1998, 2001; Stern et al., 1998 参照）。非言語的で手続き的な次元は，通常気づきの外にあり，瞬間瞬間の相互的影響の継続的背景となっています。言語的システムは通常前景にあり，より断続的なものです（話すこと 対 聴くこと）。言語的水準で起こる交流と平行して，患者と分析家は，瞬間ごとの水準で，タイミングや，空間的オーガナイゼーション，情動，覚醒をたがいに絶え間なく変えています。

　瞬間瞬間の相互交流調制は，生涯にわたり，非言語的水準での社交的行動の根源的側面です。それぞれのパートナーは，絶え間ない行動のリズムをつけたり消したりし，そして，言語でのまたは身振りでの「沈黙」である「消した off」瞬間でさえも，それはコミュニケーション的なものです（Jaffe & Feldstein, 1970）。パートナー二人の行動リズムは何らかの形でいつも調整されていますが，気づきの外側にあるのが普通です（Iberall & McCulloch, 1969; Chapple, 1970; Capella, 1991; Langs, Badalamenti & Thompson, 1996; Warner, 1996）。

　本章で私たちは，非言語的，手続き的な次元に取り組み，人がどのように自分のパートナーの行動に影響されるのか（相互交流調制）と同様に，どのように自分自身の行動に影響されるのか（自己調制）を規定する相互交流の理論を用いました。相互交流調制は，両方向に瞬間ごとの水準で流れます。自己調制と同様に，行動はコミュニケーション的で，そのため，パートナーに影響を及ぼしたり影響されたりする変動は，自己調制的な行動と覚醒のなかで同時的に起こる変動に付随します。私たちは，この非言語的な相互交流の観点は，母親‐乳児のコミュニケーションと同様に，成人のコミュニケーションとも関連すると主張してきました。私たちは最後の章でこの話題に戻ります。

第7章

乳児期における表象と内在化
主要点の三原理

　この章では，本書の基本テーマの一つに立ち戻ります。相互交流のなかでどのように心がオーガナイズされるのかということについてです。内在化の起源を例証するため，前象徴的表象の主題に立ち戻ります。私たちが提案するのは，三つのオーガナイジングプリンシプル，主要点の三原理 three principles of salience です。それは，乳児にとって出来事の主要点を決定し，さまざまな相互交流的出会いから乳児が予想するものをオーガナイズする原理です。その三原理とは，進行し続ける調制，調制の断絶と修復，そして情動が高まる瞬間です。それらはさらに，自己調制と相互交流調制の性質を決めます。それらは，生後最初の1年において，社交的相互交流の予想がどのようにパターン化され，主要なものとなるのかについての仮説を構成します。次の章では，この主要点の原理を成人の治療事例に適用し，それらがどのように治療作用の様式をより明確にするのかを示します。この三原理は，成人の治療と乳児研究の間の類似性を描き出すさらなる方法を教えてくれます。

　この三原理のなかでも包括的なものは，進行し続ける調制です。それは，予想される特徴的な方法に基づく調制のことで，相互交流が展開されるのはそのなかにおいてです。断絶と修復は，主要なパターンから切り離された特異的なひとまとまりをとらえたものです。情動が高まる瞬間では，ある劇的な出来事がその瞬間に際立ちます。つまりこの三原理は，相互交流パターンの階層的定義を提供するもので，時間的に三つの水準でオーガナイズされます。全体的パターン，一つのまとまり，一つの瞬間です。このオーガナイゼーションの三水

準は，それぞれの水準が，次の水準に対する文脈を構成する組み合わさった一組のものとしてみなされなければなりません。

主要点の三原理のそれぞれは，生後最初の1年における表象のオーガナイゼーションと内在化の起源に関し，異なった観点を提供してくれます。自己表象と対象表象は，早期の知覚能力，相互交流パターン，概念形成，抽象化，さらに，やがて生じる象徴形成の能力に基づくと理解されます。相互交流パターンは，乳児が認識し，記憶し，予想する相互交流調制と自己調制の特徴的な様式です。前章で私たちは，進行し続ける調制の原理のみを用いましたが，ここでは，三原理すべてによってオーガナイズされるものとして，相互交流パターンと表象を概念化します。

主要点の三原理によってオーガナイズされる表象に関する記述は，内在化の起源も同時に明らかにすることになるでしょう。実証的乳児研究でも，内在化の議論でも，相互交流調制は中核的な概念です（Schafer, 1968）。しかし，私たちの見解では，相互交流調制が内的調制に**なる**わけではありません。むしろ，相互交流調制はいつも自己調制と連結しあって生じるという意味で，常に内的なものです。私たちは，生後最初の1年における内在化の見解を述べますが，そこでは，自己調制も相互交流調制も含む調制の様式が，パートナー両方によって共同的に構築されます。調制の二者関係的様式の予期と表象は，主要点の三原理によってオーガナイズされることで内的オーガナイゼーションを構成します。

なぜ三原理なのか？

乳児にとって，どの原理が出来事の中心を決定するのかという問いを考えるとき，主要点となるのは，習慣化されたものや予測可能なもの，相互交流において「不変な」ものに関する乳児の認識なのでしょうか？ スターン（Stern, 1985）は，連鎖や因果関係，情動，記憶の不変性の議論においてそのような観点を示しています。同様に私たちも，乳児の体験をオーガナイズするような予想をつくるのは，母親‐乳児相互交流において予測可能な進行し続ける調制だと論じました（Beebe & Lachmann, 1988a, b）。ウィルスンとマラテスタ

(Wilson & Malatesta, 1989) もまた，反復的相互交流体験は，成人の生活で反復されやすいものに影響を与えられると述べています——つまり，私たちが進行し続ける調制と呼んでいる原理です。

　それとも，乳児の体験をオーガナイズするのは，何かが変化したり，相互交流を断絶したり，あるいは乳児の予想を裏切ったりするが，そのあとには断絶後の修復の努力が続くという乳児の認識なのでしょうか？　ベーレンズとブラット (Beherends & Blatt, 1985)，ホーナー (Horner, 1985)，ステックラーとカプラン (Stechler & Kaplan, 1980)，トロニック (Tronick, 1989; Gianino & Tronick, 1988) は，断絶と修復を伴う相互交流の形成的影響について述べています。コフート (Kohut, 1984) は，成人の分析において，共感の断裂と変容性内在化を通して起こる構造形成を論じ，この連鎖を強調しました。私たちはこのような主要点の原理を「断絶と修復」と名づけました。

　あるいは，体験を色づけるのは，つまり体験をオーガナイズするのは，肯定的なものであろうと否定的なものであろうと，情動が高まる瞬間の力なのでしょうか？　デモス (Demos, 1983, 1984)，エムディ (Emde, 1981)，ソカリディスとストロロウ (Socarides & Stolorow, 1984/1985)，そして特にパイン (Pine, 1981, 1986) は，「高まりの瞬間」の概念のなかで，このような見方を強調しています。この主要点の原理は，私たちが，情動が高まる瞬間と呼ぶものです。ウィルソンとマラテスタ (Wilson & Malatesta, 1989) は，後の性質に最も貢献するのが，情動体験の慢性性なのか，情動体験の強さなのか，あるいはその両方の相互作用なのか，という点はまだ解決されていない実証学的テーマだと述べています。

　これらの原理は，別々に作動するものとして見るよりも，一緒に作動するものとして概念づけられる必要があります。たとえば，進行し続ける調制のパターンは，断絶が認知される前に最初に存在しなければなりません。特定の断絶の性質や連鎖は，それ自体が一つの予想される相互交流パターンでもあります。情動が高まる瞬間は断絶として機能するかもしれないし，修復として機能するかもしれません。これら三原理はすべて，その潜在的なオーガナイジング力を充分に展開するために，あらゆる相互交流に影響しているはずです。三原理はカメラの異なったアングルなのです。しかし，ある出来事では，一つの原理が他のものより優勢になるでしょう。発見論上，私たちはそれらをばらばら

にとらえますが，潜在的にその三原理は相互に関係しています。

スターン（Stern, 1985）のRIGs理論（一般化された相互交流の表象）は，どのようにRIGsがオーガナイズされるのかを説明する上で，進行し続ける調制の原理を暗に用いています。RIGsとは，ある典型的な連鎖に関する一般化された抽象概念に基づくものです。私たちは，断絶と修復，情動が高まる瞬間という原理に加え，体験をオーガナイズする相互交流の他の重要な側面を明確にします。生後最初の1年に，どのように表象がオーガナイズされるのかということに関する私たちの理解を広げるような，まだ説明されていない他の主要な原理が存在する可能性は充分あります。

乳児の体験のどの特性が表象形成の中心となっているのかという問題に取り組むなかで，スターン（Stern, 1988）は，情動は特別な役割を果たさないと主張しています。彼は，体験のすべての特性（知覚的，認知的，運動的，感覚的，情動的特性）が表象をオーガナイズし，またそのどれもがある特定の出来事において中心的な役割を果たすだろうと述べます。一方，私たちは，特別な道筋，つまり，主要なオーガナイジングプリンシプルがあるものと考えます。それはスターンが考える広範囲な要素を一部含むものの，それに対立するものです。知覚，認知，行為，情動，覚醒は，私たちが考える三原理のいずれかによってすべてオーガナイズされます。情動が必ずしも中心的なオーガナイザーになるわけではないということには同意しますが，情動の高まりは，進行し続ける調制，断絶と修復と共に，**内在化の一つの主要な道筋である**と私たちは考えます。情動は全三原理の一要素ではありますが，強い情動はオーガナイゼーションの第三の原理として考えるに充分なほど，予想をつくり出すのに特殊な次元です。

情動と覚醒はつながっていますが，それでも区別されます。私たちは情動という言葉を，顔の表現や（輪郭や音程，音量などのような）発声パターンに対して用います。覚醒は，脳波や心拍，呼吸などの生理学的指標のパターンとして定義されます。しかし経験的にわかるように，ある顔や発声のパターンは，常にある覚醒状態と結びついています（Ekman, 1983）。情動に対するさまざまな分類学的アプローチは，乳児を研究する上で有用なものですが（Izard, 1979; Tomkins, 1980; Malatesta et al., 1989），私たちのアプローチでは，情動カテゴリーに関係なくそのなかの勾配・表示変動を重要視します（Werner,

1948; Tobach, 1970; Beebe, 1973; Oster & Ekman, 1977; Stern, 1985)。情動はすべての三原理の一要素なのです。

自己表象と対象表象は相互交流パターンに根差す

　相互交流の形成的役割への関心は，精神分析のなかの一つの重要なテーマで，そこでは主に関係性の表象が強調されてきました。対象世界との相互交流は，内的調制だけでなく，相互交流調制も構成するものと考えられてきました（研究の概観には Behrends & Blatt, 1985 を参照；また Hartmann, 1939; Jacobson, 1964; Schafer; 1968; Loewald, 1980; Spitz, 1983 も参照）。ローワルド（Loewald, 1960）は，心の構造形成を論じるなかで，対象と自分との相互交流プロセスの内在化が本質的構成要素であると主張しています。

　その他，現在概念化されているものに，早期の体験は，二者関係的な相互交流を通してオーガナイズされると見るものがあります。「二者関係的に鋳造される心」（Wilson & Malatesta, 1989），「対人関係的自己」（Kegan, 1982; Stern, 1983, 1985, 1989），「間主観的（間主体的）マトリックス」（Stolorow et al., 1987; Benjamin, 1988），「関係的心」（Fast, 1988; Mitchell, 1988, 1993; Aron, 1996），これらのすべては，自己と対象，それらの表象を関係構造に根差したものであると考えるものです（Zelnick & Bucholz, 1990 を参照）。私たちは，自己調制も相互交流調制も，どちらも関係パターンをオーガナイズするものであることをここで強調したいと思います。この見方は，アロン（Aron, 1996），デモス（Demos, 1983, 1984），リヒテンバーグ（Lichtenberg, 1983, 1989），サンダー（Sander, 1977），スターン（Stern, 1985），ストロロウら（Stolorow et al., 1987），トロニック（Tronick, 1989），その他の研究者の考えと一致しています。二者関係的調制の影響は，自己調制が貢献する重要な部分に統合されるわけです。

　私たちはこの議論を自己と対象の表象に限定したいと思っています。歴史的に見ると，自己表象と対象表象という言葉は，カプセルにひとまとまりにされた独立要素的 atomistic イメージを含んでいました（Modell, 1984, 1992）。私たちの見解では，表象は相互交流に由来します。私たちは，力動的プロセスを

表象の変容モデルと考えますが，そこでは，一つのスキーマはパートナー二人の予想された瞬間ごとの相互作用を通して構築され，そして変容します。表象されるのは力動的相互交流プロセスそのものです (Beebe & Stern, 1977; Stern, 1977, 1985; Beebe & Lachmann, 1988a, b; Beebe et al., 1992; Lachmann & Beebe, 1992)。

表象とは，その持続性に程度の差はあっても，ある予想された相互交流的連鎖についてのオーガナイズされた持続的情報分類です。表象は，取り入れられた情報を構築し，再構築する能動的プロセスによって形成されます。表象は，取り入れられた情報が過去の体験と現在の予期に基づいて再解釈され並べ替えられるなかで，再オーガナイズされ変容します。この変容モデルでは，発達は，個人と環境のなか，そして個人と環境の間の関係を規則的に再構造化するプロセスを通して進んで行くと考えられます (Reese & Overton, 1970; Sameroff & Chandler, 1976; Sameroff, 1983)。発達における予測可能性は，子どもだけ，あるいは環境だけに存在するのではなく，むしろ子どもと環境との間のやりとり，そしてそれらの規則的な変容のなかに存在します (Sameroff & Chandler, 1976; Zeanah et al., 1989)。

表象の基本をなすのは，パターンを並べ認識する力，何が予測可能で不変なものであるのかを予想する能力，そしてそれら不変なもののカテゴリーをつくる力です。体験をカテゴリー化する力は，記憶や言語，象徴的機能に対するオーガナイゼーションの枠組みを提供します (Strauss, 1979; Bornstein, 1985; Stern, 1985; Younger & Cohen, 1985; Basch, 1988; Shields & Rovee-Collier, 1992)。一つのカテゴリーは，乳児がその規則性を知覚し，その概要やカテゴリー内のさまざまな特徴を要約したり，その特徴の中心的傾向を見つけ出したりするなかで形成されます。この能力は3か月から12か月の間に発達します (Cohen & Gelber, 1975; Strauss, 1979; Sherman, 1985; Stern, 1985; Younger & Gotlieb, 1988; Shields & Rovee-Collier, 1992)。たとえば，色彩 (Bornstein, 1985)，顔 (Cohen, De Loache, & Strauss, 1979)，そして形状 (Ruff, 1980; Younger & Cohen, 1985) を乳児がカテゴリー化することがわかっています。シールズとロビー=コリアー (Shields & Rovee-Collier, 1992) が示唆するところでは，乳児のカテゴリー化は「年代を越えていつでもみられるもので，後に現れる高次の認知能力とみなされるべきではありません。むしろ乳児

のカテゴリー化は，記憶を符号化し検索する通常の進行し続けるプロセスによる自然な副産物のようです」(p. 257)。

乳児が区別した一連の特徴的体験に共通する要素の一表象が，一つのカテゴリーです (Strauss, 1979; Sherman, 1985; Younger & Gotlieb, 1988)。乳児にとって，この「表象」は前象徴的なものです (Meltzoff, 1985; Stern, 1985; Beebe & Lachmann, 1988b)。この前象徴的表象を深く考察するなかでマンドラー (Mandler, 1988) は，乳児の感覚運動的スキーマを後の表象の象徴的形態に結びつけるような表象能力の原始的形態は，生後早期の月齢に存在すると述べています (Werner & Kaplan, 1963)。

生後1年と少しの間に三つの原理が基準を構成し，その基準によって相互交流はカテゴリー化され，最終的に表象化されると私たちは考えています。乳児はまた，顔や形状，色彩，動物をカテゴリー化するのと同じ方法で，対人関係の相互交流のスキーマやカテゴリーを形作ります (Beebe & Stern, 1977; Stern, 1985; Beebe & Lachmann, 1988a, b)。

生後1年を過ぎ，進行し続ける調制の原理に従って表象が次第に象徴化されてくると，もし言語的形態に置き換えるとするなら，最終的な表象として「大体こんな風に進んで行くだろうとぼくは予想できるよ」というものになるでしょう。断絶と修復の原理に沿った場合，その表象はおそらく「これはことが止まってしまった状態なんだ。ぼくはやがてそれが修復されることも予想できるし，ぼくたちの修復の仕方がどんなものであるかも知っているよ」というものになるでしょう。情動の高まりの原理に基づいた場合，その表象は「なんて素晴らしい（ひどい，見事な）瞬間なんだ」というものになるでしょう。その相互交流が言語化されラベルづけされると，そのプロセスはもとの表象を変容させるかもしれません (Stern, 1985)。

生後1年の表象は，非言語的，黙示的な様式で符号化されると私たちは推測していますが，その情報は運動的（手続き的），写象的，聴覚的，内臓感覚的なものです。そのような表象は必ずしも言語的形態に翻訳されないかもしれません。ブッチ (Bucci, 1985) は，言語的情報と非言語的情報は，表象にとって，特化した別々のシステムであると示唆しています。言語的情報は言語的形態に貯蔵される一方，非言語的情報は，たとえばイメージや音，匂い，触感，音感などを通して知覚的チャンネルに貯蔵されます。両方のシステムとも，潜

在的に意識とアクセス可能です。しかし，運動的スキーマや写象的スキーマのような黙示的プロセス processing は，ある条件下では，注意や言語とアクセスできません。そのかわり，私たちが行動したり，感じたりするものに作用し続け影響を与え続けます。非言語的表象システムは生後最初の1年に始まり，主要点の三原理はそのような知覚的情報がどのようにオーガナイズされるのかについての仮説を提供してくれます。

進行し続ける調制の原理

進行し続ける調制は，表象をオーガナイズする最も基本的な原理を提供するものです。明言はしていないものの，実にさまざまな立場の研究者が，体験をオーガナイズするものを推論するためにこの概念を用いています（たとえば，Loewald, 1971; Sander, 1977; Sandler & Sandler, 1978; Demos, 1984; Bretherton, 1985; Stern, 1985; Lichtenberg, 1989; Malatesta et al., 1989; Wilson & Malatesta, 1989）。

進行し続ける調制の原理とは，ある相互交流が展開する，特徴的で，予測可能で，予想される方法を意味しています。パートナー二人の行為の調制にとって，共有されたルールシステムがそこに発展します。よく秩序だった相互交流においては，それぞれのパートナーのコミュニケーション行動は，相手の予期と一致します（Tronick, 1980）。

進行し続ける調制の原理は，調制的システム視座 regulatory-systems perspective に由来しています（Sander, 1977, 1983; Beebe et al., 1992）。オーガナイゼーションは，個人の特性であると同時に乳児－養育者システムの特性です。充分に言語が発達する前の生後1年目に，共同行為の調制に対する多くの共有されたルールシステムが存在することが今や明らかになっています（たとえば，Bakeman & Brown, 1977; Bruner, 1977, 1983; Stern, 1977, 1985; Field, 1981; Beebe et al., 1985; Cohn & Tronick, 1988; Tronick, 1989 を参照）。

誕生後すぐに，あるいはその前から，赤ん坊は予測可能な出来事の予期を形成するという多くの実証的証拠があります（DeCasper & Carstens, 1980; DeCasper & Fifer, 1980; Fagen et al., 1984; DeCasper & Spence, 1986; Greco et al., 1986)。早期の月齢の視覚活動に関するアイス（Haith, Hazan, & Goodman, 1988; Emde, 1988 も参照）の研究では，乳児は秩序を見つけ出し，予想を生み出し，そしてその予期に基づいて行動する生物学的な準備状態にあることが示されています。

予想は，とても広範囲に，とても早期に作用し，体験をオーガナイズし続ける上で多くの影響を与えます（Fagen et al., 1989）。神経生理学的データもまた，慣れ，反復，予想が，神経学的機能の最も重要なオーガナイジングプリンシプルの基礎になっていることを示唆しています（Gazzaniga & LeDoux, 1978; Cormier, 1981; Hadley, 1983, 1989）。

つまり，進行し続ける調制の乳児の知覚は，その環境では，何が反復的で何が予想可能であるのかを知って予測する力と，その行動が結果をもたらすことを認識する判断能力に基づいています。「随伴性」，つまり自身の行動とそれに対する環境の応答との間の予測可能な関係性を新生児は探索します（Papousek & Papousek, 1979; DeCasper & Carstens, 1980; DeCasper & Fifer, 1980; Watson, 1985）。乳児は，出来事が起こる時期の予期と，自分の行動が結果を生み出す予期を発達させます。環境が随伴的で予想可能な応答を乳児に提供するかどうかということが，乳児の注意，記憶，情緒，そしてまさしく学習の能力に影響します（DeCasper & Carstens, 1980）。それと交互に，乳児は環境上の出来事と自身の行動との予測可能な関係を知覚します。乳児は環境が自分に影響を与えるという予期を発達させます。つまり，パートナー両方——乳児と養育者——は，それぞれが予測可能な方法で相手に影響を与え，かつ相手によって影響を与えられるという予期を発達させるのです。

進行し続ける調制の原理は，パートナー二人がそのコミュニケーション行動を調制するすべての特徴的パターンを含んでいます。「成功した」パターンと同様に，「成功しなかった」パターンもまた，自己調制と相互交流調制の両者を含む原理のなかに体系化されます。

■ 進行し続ける調制：相互交流調制

相互交流調制モデルは，進行し続ける調制の原理の中核に当たります。これは，子どもの発達に関し，一方向の影響に注目した今までの多くの研究に対する反論として，ここ20年の間に持ち上がってきたものです。子どもに対する親

の影響は，親に対する子どもの影響を，相対的に除外した上で主に研究されてきました（Bell, 1968; Lewis & Lee-Painter, 1974; Lewis & Rosenblum, 1974; Cappella, 1981; Gianino & Tronick, 1988）。しかし，乳児の社交的能力の大きさが認識されるにつれ（Lewis & Rosenblum, 1974），相互交流調制パターンへの関心が高まります。それぞれのパートナーは相手に同じ程度に影響するわけでもないし，必ずしも同じ方法で影響するわけでもないですが，両者が積極的にその交流の調制に貢献することが知られてきたのです。もちろん，このプロセスにおいて，母親の方がより広い範囲でより柔軟にかかわります。**相互的調制** mutual regulation という言葉で私たちが意味づけるのは，それぞれのパートナーの行動的流れが相手の行動的流れから予測されるものであるということです。

私たちは（Beebe & Stern, 1977; Beebe, 1985; Beebe & Lachmann, 1988a, b），乳児体験のオーガナイゼーションにおける早期の相互交流パターンの中心的な役割を提案してきました。進行し続ける調制の原理にならい，相互交流パターンは相互的調制と自己調制の特徴的様式です。それぞれが相手に影響し，（知覚や情動，固有受容器感覚も含めた）乳児と養育者の行為の間における力動的相互交流が，相互的調制パターンの多様性をつくります。乳児は特徴的な相互交流パターンを認識し，記憶し，予想し，一般化し，表象化します（Stern, 1985; Beebe & Lachmann, 1988b）。後段では，相互交流パターンは断絶と修復の原理として，そして情動が高まる瞬間の原理としても定義されます。

母親－乳児における相互交流の調制に関する研究では，相手の行動に対するそれぞれのパートナーのさまざまな影響を明確にすることに多くが費やされてきました。相互交流調制のパターンは，シンクロナイゼーション（Stern, 1971, 1977），行動的対話（Bakeman & Brown, 1977），原始会話（Beebe et al., 1979, 1988），追跡（Kronen, 1982），調節（Jasnow & Feldstein, 1986），相互的やりとり（Tronick, 1980, 1982, 1989），交互的で補足的な相互的影響（Capella, 1981），調整された対人関係的タイミング（Beebe & Jaffe, 1992a, b; Beebe et al., 1985; Jaffe et al., 2001）などとして，さまざまな人から呼ばれてきたものです。さまざまなコード化法と統計的手続きを用い，研究者たちは，凝視，顔の表情，発声，空間的向きなどの様相を通した相互交流調制のパター

ンを証明してきました（研究の概観は Beebe et al., 1992 を参照）。これまでの研究のなかでは，双方向的影響が圧倒的に多く見られますが（たとえば，Stern, 1971, 1977, 1985; Cohn & Tronick, 1988; Beebe & Jaffe, 1992a; Jaffe et al., 2001参照），交互的にやりとりすることなく，一方のパートナーが相手に影響を与えるような，一方向影響も同様に明らかにされています（たとえば，Thomas & Martin, 1976; Gottman & Ringland, 1981; Zelner, 1982; Jaffe et al., 2001 参照）。

　私たちは，早期の前象徴的表象を情報の顕著な特徴の貯蔵庫と定義し，対面の進行し続ける調制の顕著な特徴もまた，同様に表象化されるだろうと提案してきました（Beebe & Lachmann, 1988b）。この提案は，研究者たちによって実証されてきた調制のパターンもまた，主要なものとして乳児に知覚されることを仮定するものです。そのようなパターンの顕著な特徴は，時間的，空間的，情動的，固有受容器的次元に沿った相互交流のオーガナイゼーションと述べることもできます。たとえば乳児は，速度やリズム，パートナー両方の〔やりとりの〕順番，といった時間的パターンを表象化するでしょうし，対人関係的随伴性と相互的な影響の有無や，接近‐接近，接近‐回避のような，両パートナーの空間上の運動パターン，さらに，顔の情動的パターンの相互交流調制も表象化するでしょう。それに伴う固有受容器的刺激や覚醒のパターン，そしてその刺激を調制する方法も表象化されます。つまり時間，空間，情動，覚醒によってオーガナイズされるのに合わせ，進行し続ける調制のパターンが乳児の体験をオーガナイズし，そして前象徴的に表象化されます。

■進行し続ける調制によってオーガナイズされる相互交流の例証

　私たちは進行し続ける相互交流調制のパターンについて述べてきましたが，それは，表象化されるかもしれない調制の予想における質的な違いを明らかにするものです。一つのパターンである**顔の映し返し**は，情動方向の瞬間瞬間のマッチングを示すものですが，そこでは，パートナー両方が，かかわりの程度と肯定的な情動の水準を共に高めたり低めたりしています。私たちは，パートナーの情動的方向にマッチしたり，マッチされたりする予期を乳児が表象化すると考えます。このマッチングによって，それぞれのパートナーは，相手の変わりゆく感情状態を知り，そこに入っていくための行動的基盤をつくります。

第二のパターンである**脱線** derailment，言いかえると，追いかけとかわしは，基本的に空間的次元に沿った相互交流のオーガナイゼーションを明らかにするものです。この相互交流では，母親は繰り返し乳児とかかわろうとしますが，乳児の方は名人芸とも言うべき水準でそれを避けます。この相互交流では，双方向的調制プロセスは保たれていますが，乳児の注意や情動，覚醒は，最適な状態で調制されていない可能性があります。このような相互交流が特徴的な場合，それは調制不全の予想として表象化されるだろうと私たちは考えています。

　第三のパターン，**対人関係的タイミング**は，時間的次元に沿った母親‐乳児の相互交流調制に関するもので，動作学的リズム（Beebe et al., 1979），共活動的・交互的な発声の交換（Stern et al., 1975），発声の一致（Beebe et al, 1988; Jasnow & Feldstein, 1986），発声による相互交流の対人関係的タイミング（Beebe & Jaffe, 1992a; Jaffe et al., 2001）を含む概念です。これらの研究は，パートナー両方が，自分とパートナーの進行し続ける行動の持続時間について，驚くべき時間的敏感さを持つことを証明しています。どちらも相手の行動の持続時間を秒単位で監視し，それにマッチするのです。

　他のグループの研究は，生後数か月の相互交流パターンから予測されるよちよち歩きの時期の結果を明らかにしています。後に述べますが，私たちは，これらの研究を**愛着の曲線予測** curvilinear prediction of attachment と呼んでいます。その影響〔の測定〕は，よちよち歩きの幼児を，安定愛着群対不安定愛着群に分類する愛着の理論的枠組み（Bowlby, 1969; Ainsworth et al, 1978; Sroufe, 1979a, b; Sroufe & Fleeson, 1986）に基づきます。不安定愛着群は，回避型，不安‐抵抗型，無秩序型，の三つの型に分けられます。実験状況で母親から短時間分離させられた後，安定型の子どもは再会の間に接触を求め，維持しようとし，容易に安心し，そして周囲の探索を再開することができます。逆に，不安定‐回避型の子どもは母親を避け，また，不安定‐抵抗型の子どもは再会時に母親を求めながらも接触に抵抗し，その結果，安心することができません。不安定‐無秩序型の子どもは，再会時に接近と回避のパターンを同時に示します。

　多くの研究（Belsky et al., 1984; Malatesta et al., 1989; Isabella & Belsky, 1991）が今や，生後1年目の母親の行動と，生後1年から2年におけるよちよ

ち歩きの幼児の愛着結果との間にみられる曲線関係に注目しています。安定した愛着をやがて形成する乳児の母親は，中程度の強さ，中程度の随伴性，中程度の交互性で刺激します。やがて不安定 - 回避型となる乳児の母親は，過剰刺激的で，侵入的，強さは高く，非随伴的もしくは過剰随伴的です。やがて不安定 - 抵抗型となる乳児の母親は，かかわりが少なく，無関心，あるいは一貫性にかけ，応答することができなかったり，乳児にその気がないときに相互交流を試みたりします。

　この種類の研究の代表的な例は，マラテスタら（Malatesta et al., 1989）の研究です。彼らは，生後2か月半，5か月，7か月半の乳児における母親の随伴的応答性と，2歳時点における子どもの愛着結果を測定しました。母親の随伴性は，乳児の顔の表情が変化する兆候の1秒以内における母親の表情の変化を測定することで評価しました。乳児に対して適度な顔の随伴性を示す母親の2歳児は，母親をより多く見ますし，最も肯定的な情動を示しました。7か月半のときに適度な水準で母親が顔の随伴性を示す場合，2歳時に安定した愛着を示すことが予測されましたが，7か月半のときに母親が高い随伴性を示す場合，2歳時において不安定 - 回避型の愛着になることが予測されました。この実験群では，不安定 - 抵抗型のよちよち歩きの子どもは見られませんでした。

　上記の研究は母親の行動の性質に特に注目したものですが，ジャフィら（Jaffe et al., 2001）の研究では，母親に対する4か月の乳児の随伴的応答性と，乳児に対する母親の随伴的応答性の両方から，1歳時点での乳児の愛着を予測することができました。この研究ではまた，見知らぬ人に対する乳児の随伴的応答性によっても，そして，乳児に対する見知らぬ人の随伴的応答性によっても，愛着結果を予測することができました。ジャフィとその同僚たちは時系列分析を用いて随伴的応答性を測定しましたが，それは，一方のパートナーの発声と休止の持続時間の増加に，他方のパートナーの発声行動の持続時間の増加（や減少）が系統的に伴う程度を見るものです。4か月時における乳児と母親（そして乳児と見知らぬ人）の随伴的な発声応答性が中間域の値の場合，1歳時点での安定した愛着が予測されました。不安定な乳児の愛着は，随伴的な発声応答性の値が極めて高いか，あるいは低い場合に見られました。

　この一連の研究は，相互交流の進行し続ける調制は，生後2年以降の関係性の体験も乳児にオーガナイズさせるという原理を例証するものです。特定の種

類の相互交流が，乳児の発達において促進されたり妨げられたりします。さまざまな実験室から得られた研究結果を総合すると，母親側，乳児側双方に関し，最適な相互交流はその強さや随伴性が中間域にある場合に見られるという有力な曲線データが得られます。どちらのパートナーについても，その応答性が高すぎたり低すぎたりする場合は，問題のある乳児発達につながります。

進行し続ける調制：相互交流調制と自己調制の統合

　乳児の心理的構造と自己の発達に関する研究で，ある研究者は鍵となるオーガナイジングプリンシプルとして自己調制を強調し（たとえば，Emde, 1981; Stechler & Kaplan, 1980 を参照），ある研究者は相互交流調制を強調し（たとえば，Stern, 1971, 1977; Beebe & Lachmann, 1988a を参照），さらに別の研究者は二つが統合されたものを強調します（たとえば，Beebe et al., 1992; Sander, 1977; Demos, 1983; Gianino & Tronick, 1988; Lichtenberg, 1989 を参照）。オーガナイゼーションとは，個人にだけ現れる属性ではなく，二者関係のシステムに現れる属性なのだというサンダー（Sander, 1983, 1985）の見解は，自己調制と相互交流調制の同時的な影響を統合する考え方です。生まれたときに両方のプロセスがオーガナイズされ，生まれたときから両方のプロセスが社交的関係の発達において中核的な役割を果たすので，表象の発達を概念化する上でも，その両者は統合されなければならないと私たちは考えています。
　ブラゼルトン新生児評価尺度（Brazelton, 1973）は，（顔を見せたり，顔を見せてやさしく声をかけたり，触れたりするなど）実験者の段階的な援助程度に応じた乳児の自己調制能力を評価するためにつくられたものです。つまりこの尺度は，自己調制の促進に関し，さまざまな形態の相互交流調制に関与する乳児の能力を測定するものです。たとえば，この尺度のある次元は，嫌悪刺激に応じて自己状態を弱める乳児の能力を評価します。同時にそれは，ストレスがかかった後に自己状態を安定させるため，そして実験者とのかかわりを維持するため，パートナーからの助けを乳児がどれだけ必要とし，パートナーからの助けを乳児がどれだけ利用することができるのかを測るものです。
　乳児の応答能力と社交的かかわりの能力は，養育者の刺激と応答性の性質

や，特定の刺激に対する乳児の応答の性質によって決まるだけでなく，乳児が覚醒の内的状態をどのように調制しているかによっても決まります。覚醒を調節し，内的状態を変える能力，概して，予測可能な方法で自分の行動をオーガナイズする重要な能力に関し，赤ん坊は生まれたときから，本質的，気質的に異なった存在です（Brazelton, 1973; Als & Brazelton, 1981）。刺激を受け入れ利用する能力が初期に健全であることが重要であるという事実は，私たちが当たり前のものと思っている普通の自己調制能力が，どれだけ大きな意味を持っているのかということを知らしめます。そういった能力は，環境とかかわるための前提条件なのです（Resch, 1988）。

　自己調制は胎児の段階から行われています（Brazelton, 1992）。胎児は自己状態を変化させ，自己覚醒を弱め，そして最終的に嫌悪刺激に対処するために自分を眠らせることができます。刺激がより適度な水準になると，胎児は再び自分の状態を変化させ，情報処理のパターンを示します。たとえ胎児であっても，与えられた刺激の性質に応じて，自分自身の覚醒と応答の水準を調制することができるのです。

　乳児は状態をオーガナイズする能力を持っていますが，そのシステムは乳児と養育者の間の適切な相互交流調制によってのみ，成功裏に確立されることをサンダー（Sander, 1977, 1983）は明らかにしました。標準的な養育環境において，自分の母親と同じ部屋で過ごす赤ん坊は，生後4日から6日以内に昼夜の違いを確立します。夜に多く睡眠が生じ，昼間に多く覚醒が生じる状態をオーガナイズすることが，生後第1週の乳児の重要な仕事です。母親は乳児が状態を変化させるサインを敏感に捉え，乳児は母親が覚醒を活性化したり弱めたりする試みに応答するというように，母親の養育はたがいに調制されるプロセスなのです。

　養子に出される赤ん坊を研究したサンダー（Sander, 1977）は，自己調制の発達が相互交流調制によって決まることを示しました。生後最初の10日間，赤ん坊たちは，決まったスケジュールで養育するようになっている標準的な病院の育児室で，たくさんの看護師たちに看護されました。この環境での養育は，相互的に調制されたプロセスではありません。乳児はこの10日間に，昼夜の区別も安定した睡眠 - 覚醒パターンも確立することができませんでした。次の10日になると，赤ん坊たちはそれぞれ決められた看護師に預けられ，養育は相互

的に調制されるものになりました。赤ん坊たちは全員，その10日間で昼夜の区別と安定した睡眠 - 覚醒サイクルを確立したのです。相互交流調制の性質は，乳児の内的調制や睡眠 - 覚醒サイクル，生体リズムに影響します。適切な相互的調制が生じたときにのみ，適切な自己調制もまた生じます。サンダーはその研究結果の逆がどうなのかについて特に述べていませんが，乳児の自己調制が正常に行われていると，それはまた相互交流調制の容易さと性質にも影響するでしょう。サンダーの研究結果は，進行し続ける調制は自己調制と相互交流調制の統合に基づくという私たちの立場を支持するものとなっています。

　心拍と注視パターンの研究において，フィールド（Field, 1981）もまた，どのように自己調制と相互交流調制が相互依存システムを形成するのかについて例証しました。2カ月から6か月時点における対面での社交的遊びの間，この研究の乳児たちは，母親から目をそらした後すぐにまた母親を見ました。乳児にとって，目をそらすことは刺激の水準を適量に分け，覚醒を調制する主たる方法になっています（Brazelton et al., 1974; Stern, 1971, 1977）。乳児の覚醒の調制は，心拍パターンを調べることで評定されます。乳児が目をそらすちょうど5秒前にその子の心拍数は急激に上昇し，情報摂取量が減らされる「防御的な」プロセスを示します。乳児が目をそらしたちょうど5秒後に心拍数は再び急激に下降し，情報摂取量が促進された「受容的な」プロセスを示します。その後乳児は再び母親の方を見ます。

　フィールドの研究は，乳児が自己調制を行うために，母親から目をそらす方法を用いることを示しました。同時に，相互交流調制プロセスも進行します。乳児が彼の覚醒を再調制している間，乳児が視線をそらしたことで母親が自身の刺激水準を低め，そして同じように，母親が刺激を低めたことで乳児が再び母親を見るならば，適切な相互交流調制がつくられるでしょう。しかし，乳児が目をそらしたときに母親が乳児を「追いかけて」自分の刺激水準を増加させるならば，乳児にとって自己調制も相互交流調制も妨害されたものになります。もし母親が「追いかけて」自分の刺激を増加させるならば，乳児はさらに長い時間，母親から目をそらし，よりひどく引きこもるでしょう（Brazelton et al., 1974; Beebe & Stern, 1977; Stern, 1977; Hirschfeld & Beebe, 1987）。

　最適な相互交流調制は，母親が追いかける場合も阻害されます。なぜなら，母親の行動をより適度な範囲の方に持っていくように影響を与える力が，乳児

から奪われるためです。相互交流調制が最適な場合，乳児は自分の覚醒水準と母親の刺激水準の両方に同時に影響を与えることができます。乳児が自分の覚醒（たとえば，目をそらすこと）を調制する方法とまさに同じその行動は，相互交流調制として同時に機能します。相互交流調制が最適である場合，母親が自分の刺激を低くすることもまた，乳児がより早く彼女と向きあうように戻す方向へ影響を与えるのです。

　ジアニーノとトロニック（Gianino & Tronick, 1988）は，相互交流調制と自己調制の統合を研究の中心テーマとしてきました。彼らは乳児が持つ自己調制的スキルのレパートリーについて詳しく述べています。彼らの立場は，自己調制と相互交流調制は同時に起こるというものです。乳児が充分に調制された相互交流を開始し，維持し，修正し，そして損なわれた相互交流を修復し，避け，やめたりするのと同じ相互交流的なレパートリーは，同時に自己調制機能としても働きます。

　トロニック（Tronick, 1989）は，相互交流調制の性質が自己調制の適応性と関係しているという実験的証拠を提供しています。乳児に「静止顔」実験のストレスが与えられますが，それは母親が子どもの方を向いたまま子どもを見続け，まったく動かず応答しないという実験です。静止顔実験で測定されたように，相互交流調制がとてもうまくいっている二者関係においては，乳児の自己調制能力はより適応的であるし，逆もまた同様です。静止顔実験でも乳児たちは，自己慰安的になったり，ひきこもったり，落ち着きなく何かを調べたりするようになるのではなく，母親にシグナルを送り続けました。

　相互交流調制と自己調制の統合は，二者関係を通してオーガナイズされる表象の発達に関する現在の概念に直接関係してきます。前の章で私たちが示したように，自己と対象とその表象が関係パターンに根ざしているものだという現在の概念は，関係構造が広く自己調制と相互交流調制の統合を含んで構築される場合においてのみ事実となります。心的オーガナイゼーションの源として，二者関係的な相互交流のみを主張することは，等しく重要な有機体自身の自己調制能力の貢献を無視することになります。

断絶と修復の原理

　相互交流において予想可能なものを強調する進行し続ける調制の原理に対し，断絶と修復の原理では，予想の裏切りと，その裂け目を解消するために続いて行われる努力によって相互交流パターンがオーガナイズされます (Piaget, 1937; Klein, 1967; Stechler & Kaplan, 1980; Kohut, 1984; Behrends & Blatt, 1985; Horner, 1985; Tronick & Gianino, 1986; Gianino & Tronick, 1988; Tronick & Cohn, 1989)。

　乳児は予想がかなうことと予想が裏切られることを認識し，強くそれに影響されます。新生児は自分の行動と環境上の出来事との間の随伴性を探索し，いつそれらの出来事が起こるのかについての予想を発展させる驚くべき能力を有しています。デキャスパーとカールステンス (DeCasper & Carstens, 1980) は，乳児の予想がかなうことは肯定的な情動と結びついていて，予想の裏切りは否定的な情動と結びついていることを示しました。情動調律に関するスターン (Stern, 1985) の10か月児の研究もまた，進行し続ける連鎖の断絶に気づき，その断絶が修復されたかどうかを認識する能力が乳児にあることの証拠を提供してくれます。

　断絶の概念は，その深刻さにおいて，さまざまな程度の現象を広くカバーしてきました。ミスマッチ，あるいは予想が裏切られるという言葉は，断絶という言葉ほど深刻なわけではありません。それに加え，正常な発達におけるさまざまな現象は，予想が裏切られるという意味では断絶の定義に当てはまらず，むしろ断絶と修復のモデルを説明するものです。特に，トロニックとコーン (Tronick & Cohn, 1989) によるマッチ／ミスマッチ／再マッチの連鎖に関するデータは，このカテゴリーに当てはまります。断絶は，マイルドで予想可能な場合もあります。したがって，私たちは以下のように区別することを提案します。

　私たちは，断絶と修復のメタファーを，マイルドなものから深刻なものまで，一連の広い現象をカバーするものと考えます。予想が裏切られることは多くの断絶において起こるものですが，すべての範囲をカバーするのにあまりに

も狭い概念だと私たちは考えています。普通の相互交流において生じるノンマッチ nonmatch やミスマッチ mismatch の例を説明する断絶の特定サブタイプとして，**標準的中断** normative disjunction の概念を私たちは提案します。それは予想が裏切られることを含むかもしれないし，含まないかもしれません。またそれは比較的容易に修正されます。

　予想が裏切られることのすべてが断絶的だと体験されるわけではありません。予想されるテーマに関して，ある程度バリエーションがあることは習慣づけを防ぐために必要です。「やっちゃうぞ I'm gonna getcha」ゲーム (Stern, 1982) のように，最適な範囲で予想がマイルドに裏切られることは，戯れ的な交流に組み込まれていますし，肯定的な興奮を生み出すこともあります。私たちは，そのように肯定的に予想が裏切られることをこの議論に含めません。

　三種類のデータが断絶と修復の原理を明らかにします。第一に，普通の進行し続ける相互交流について，実験的に実際につくられる断絶の結果が，予想が裏切られるという概念を操作することに最も近いものです。第二に，普通の相互交流の研究において，断絶はかかわりの状態のミスマッチという概念に言い換えられますが，このミスマッチこそ，私たちが標準的中断と名づけるものです。

　臨床的な意味で障害のある状況の研究が，第三のデータを提供してくれます。臨床的な意味で障害のある相互交流に関する研究を総覧することは私たちの本書での目的を超えていますが，いくつかの研究は調制不全の予想のオーガナイゼーションを明らかにしてくれます。たとえば，抑うつ的な母親は怒りっぽく，詮索的，侵入的，かかわりを避けると述べられますが，彼女らの乳児は基本的に駄々をこねやすく，関係を避けると述べられています (Cohn & Tronick, 1989a; Cohn et al., 1990; Field et al., 1990)。その乳児たちは，母親の侵入や引きこもりに触れ，慢性的乳児苦悩・不満として特徴づけられる相互交流パターンの予想を発展させます。フィールドら (Field et al., 1988) は，抑うつ的な母親の乳児は，抑うつ的ではない成人といるときでさえ，抑うつ的な行動を示すことを明らかにしました。つまり，乳児の調制不全の予想が「構造化」されます。それは普通に応答性のある新しいパートナーとの相互交流にも持ち込まれます。

　抑うつ的な母親とその乳児の臨床例において，予想が裏切られるという意味

での断絶の定義は変わらねばなりません。その乳児たちは相互交流が非定型的であるときに断絶を体験しますが，その断絶が実際に乳児の予期を裏切ったという証拠はありません。抑うつ的な母親の乳児によって，慢性的な断絶や調制不全が予想されるようになるというのが最小限の仮説です。その予想は最適な応答性を持つ別の成人パートナーの前でも保たれ続けるほど，充分にオーガナイズされます。

　予想された断絶の相互交流パターンにおいて，乳児はまた，関連する自己調制スタイルも発達させます。つまり，慢性的断絶と自己調制的な努力から，乳児はある特定の結果を予想することを学びます。オーガナイズされるのは，予想可能な相互交流的調制不全と，関連する自己調制スタイルの両方です（E. Tronick, 1993年5月18日，私信）。

　最終的にその乳児たちを縦断的にフォローアップした研究から，断絶が簡単に修復されない場合の表象形成を理解することができます。抑うつ的な母親と赤ん坊の相互交流の特性である，解決不能なミスマッチと修復なしの断絶が見られるとき，自己調制と相互交流調制の間のバランスは阻害されます。乳児たちは自己調制にのみ頼り，否定的な情動を扱うことにとらわれます（Tronick, 1989）。トロニックが論じたように，自己調制が主たる目的になると，それは精神病理のもとになります。加えて，調制不全の予期は，普段かかわりのない成人との相互交流にも影響し，その結果，そのような乳児のすべての相互交流はより否定的なものになってしまうようです（Field et al., 1988; Tronick, 1989）。このケースでは，慢性的断絶は，断絶と非‐修復の予期となり，その予期が新しい相互交流をオーガナイズします。

■断絶と修復：中断

　中断 disjunction の概念は，うまくいっている普通の遊びの出会いのなかで，母親と乳児はたがいのかかわりの状態を必ずしもマッチさせるわけではないという研究結果から得られました。たとえば，クローネン（Kronen, 1982）は，4か月の乳児において，乳児と母親は表情を有意にぴったりとマッチさせるわけではないことを発見しました。マラテスタとハビランド（Malatesta & Haviland, 1983）は，乳児の顔の変化に対する母親の随伴的な顔の応答のうち，約35％しか完全にマッチしていないことを発見しました。トロニックと

コーン（Tronick & Cohn, 1989）は，3か月，6か月，9か月の時点で，一緒に遊んでいる母親と乳児は，「マッチ状態」と「ノンマッチ状態」との間を絶え間なく行ったりきたりし，両者が遊んでいる時間のうち約3分の1のみがマッチした状態であると述べています。

　ノンマッチの状態では，母親は「社交的遊び」に入り乳児を見て笑いかけますが，乳児は「社交的関与」の状態で，笑うことなく中庸な顔で母親を見ていました（Tronick & Cohn, 1989）。そのようなノンマッチ状態は，うまくいっている普通の相互交流にも広く見られるものです。それらは，予想されたものが実際に裏切られたと考えられるものではありません。そこで，私たちはこれらを標準的中断と名づけました。同様に，マッチも「修復」と考えられるものではなく，ちょっとした中断を背景とした特別な調整状態であると考えられます。マッチングは，顔－視覚的コミュニケーションの性質に関するモデルの一部に過ぎません。

　マッチとノンマッチに関するトロニックとコーン（Tronick & Cohn, 1989）のデータは，断絶と修復のメタファーの中核です。この研究者たちは，パートナー二人がマッチしない状態に入ったとき，マッチしない状態の70％が2秒以内にマッチした状態に戻ることを発見しました。さらに，その相互交流に影響を与えたのは誰なのかを明らかにする分析，つまりどちらのパートナーが修復により責任を持っているのかに関する分析では，母親と乳児の両者，どちらもが修復の連鎖に影響していることを示しました（Cohn & Tronick, 1983; Tronick & Cohn, 1989）。断絶の修復は，たがいに調制された一つの成果なのです。

■中断と表象のオーガナイゼーション

　母親－乳児相互交流は，その範囲を動く柔軟性をもちつつ，さまざまな程度の調整やマッチ，中断の間を絶え間なく行ったり来たり移動するものだと表現することができます。あまり調整されない状態が生じたとき，2秒以内により調整された状態に戻ることで，相互交流が正常化する強い傾向があることがデータによって示されています。したがって，中断の修復は乳児にとって広範囲に広がる相互交流的スキルだといえます。トロニック（Tronick, 1989; Tronick & Gianino, 1986）が指摘するところによれば，修復の体験は乳児の

効力感を増加させ，コーピング能力を広げ，修復が可能であるという予期をもたらし，その予期は他のパートナーとの間に持ちこまれます。そのような能力は，中断と修正 disjunction and righting の相互交流パターンの予想のなかでオーガナイズされるものについて，一つの定義を示しています。

　補修機能は相互的に調制される一つの成果です。これまでよく述べられてきたのは（Kohut, 1984; Stechler & Kaplan, 1980），心的オーガナイゼーションをもたらすのは断絶を解決する**乳児の努力**であるというものです。私たちは，**母親も共に**修復に貢献しない相互交流は，乳児の修正の体験を阻害すると考えます。乳児は，パートナー両方が積極的に貢献するような二者関係システムにおいて機能するものなのです。

　中断と中断後に続く修正の探索は，重要なオーガナイジングプリンシプルを提供するものです。私たちはこの原理を断絶と修復のメタファーに含めますが，それは本来異なるものです。なぜならそれは，さまざまな程度の調整を調制することに関する，進行し続ける一つの特徴的なプロセスを意味するからです。つまり，軽微なミスマッチの解決が一つの予想された連鎖になる場合，中断は進行し続ける調制モデルに近くなります。ミスマッチの後に調整と修正を探索する強い傾向によって，ノンマッチがマッチに還元されるという予想が確立され，そこで進行し続ける調制が構成されます。修復が可能であるという予想が確立されるのです（Tronick, 1989）。

■ 断絶と修復の実験的研究

　乳児の社交的予想の断絶に関する実験的研究は，トロニックとその同僚らによって行われてきました（Gianino & Tronick, 1988; Tronick, 1989; Weinberg, 1991）。「静止顔」実験において，母親は完全に静止し，笑わない顔を乳児に示しましたが（Tronick et al., 1978），その状況は，〔母親が〕随伴的応答性を持つパートナーだという乳児の予期を完全に裏切るものと考えられます。したがってこの実験は，予想を裏切るという断絶の一般的定義に一致します。乳児はまず，微笑みで母親に挨拶することで一般的な相互交流を引き出そうと試みることを思い出してください。母親が応答しないままでいると，乳児は生き生きした顔で母親を見るという流れを繰り返した後，母親から目をそらします。この「引き出すための」連鎖を何度も繰り返した後，それでも母親からの

応答が得られないと，乳児は引きこもり，ときにはぐったりと姿勢緊張を失って頭と体を母親からそらします。乳児は，普通に応答的なパートナーであるはずという予期が裏切られたことを修復しようと試みます。しかし，それでも上手くいかないと，まるで諦めたかのように引きこもるのです。

　この静止顔実験における乳児の動きは，マッチし，ミスマッチが起こり，直ちにマッチにもどる普通の相互交流における母親と乳児の傾向と比較されてきました（Tronick & Gianino, 1986; Tronick, 1989; Tronick & Cohn, 1989）。静止顔状況へのコーピングに関する尺度は，最も適応的（母親にシグナルを送り続ける試み，母親以外の何かに代理的な注目をする，自己慰安的行動）から，より不適応的（弓なりに逃げて引きこもる，体位的／運動的コントロールをあきらめる，全般的無秩序状態）まで乳児を評定します。4か月から6か月の時点で，普通の相互交流状況でノンマッチの修復を体験している乳児ほど，静止顔実験においてシグナルを送るなど，最も適応的なコーピング行動を用いる傾向があるようです。さらに，6か月までに，このコーピングスタイルの個人内の違いは安定し，乳児は自分独自の特徴的な方法のコーピングに頼るようになります。最終的にその違いは，1歳時における発達結果を予測します。普通の状況でよりノンマッチの修復を体験し，静止顔実験でより適応的なコーピング方法を用いる乳児は，1歳の時点でより安定した愛着を母親に形成していました（Tronick, 1989; Cohn, Campbell, & Ross, 1991）。

■ 表象と補修機能

　これらの知見は，乳児の体験のオーガナイゼーションについていくつかの意味を含んでいます。応答的なパートナーによって予期が著しく裏切られた場合，乳児は裂け目を「修復」し，予想される応答を母親から引き出そうと繰り返し努力します。このような，発達の極めて早期に示される持続的な修復への努力は，修復という概念により確固たる発達的地位を与えるものです。わずか2, 3か月の乳児が，応答しない母親を「修復」しようと試みるのです。さらに静止顔実験でも，進行し続ける調制のマッチ－ミスマッチ分析でも，断絶と修復がなされる方法は，乳児の母親に対する愛着の将来的な性質を予測しました。生後1年を通じて，体験ははっきり異なった結果としてオーガナイズされていきます。この発見は，補修機能が実際，乳児の体験のオーガナイゼーショ

ンにおいて重要な力を持っていることを示しています。修復の可能性の予期は，安定的愛着の発達を促進するのです。

　オーガナイゼーションと表象化の証拠は，これらの発見から推察されます。静止顔実験の後，母親が乳児と普通の相互交流に戻っても，乳児は否定的な気分のままで母親をあまり見ません。この現象についてトロニック（Tronick, 1989）は，静止顔エピソードが乳児に影響し続けていること，つまり，少し前の相互交流の表象がオーガナイズされていることの証拠だと考えました。「この知見は，生後3か月の乳児でさえ，単純にその場の刺激状況の影響下にあるのではなく，出来事が永続的な効果を持つこと，つまり出来事は内的に表象化されることを示唆しています」（p. 114）。加えて，予想の裏切りに対する特定のコーピング方法は，6か月までにその乳児に特徴的な方法となります。この知見は，乳児の社交的能力が，いかに早く相対的に持続的で個体特徴的な方法としてオーガナイズされるのかということを裏づけています。

　予想が構造化されることのさらなる証拠は，先に提示したフィールドら（Field et al, 1988）の研究にあります。抑うつ的な母親の乳児は，抑うつ的ではない見知らぬ成人との相互交流においてもより否定的な状態を続けるというものです。6か月までに，すでに抑うつ的な母親の乳児は，より堅く構造化された関係性の予想を持っています。6か月の健康な乳児が見知らぬ人と肯定的な関係を結べるのに対し，抑うつ的な母親の乳児は，抑うつ的な母親が持っている調制不全のパターンを，応答的かもしれない新しいパートナー〔との関係〕にも持ち込みます。その乳児は修復されない断絶を予想していると考えられます。

　相互交流行動が生後1年にオーガナイズされ構造化されるという最後の証拠は，ワインバーグ（Weinberg, 1991）の研究から得られます。彼女は，2回にわたる遊戯セッションを通し，6か月と6か月半の80人の乳児に対して行動の安定性を調査しました。安定性，あるいはセッションとセッションの間の一貫性は，行動がどの程度オーガナイズされているのかということに関する指標として分析されました。つまり，どの程度相対的に安定して物事を行う「方法」が存在するかということです。三つの一連のエピソードが，それぞれの二者関係ごとビデオテープに録画されました。対面遊び，静止顔，そして対面遊びの再開です。乳児の相互交流行動（乳児が母親を見る，ものを見る，部屋を見渡

す，発声とジェスチャーで母親に信号を送る）と，乳児の情動（喜び，興味，悲しみ，怒り）が秒単位でコード化されました。頑健な robust セッション間相関が見られました。セッション間に一貫性が見られたことは，トロニック（Tronick, 1989; Cohn & Tronick, 1989a）とゼルナー（Zelner, 1982）によって報告されたセッション間の一貫性を裏づけます。6 か月までに相当程度の相互交流行動の安定性が見られるという事実は，強い早期のオーガナイジングプロセスがあることを強力に示唆するものです。

■ **進行し続ける調制と断絶と修復：二つの原理の統合**

断絶と修復のモデルは，内在化と構造形成の精神分析的理論に広い範囲にわたる影響を与えてきました（Freud, 1917; Loewald, 1960, 1962; Klein, 1967; Tolpin, 1971; Kohut, 1984; Blatt & Behrends, 1987）。断絶，裂け目，喪失，不一致，欲求不満，不均衡は，そこに新しいオーガナイゼーションが生じる接点と考えられます。新しいオーガナイゼーションは，裂け目の修復，喪失対象の内在化，断絶した関係の機能を心のなかに構造化するという言葉でさまざまな人によって概念化されています。

一般に，剝奪 deprivation と欲求不満は，心的構造形成の断絶と修復モデルの根拠となるものと考えられてきました。たとえば，ベーレンズとブラット（Behrends & Blatt, 1985）は，内在化を推進するのは対象が利用できないことであると論じています。対象が充分に利用可能なときは，情動的結びつきを内的機能に変換する動機づけが生じないからです。このモデルの最も極端なバージョンは，断絶はすべての心理的発達，内在化，構造化の必要条件であると仮定するものです（たとえば，Meissner, 1981; Behrends & Blatt, 1985 参照）。一方で，ローワルド（Loewald: Behrends & Blatt, 1985 に引用されたもの）が論じるように，親密性や共鳴などを通し，断絶なしでも内在化が起こりうるという考え方もあります。

私たちは，特徴的な相互交流パターンの予想の創造に基づく，進行し続ける構造化プロセスが**存在する**と考えます。断絶と不均衡，そして統合の裂け目を解決しようとする努力もまた，心的オーガナイゼーション形成の強力な機会を疑いなく生み出します。しかし，断絶はそのような発達にとっての**必要条件**ではありません。特徴的な進行し続ける調制の予想は，それもまた強力なオーガ

ナイジング力となります。

　進行し続ける調制のモデルでは，剥奪による動機づけを仮定することは不必要です。実際，オーガナイジングプロセスをつくるのは，パートナーがしっかりと利用可能であることと，応答の一貫性と予測可能性です。断絶と修復を適用する上で，私たちは内在化に関する剥奪モデルを想定していません。乳児の知覚的能力によって，社交的パートナーを求め，知覚し，関係を結ぶ能力は保証されているという情報処理モデルを私たちは仮定しています（Hunt, 1965; Berlyne, 1966; Ainsworth et al., 1978; Basch, 1988; Haith et al., 1988）。与えられた情報の予期がかなうことや，予期が裏切られることを知覚する乳児固有の能力に基づき，予想される相互交流連鎖の断絶と修復が自身の体験をオーガナイズするのです。

　私たちは，進行し続ける調制，断絶と修復の二つのモデルが，異なる時間のまとまりと，異なる体験の側面をオーガナイズすると考えています。中間域でマッチングするさまざまな相互交流のように，進行し続ける調制が最適な範囲にある限り，予測可能で，予想可能で，一貫的で，調整されたものによって体験がオーガナイズされます。この観点では，システムの目標は最適な調整です。一方，断絶と修復の原理は，対比，中断，差異などによってオーガナイズされる体験を意味します。予想されたものと，生じていることとの間のギャップもまた修復されます。この観点では，システムの目標は，最適で「標準的な」中断と修復です。私たちは，この逆転状態も同時的に構成されると考えています。

　断絶と修復の原理は，コーピングや効力感，修正，希望の体験をオーガナイズします（Tronick, 1989）。相互交流は修正可能なものとして表象化されます。ひずみやミスマッチに直面しても，パートナーとのかかわりが維持可能であるという予期が発達します。逆に，最適に調整された進行し続ける調制は，一貫性，予測可能性，パートナーとの相性，良い関係の体験をオーガナイズします。調整の維持が可能であるという予期が発達します。私たちは，調整が維持されるという予期がしっかりしたものであればあるほど，乳児は断絶と修復の体験をより良く受け止め，そこから利益を得ることができるようになると考えます。ホーナー（Horner, 1985）とステックラーとカプラン（Stechler & Kaplan, 1980）は，相互交流のパターンをオーガナイズする上で，規則性と矛

盾の統合という考えを同じように挙げています。

情動が高まる瞬間の原理

　オーガナイゼーションの二つの基礎的な原理として，進行し続ける調制と，その断絶と修復について議論してきましたが，ここでは第三の原理，情動が高まる瞬間を見ていきます。この原理によれば，相互交流パターンは，情動が高まる瞬間を通してオーガナイズされますが，乳児はそこで，強力な状態変容を体験しています。情動は最初の二つの原理の一要素でもありますが，強い情動は第三のオーガナイジングプリンシプルとして考えられるほど，進行し続ける予想の創造において充分独自な次元だと私たちは考えています。

■情動

　乳児は，容易に観察可能な顔，発声，身体表現の生得的パターンを持っています（Demos, 1984; Field et al., 1982; Malatesta et al., 1989; Oster, 1979; Oster & Ekman, 1977; Stern, 1977, 1985; Tomkins, 1980）。イザド（Izard, 1979）は，新生児が興味，喜び，苦悩，嫌悪，驚きを表現することを示しました。エクマンとオスター（Ekman & Oster, 1979）は，そのような情動パターンが多くの文化に存在することを明らかにし，その普遍性を論じています。早期の相互交流的なやりとりにおいて，さまざまな情動が複雑で微妙な方法で調制されることを，非常に多くの研究が明らかにしています（たとえば，Cohn & Beebe, 1990; Cohn & Tronick, 1988; Demos, 1984; Stern, 1977, 1985; Tronick, 1982 参照）。

　トムキンス（Tomkins, 1980）は，情動の増幅機能について述べています。「強い報酬や罰となる独特の類推的性質を加えることによって……情動は良いことをより良くすることもあるし，悪いことをさらに悪くすることもあります」（p. 148）。この増幅機能が，情動の高まりの力の源となります。スターン（Stern, 1985）は，情緒的コミュニケーションにおける情動の「バイタリティ」の次元の重要性を論じるなかで，情動の高まりについて触れています。その強さ，表現や切迫性の程度によっても，喜びや苦悩，悲しみ，怒りのよう

なカテゴリーそのものの性質によっても，情動は急激に高まったり，急激に静まったり，次第に強くなったり次第に弱くなったりします（Werner, 1948 も参照）。

乳児の情動が高まる瞬間とは，泣き顔や完全に口を開いた「大口笑い」（Beebe, 1973）のような顔のパターン，あるいは発声パターンの全面表示であると私たちは定義します。顔や発声の完全な表現表示は，必然的に身体的覚醒の高まりを伴います（Ekman, 1983）。

■ 高まりの瞬間

パイン（Pine, 1981）は，情動的に過給される瞬間の力が，心的構造の集積への道だと述べています。過給された瞬間は，多くの知覚と記憶のオーガナイゼーションの中心となり，そのわずかな時間に比して非常に大きな形成的効果をもちます。パインは，母親と乳児が声をそろえて行う反響やささやき，母親の胸で乳児が眠りに落ちること，そして快や満足の欠如した強い否定的な覚醒の瞬間が生じることを，融合の原型的瞬間の例にあげています。

パインによって挙げられた例は，進行し続ける日々の生活リズムにおいてある程度起こってくる高まりの瞬間ですが，この概念はまた，比較的まれで日常的な体験に入らないような，情動が高まる瞬間も含んでいます。それでもなお，あまり強くない瞬間であっても，類似性の本質を見つけた場合に限り，そのような高まりの瞬間はオーガナイズしていくとパインは述べます。つまり，情動的に過給された瞬間は，一つの類似した情動的体験のカテゴリーの原型であると概念化されます。したがって，情動的に過給された瞬間のオーガナイジング力は，同様の体験をカテゴリー化し予想する乳児の能力と，高まった情動そのものの影響力との両方から生じるものです。予想が，情動的に過給された瞬間をオーガナイズする上である役割をなすとき，情動が高まる瞬間のモデルのなかには，進行し続ける調制のモデルがすでに潜在的に含まれています。

■ 単一の出来事

類似した体験の一カテゴリーの原型ではなく，「単発」の出来事として概念化される情動的に過給された瞬間という別のタイプもあります。これは，心的外傷の問題を提起します。心的外傷の理論については，成人のなかで想起され

る一つの外傷的出来事は，単一の出来事に基づいているものと言えるのか，それとも多くの類似体験の表象と言うべきものなのかという重要な論議があります。

　単発的な心的外傷という概念が乳児期にも起こりうるものなのかどうかを評価することは困難です。第一に，一つの出来事が実際に1回だけ起こったのか，あるいは一連の類似した体験の原型を構成しているだけではないのかを見極めることは困難です。第二に，単一の出来事が乳児体験をオーガナイズしうるものかどうかという疑問をはっきりさせるだけの調査データが不足しています。それでも，神経生理学的なデータからいくつかの示唆はなされており，それによれば，特にその体験が目新しい変わった特性を有している場合，特定の一つの体験が脳の変化を引き起こす可能性があるとされています（Spinelli & Jensen, 1979）。

　いくつかの実証学的研究は，乳児の体験が実際単一の出来事によってオーガナイズされうることを示唆しています。ガンサー（Gunther: Stern, 1985に引用）は，授乳の間に乳児が一瞬息をすることができなくなる，新生児における乳房‐閉塞に関する調査を報告しています。一度きりの乳房‐閉塞のエピソードでも，その後数回の授乳にわたって新生児の行動に影響を与えます。ただし，外傷体験をしたのは母親であって，母親の継続的な不安が乳児の授乳行動に影響を与えているのだという議論もあります。

　また，6か月児に対し，日常的な生活では起こらないような，充分に特殊な出来事を単一の出来事として実験的に与えたとき，その子が1, 2歳になってもそれを覚えていたということは特記に値します。この記憶の研究（Perris, Meyers, & Clifton, 1990）では，乳児は音を出すもの——がらがら——を見つけようとします。乳児たちはまず明るいところで，それから暗闇で手を伸ばしました。その子たちがよちよち歩きの年齢になったときに再テストしてみると，インストラクションなしでは手を伸ばさなかった統制群と比べて，その子たちはより頻繁に手を伸ばし，より確実にがらがらを手にしました。この研究から，6か月時の単一の出来事が，1年半後に記憶されていたことは明らかです。しかし，この出来事のオーガナイジング力は調査されていません。したがって，それが乳児の体験をオーガナイズしたのかどうかについて結論を下すことはできません。

さらに，乳児期の単一の出来事が治療の場でオーガナイズされていった成人の臨床研究からの支持もあります。ケースメント（Casement, 1990）は，11か月のときにひどくやけどをしたことにとらわれている成人患者の治療について述べています。この単一の外傷的出来事は，この患者の分析において中心的なオーガナイジングテーマとなりました。バーンスタインとブラチャー（Bernstein & Blacher, 1967）は，患者が自分で「尻への突き刺し」と名づける外傷的な身体的感覚を記憶する成人の治療について報告していますが，その感覚は6か月のときに体験した腰椎穿刺であったことが記録されています。

　スターン（Stern, 1985）はまた，単一の出来事が乳児の行動をオーガナイズする可能性について論じています。スターンのRIGs理論によれば，類似した出来事は平均化され，そのカテゴリーの一つの中心的傾向である一つの原型によって表象化されます。RIGsを形成するプロセスは二つの歪曲要因を含んでいます。原型の形成において，平均化のプロセスそのものが，出来事を歪曲するかもしれません。歪曲は保守的な方向に判断を誤るので，カテゴリーのなかでもより極端な例が中心的傾向となるきらいがあります。しかし，特異的な記憶はまた，一つの記憶があるカテゴリーを形成する場合，歪曲の一要因になります。それは多くの類似した出来事とあいまって平均化されないため，一つの出来事がより大きな影響力を持つことになるからです。スターンは，歪曲の力の一部として情動が高まる作用をもたらすため，一つの特異的な記憶は平均的なRIGより強力になることを示唆しています。この研究においてスターンは，心的外傷そのものが潜在的に持つオーガナイジング力を明らかにはしていません。

■ 否定的な高まりの瞬間

　実証的な研究結果によれば，**否定的な**情動が高まる瞬間は，パイン（Pine, 1981）が示唆するように記憶をオーガナイズするだけでなく，記憶を妨げることもあるかもしれません（Fagen et al., 1985, 1989; Singer & Fagen, 1992）。3か月から4か月の乳児が，10個のまったく同じ飾りがついた頭上のベビーベッド用モビールの下で動くように教えられました。その後，二つの飾りしかついていないモビールに交換されます。モビールの交換に反応して泣いた乳児たちは，1週間後に学習保持効果を示しませんでした。しかし，泣いた乳児に

よる「忘却された状態」は，結局二つ飾りのモビールに再度短期間さらされることで回復します。ファーゲンらは，泣くことは記憶の検索に影響を与えたもので，記憶の貯蔵に影響を与えたのではないと結論づけます。泣いた乳児たちは，記憶の検索を促進するための再曝露を必要としたもので，つまり彼らは記憶を失ってはいなかったのです。訓練状況の乳児の記憶の検索は，泣くという激しい情動による修正や精緻化に左右されたのです。

　これらの実験は，激しい情動体験が，進行し続ける予想の創造にある特殊な次元を与えるという概念を証明しています。情動は三つすべての原理において中心的特徴ですが，この実験は改めて，情動の高まりを独立したオーガナイジングプリンシプルに含めることが適切であることを示しました。乳児の予想や記憶の検索は，強い情動によって変化するのです。出来事に関する乳児の記憶表象は，それまで信じられていたものよりずっと精巧で，学習の手がかりの内容だけでなく，自分自身の情緒的状態も含んでいます（Fagen et al., 1989; Singer & Fagen, 1992）。

■ 情動が高まる瞬間のオーガナイジング力

　私たちはいくつかの次元を考慮して〔文献を〕概観してきました。特異な瞬間とその貯蔵，情動の高まりの性質，そのオーガナイジング力です。神経生理学的な研究成果と「暗闇で手を伸ばす」実験は，単純に，乳児が単一の出来事を貯蔵する能力を有することを明らかにしました。他の研究では，貯蔵された単一の出来事は情動の高まりを含むかもしれないし，オーガナイズしていくかもしれないという証拠を示して議論を発展させました。オーガナイジング力は，乳児の次の行動が断絶されることを観察した乳房－閉塞実験から，乳児の記憶の検索組織が変化する観察による「モビール」実験から，そして，患者は成人になってもやけどの記憶や身体感覚にとらわれるという観察による成人の治療事例から推論することができます。乳児データは示唆に富み，成人の治療報告もそれを裏づけますが，ある単一の高まった出来事が，乳児と成人の体験をどの程度オーガナイズするのかを明らかにするには，さらなる研究が必要です。

　私たちは，情動が高まる瞬間は，潜在的に一つのオーガナイジング力を持っていると論じてきました。今この効果の性質を考える上で，私たちは，情動が

高まる瞬間には状態変容が起こることを提案します。私たちは，状態という言葉を，生理学的覚醒や情動，認知を含め広く用います。

　サンダー（Sander, 1983）によれば，注意集中状態，覚醒状態，活動状態，睡眠状態は社交的に調整されるもので，相互交流調制の産物です。特定の相互交流的文脈における再発的で予測可能な状態変化を乳児が認識することで，最も早期の体験がオーガナイズされることをサンダーは示唆しました。つまり早期の状態変容は，自己調制にも，相互交流調制がその変化を促進したり妨げたりする予期にも関係します。

　暗闇で手を伸ばす実験（Perris et al., 1990）では，2歳時に乳児が暗闇のなかでおもちゃに再び出会ったときに，状態変容の瞬間が起こりました。状態変容の性質は，認知的でもあり，情動的でもあると私たちは推察しています。つまり，認識の瞬間であり，それに付随する驚き，喜び，効力感の瞬間でもあります。ガンサー（Gunther: Stern, 1985 に引用）の乳房－閉塞研究では，状態変容は息継ぎが困難な瞬間に生じました。この変容は，生理学的状態，つまり息苦しさの一つでもあるし，情動，つまり苦しみの一つでもありました。モビール実験では（Fagen et al., 1985），2番目のモビールに最初よりも少ない飾りしかついていないことを乳児が認識した瞬間に状態変容が起こりました。この状態変容は，乳児が新しいモビールは前と同じではないと認識したとき，予想が壊され，想起のプロセスが改変されたという意味で，認知的なものでした。同時にそれは，乳児が苦悩し，乳児の半分が泣いたという意味で情動的変容でもあります。やけどした乳児の事例では（Casement, 1990），状態変容はやけどの瞬間に起こりました。その変容は痛みによって起こされる生理学的なものであり，また苦悩による情動なものでもありました。高まりの瞬間がオーガナイズされていくのは，潜在的に強い情動変容をもたらすためだと私たちは考えています。

三原理の統合

　主要点の三原理は，生後1年とそれ以降にわたって出来事をカテゴリー化する基準をつくります。象徴機能がより発達すると，そのカテゴリーは体験の側

面を表象化するために用いられるようになります。乳児の早期の前象徴的表象能力は，三つの原理の力によって，主要な相互交流パターンを貯蔵するのに用いられるようになります。三つすべてのオーガナイジングプリンシプルを用いて乳児は原型を形作ります。原型とはつまり，関係の「ルール」として表象化される，相互交流パターンの一般化されたカテゴリーまたはモデルです。自己調制のスタイルは，そのような相互交流パターンの原型のなかに表象化されます。

　三つの原理は，すべてたがいにかかわりあっているため，それらは合わせて概念化する必要があります。断絶が生じるならば，進行し続ける調制のパターンが最初に存在しなければなりません。断絶と修復自体の特定の性質と連鎖が，予想される相互交流パターンとなります。つまり，体験をオーガナイズする潜在力は，修復の力と，予測可能で予想された連鎖の性質の両方に由来します。さらに，パイン (Pine, 1981) が論じるように，情動が高まる瞬間はその頻度と長さにかかわりなく形成力を持ちます。しかしそれは，相互交流的文脈とその連鎖のなかで起こります。そのため，その構造化の力は，連鎖の予測可能な性質と，情動が高まる瞬間自体の力の両方から得られます。さらに，肯定的なものである場合，情動が高まる瞬間は断絶を修復することがあります。断絶があまりにも深刻である場合，それらは否定的な情動の高まりの状態を導き，それは自己調制の外傷的な断絶へとつながります（E. Tronick, 1993年5月18日，私信）。

　顔の映し返しの相互交流は，どのように三つすべての原理がかかわっているのかを明らかにします。それぞれのパートナーが，情動的変化の方向にマッチするように相手に影響を与えるという意味で，それは進行し続ける調制のモデルに一致します。加えて，さまざまなポイントで，乳児と母親双方が，頂点や高まり，肯定的な瞬間に行き当たります (Beebe, 1973)。標準的中断の知見もまた適用されます。なぜなら赤ん坊は，いくつかの瞬間で，苦悩を感じることなく硬い表情になり目をそらすからです。一般に，母親は情動が変化する方向にマッチするものですが，場合によっては，乳児がまだ目をそらしている間でも，逆に母親は自分の刺激の強さを高め乳児に呼びかけます。乳児が自分の覚醒を再調制する能力と，遊びの出会いに戻るその二者関係の力が，乳児の体験をオーガナイズすることに貢献します。

■ 三原理と情動

　三つすべての原理を使用することによって，乳児の体験のオーガナイゼーションにおける質的な差異を概念化する方法を区別することができます。特に，情動は三原理すべてのなかで調制されますが，それぞれ異なった方法で調制されます。情動が高まる瞬間に生じる情動調制の例としては，かんしゃくや眠りに落ちること，母親の胸に溶け込むことなどが挙げられます。これらの例は，より包括的な情動状態の変容を示しています。

　特に異なっているのは，対面の出会いに典型的に描かれるような，より狭い範囲のなかで，微妙で瞬間瞬間に生じる注意や情動，覚醒の微細な変化の調制です。ここでは，情動は絶え間なく変化する微妙な漸次的プロセスです。進行し続ける注意や情動，覚醒の調制**不全**は，最適ではない自己調制と相互交流調制の予期をオーガナイズします。たとえば，乳児の過剰覚醒と覚醒不足は，相互交流調制システムが，乳児の自己調制に適切な貢献をすることに失敗したことを示しています。

　断絶と修復の連鎖では，情動調制の**性質**は，肯定から否定へと動き，そして肯定に戻る情動の変容に重点をおきます。予想がひどく裏切られた場合，乳児は断裂を見越すかもしれません。断裂を修復することが困難である場合，後に無力体験をもたらす抑うつ的な母親の乳児に描かれてきたように，乳児は修復不能という予想を発展させるでしょう（Cohn et al., 1990; Tronick, 1989; Tronick & Cohn, 1989 参照）。

■ 三原理と身体的体験

　三つの原理はまた，身体的体験がオーガナイズされる方法を区別する一つの道筋でもあります。知覚，認知，情動，覚醒はいずれも身体的体験なので，広く言えば身体は私たちの議論すべてにかかわるテーマです。しかし狭義でみると，身体状態の調制は，それぞれの原理のなかでも覚醒の次元を通して位置づけられてきました。乳児は相互交流パターンの三原理すべてにおける一つの側面として身体状態を表象します。

　進行し続ける調制の原理では，それが繰り返され予想される限りにおいて，身体状態は体験をオーガナイズします。相互交流調制や自己調制のプロセス

は，一方が前景となったり背景となったりしながら変化します。授乳などいくつかの切迫した身体的欲求は，パートナーを通して調制される必要があります。適切な自己調制も必要ですが，それらの体験は相互交流調制の方へ偏向します。逆に乳児が排泄を制御するような体験は自己調制を強調するものです。しかし後者の体験は，相互交流調制の性質によって色づけられます。乳児はオムツをきれいにしてもらう心地よさを予想しているでしょうか？ あるいは乱暴で無理強いな扱いを予想しているでしょうか？ 母親は，嫌悪，不愉快，回避のような，身体的な，顔による，発声的な応答を示すでしょうか？ オーガナイズされるのは，衝迫的な身体的欲求が，特定の情動と覚醒パターンを伴い適切に調制されるのか，あるいはされないのかという予期です。

　情動の高まりは同時に身体状態の高まりでもあるため，情動が高まる瞬間の原理では，自明さの体験 self-evident を与えるという意味で，身体の役割は重要です。エクマン（Ekman, 1983）は，生理学的覚醒のパターンは，顔‐情動的パターンと密接に関係することを明らかにしています（Beebe & Lachmann, 1988b も参照）。

　断絶と修復の原理では，断絶の身体的体験は，相互交流調制が自己調制を維持するのに不適切である場合の例として定義することができます。空腹や寒さ，極度の疲労などの身体的体験は，自己調制のプロセスを侵害し圧倒します。しかし，その修復にパートナーが役立つ場合，そのバランスはより適切な相互交流調制の方向へ戻ってきます。この原理に従うと，オーガナイズされるのは，適切な身体的調制の断絶の予期です。あるいは，修復に関して述べるならば，状態変容がより心地よい範囲の方へ向かっていくという予期がオーガナイズされます。

　乳児が身体的状態を表象するという証拠は，子どもや成人の治療からみることができます。11か月のときに体験したひどいやけどにとらわれた成人の治療に関するケースメント（Casement, 1990）の記述を思い出してください。ハーツォグ（Herzog, 1983）は，傷つけられたい願望を絶えず表明するよちよち歩きの幼児について述べています。この子どもは乳児のころ，さまざまな種類の侵襲的な医学的手術を受けた経歴があります。事例のそれぞれにおいて，適切な身体的調制の予期の断絶に伴い，乳児期の体験は，否定的な身体状態の高まりに変容することによってオーガナイズされたと考えられます。さらに

ハーツォグの事例では，反復的な痛みを伴う身体的な出来事の予期に関する進行し続ける調制と，保護的な相互交流調制は失敗するだろうという予期とによって，乳児の体験がオーガナイズされたものと考えられます。

主要点の三原理は，体験のどの側面が中核的で優勢とみなされるのかという基準を私たちに提供してくれます。表象をオーガナイズするのに用いられるのは，主要点の三原理すべてを統合したものだろうと私たちは考えますが，それらのどれが強調され，どのように調制されるのかという個々の違いが，自己と他者の相互関係性の表象において異なった形態とテーマをつくり出します。

三原理と前象徴的内在化

私たちは生後1年における前象徴的表象のオーガナイゼーションについて述べてきました。同時にこれは内在化のプロセスを明らかにします。内在化は内的・外的世界のオリジナルな表象を確立するプロセスとは異なったものだと論じられてきましたが，生後1年における内在化が表象のオーガナイゼーションと異なったプロセスだと私たちは考えていません。ローワルド（Loewald, 1962）とシェーファー（Schafer, 1968）の両者は，最初の表象と，内在化の最早期形態が深く結びついていることを指摘しています。

内在化という言葉は，一般的に生後1年以降のプロセスに対して用いられ，象徴的水準の自己表象と対象表象が定着するときに**二次的内在化**が生じます（Loewald, 1962; Schafer, 1968）。私たちは，生後1年目におけるプロセスを再概念化する上で，主要点の三原理を当てはめようと考えていますが，生後1年目におけるそのプロセスは，これまで私たちが**一次的内在化**と呼んできたものです。したがって私たちは，この議論を内在化の**前象徴的**起源に留めておくことにします。

シェーファー（Schafer, 1968）は，内在化を「現実や想像における調制的環境 regulatory environment との相互関係，そして現実や想像における環境の特性を，主体が内的な調制 regulations や特性に変換するすべてのプロセス」（p. 9）と定義しました。私たちは内在化の前象徴的起源について論じているので，ここでは，シェーファーの定義する「想像における」側面について

は言及しません。

　シェーファーの内的 inner の定義を用いると，内在化そのものは生後 1 年目には適用されません。シェーファーの見解では「『内的』とは，その調制の刺激と力が外的対象の実際の存在や行動，情緒的位置に依存していないことを意味しています」(p. 10)。生後 1 年目において，乳児は対象の実際の存在に依存しています。その意味で，私たちが生後 1 年目における内在化の起源を概念化するとき，私たちは実質的にこの概念を変えることになります。

　しかし生後 1 年目においてでさえ，シェーファーの「内的調制」という言葉は大きな意味を持ちます。私たちが挙げた二つの研究，静止顔実験（Tronick et al., 1978）と，抑うつ的な母親の乳児が抑うつ的ではない成人に対しても抑うつ的に振舞うという研究（Field et al., 1988）は，内的オーガナイゼーションの証拠を提供するものです。これらの実験は，関連する自己調制的スタイルと共に，乳児が相互交流的予想を確立することを示唆していますが，それはあるストレス状況下でも，乳児は直接的な環境刺激に依存しない方法を用いることができることを示しています（E. Tronick, 1993年 5 月18日，私信）。私たちの観点では，内的調制の自律性に関する前象徴的起源は，生後 1 年の間に発達し始めます。つまり，第一次内在化と第二次内在化の違いははっきりしないことになります。

　さらに私たちは，第一次内在化と第二次内在化には連続性があると考えています。前象徴的に表象化された生後 1 年の体験は，発達軌道を変容させます（Sameroff, 1983; Sander, 1983; Sroufe & Fleeson, 1986; E. Tronick, 1993年 5 月18日，私信）。それらの体験が後に象徴的に符号化されるならば，それらは生後 1 年の影響力を保持していることになります。

■ 内在化と相互交流調制

　相互交流調制 interactive regulation の諸相を明らかにする実証的乳児研究と，内在化を調制的相互交流 regulatory interactions と定義するシェーファー（Schafer, 1968）の見解との間には，注目すべき類似性が見られます。相互交流調制はその両者にとって中心的な概念です。この理由を鑑みて，私たちは私たちの議論をシェーファーの定義に留めておくことにします。

　ハルトマン Hartmann とローエンスタイン Loewenstein が行ったフロイト

の内在化概念の再定義は，「**反応**という概念から，発達する有機体の活動の重要性と，発達が生じる対象関係基盤の両方を［認識する］**相互交流の調制**にそのアクセントを［移動させた］」(p. 8，太字は引用者による) とシェーファーは述べます。シェーファーはまた，ローワルドがエリクソン Erikson と同様に，関係が内在化されることを強調していると述べます。シェーファーが述べるように，「調制的**相互交流**が内部構造化される」(p. 11) のです。乳児研究は，シェーファーの定義で最初に示されたこの相互交流の重要性を基礎づけ，豊かに精緻化するものです。

調制されるのは，知覚すること，記憶すること，そして先を見越すことを含む行動パターンである，というシェーファーの考えと，乳児研究の実験的結果との間にはさらに共通点があります。実験的な乳児知覚研究はこれまでに，先を見越す力や記憶に関する早期の驚くべき能力について実証してきました (第5章参照)。

シェーファーは相互交流モデルをつくり上げましたが，子どもに対する環境の影響を強調し，相対的に環境への子どもの影響を重要視しない一方向的な影響の定式化のなかで，しばしば相互交流モデルを見失うことがありました。たとえば，環境は，拘束 restraint，方向性 guidance，克服 mastery の調制を提供します。調制されるのは，子どもや患者の充分に調節されていない側面です。同様に，主体によって再生産されるのは対象の動きであるという定式化において，環境は子どもに影響を与えるものと見られます。つまり，シェーファーのモデルには矛盾があります。一方では，その相互交流モデルにおいて，内在化は子どもと環境両方が共構築するものに基づいていると考えます。他方では，子どもは環境の影響を受ける側だという，一方向的な影響のさまざまな概念が用いられています。臨床実践や多くの理論化において，内在化の後者のバージョンが私たちの思考を占めてきました。充分な双方向モデルのみが，早期の相互交流的オーガナイゼーションと内在化プロセスの起源の複雑さを考慮することができるのです。

■ 相互交流調制と自己調制

もう一つ，シェーファーの定式化と私たちの見解との間には重要な差異があります。シェーファーの定義によれば，「内的」調制は，環境との調制的相互

交流に関する主体の変容によってなされると推定されています。私たちは，内的調制よりも自己調制 self-regulations という言葉を好みます。人生の極めて早期から，環境との間のすべての調制的相互交流は，同時に自己調制的な結果でもあるというのが私たちの立場です。したがって，環境との調制的相互交流は，どのような場合でも線形的形態で内的調制になるようなものではありません。

調制的相互交流と自己調制は関連して進み，たがいを形作ります。自己調制へと変容するものとして相互交流調制を見るのではなく，存在する自己調制は相互交流調制によって変えられるし，同時にまた相互交流調制を変えるものでもあるとみなされます。乳児と環境の両者が，絶え間なくその調制を構築し，精緻化し，表象化します。内在化〔という概念〕は明らかに最適なメタファーではありません（Goldberg, 1983 参照）。それは外的なもの outer を内的なもの inner へ運ぶという意味や，内部的なもの internal が次第に外部的なもの external に取って代わるという概念を不可避的に持ち込んでしまいます。同じく「他者の機能を取り入れる」という考え方も，私たちのモデルには存在しません。なぜならば，調制的機能は常に共同的に構築されるからです。

私たちは，外的なものが内的になるとか，相互交流調制が内的調制になるという，これまで慣れ親しんできた定式化に対し批判的な立場です。相互交流調制は常に内的なのです。つまり，乳児は常に相互交流調制に関与し，常に相互交流調制を体験しています。彼らの自己調制は常に相互交流調制に影響を与え，またそれに影響されるのです。

シェーファー（Schafer, 1968）の内的オーガナイゼーションは，外的なものの変容と定義されていますが，私たちの「内的」オーガナイゼーションは，自己調制とそれがはめ込まれた相互交流調制，その二つを常に一緒に定義します。私たちは，内在化プロセスのなかで問題となるのは，環境との実際の相互交流から相対的に自律性が増大することである，というシェーファーの意見に同意します。そのような自律性は，調制の予期がますますオーガナイズされ，精緻化され，表象化され，象徴化されたときに，もっぱら象徴形成の進歩に伴って始まります。

■生後1年における内在化

　私たちは，生後1年目における内在化の起源に関する観点を提案しますが，それは，パートナー両方がオーガナイズされた行動を相互交流に持ち込み，共同活動を調制する様式をたがいに構築するというものです。その二者関係の様式には，相互交流調制も自己調制も含まれます。**調制の二者関係的様式の予期と表象が内的オーガナイゼーションを構成します**（Beebe & Lachmann, 1994; Benjamin, 1988 参照）。象徴形成が進むにつれ，それらの様式は次第に抽象化され脱人格化されます。つまり，それらはますます自律的なものとなります。このモデルは，調制の双方向的性質を表舞台に立たせるものです。それはさらに，調制プロセスにおける主体の役割を明確にし，体験の構築における二者関係的性質を強調するものでもあります。

結　語

　私たちは，どのようにして相互交流が内的に機能するのかについて独自の見解を述べました。進行し続ける調制の原理では，相互交流が典型的に進行し続ける道筋が予想され，表象化され，そして内的調制を決定します。共同的に構築される調制を生み出し，精緻化し，先を見越し，表象化することが，オーガナイジングプロセスを構成します。

　断絶と修復の原理においては，不均衡と修正の連鎖の予想が内的調制になります。オーガナイズされるのは，さまざまな程度の調整範囲を行ったり来たりするような変容についての二者関係的な取り扱いです。その範囲を扱う柔軟性が，オーガナイゼーションの一つの結果です（Lachmann & Beebe, 1989）。断絶では，対比や中断，差異の体験がオーガナイズされます。修復されない場合，断絶の体験は調制不全の予想をオーガナイズします。修復される場合，コーピング，効力感，修正，そして希望がオーガナイズされます。断絶と修復はいずれもたがいに調制されるので，乳児は，修正プロセスに影響を与えたり，与えられたりするそれらの能力を表象化します。

　情動が高まる瞬間の原理では，乳児の状態を変容させる強い情動変化が内的

調制を構成します。そのような変化は，自己調制が前景になる身体状態の変容をオーガナイズします。もしその調制が，心地よい排便のときや，あるいは眠り込んで母親の胸に溶け込むときのように，肯定的に体験された場合，高まりの瞬間は，積極的にしろ受動的にしろ，自分自身の身体を統制する体験をオーガナイズします。もしその調制が，わっとひどく泣き出すときのように，否定的に体験された場合，高まりの瞬間は統制の喪失の体験をオーガナイズします。

そのような高まった情動の変動はまた，自己調制が背景になる二者関係的調制も際立たせるかもしれません。もし，その変動が肯定的ならば，両者の顔がどんどん高まっていく顔‐映し返し相互交流に見られるように，共鳴，うきうき気分，感嘆，パートナーと「同じ波長でいる」感覚といった至高体験がオーガナイズされます。たとえば，母親に無理やり腕を引っ張られて顔を母親に向けようとされながら，乳児ができるだけ母親から離れようと弓なりになっているときなど，もしその変化が否定的ならば，圧倒 inundation，過剰興奮，侵害，逃げられない無能力感の状態変容がオーガナイズされます。

まとめると，三つの原理はやがて異なったオーガナイゼーションの水準で内的調制の階層を決定します。それらは，それぞれが次の層にとって必要な文脈となる一組の入れ子としてみるべきでしょう。つまり，それぞれの原理は異なったオーガナイゼーションの様式ですが，体験の全範囲を記述するために別の原理も必要とするものです。中心となる三つの原理は，生後1年における表象と内在化の前象徴的起源を同時に明らかにします。乳児期に表象と内在化がどのように形成されるのかに関する独自の見解のために，この三つの原理を統合して考えることが必要です。

第 **8** 章

患者－分析家相互交流の
オーガナイゼーションにおける主要点の三原理
クララの事例

　母親－乳児相互交流の実証的なマイクロ分析は，分析家－患者相互交流の理解を深めてくれます。前の章で私たちは，生後 1 年においてどのように相互交流が調制され，表象化され，内在化され始めるのかを明らかにするため，乳児研究から得られた三つのオーガナイジングプリンシプルを示しました。その三原理とは，**進行し続ける調制**，進行し続ける調制の**断絶と修復**，**情動が高まる瞬間**です。それらはさらに，自己調制と相互交流調制の性質を決定します。それらは，生後 1 年においてどのように社交的相互交流がパターン化され，主要なものになるのかについての仮説をもたらします。私たちはここで，その原理が分析家－患者相互交流のパターン化に適用可能であること，そして，その原理によって成人の治療における治療作用の様式を明細に述べることができることを提案します。

　乳児研究は，さまざまな意味で成人の治療と関係したものと解釈されてきましたが（Horner, 1985; Stern, 1985, 1995; Sander, 1985; Emde, 1988; Osofsky, 1992; Soref, 1992; Seligman, 1994 参照），この章で私たちは，相互交流のオーガナイジングプリンシプルを通し，乳児研究が成人の治療にも適応されうるものであるという考え方を探求します。私たちは，自己調制と相互交流調制が統合されるシステムとして二者関係を捉えます。相互交流調制の三つの主要な原理は，成人の治療において，どのように二者関係の調制が働き，どのように内在化が共構築されるのかを概念化する上でのさらなる特異性を提供してくれま

す。それらの原理は言語的調制の様式と非言語的調制の様式の両方に関係します。

　前章で私たちは，乳児研究を概観し，二者関係的な調制を考える異なった方法をオーガナイズする試みとして，三つの主要点の原理を概念化しました。その三つの原理は，一体化と分離といった臨床的問題や，ニードや願望といった動機づけ的な問題の内容を明確にするのではありません。むしろ，相互交流のプロセスとパターン化を明確にするものです。

　もちろん，乳児研究から導き出された発達のモデルは，そのまますぐに成人の精神分析状況に読み替えることはできません。成人では，象徴化の能力，あるいは，空想，願望，防衛という形で主観的または無意識的に体験を精緻化する力によって，さらに相互交流パターンのオーガナイゼーションと表象を修正するからです。しかし，このモデルが成人の治療に有用なものになるのは，成人の体験の力動的内容についてあれこれ推測するために用いるからではありません。これは完全に相互交流調制の**プロセス**にのみ注目したものです。したがって，母親 - 乳児相互交流と患者 - 分析家相互交流との間にはさまざまな差異がありますが，どのようにその三原理が相互交流をオーガナイズするために機能するのかという点で，それらには類似性があると私たちは考えています。その三原理は共に作用するもの，前景と背景の関係のように，カメラの異なったアングルだと考えることができます。

　この三原理は，治療作用のすべての部分に関係しています。充分に確立された多くの精神分析理論は，すでに三原理が示すものと同様の部分を網羅しています。私たちがそれをまとめようとしているのは，その力動的定式化に取って代わろうとするためではなく，相互交流の調制と，解釈を超えた体験のオーガナイゼーションについて異なった観点を分析家に提供するためです。

三原理と分析家 - 患者相互交流

　精神分析家は常々，私たちの述べる三原理によって網羅される問題に注意を払ってきましたが，それらの問題は他の名前で取り扱われてきました。進行し続ける調制は，転移と逆転移のパターンや「抱っこする環境」（Winnicott,

1965)，「安全の背景」(Sandler, 1987) の議論のなかに含まれています。断絶とその修復は，構造形成の原理として使われ (Stechler & Kaplan, 1980; Kohut, 1984; Horner, 1985)，抵抗の分析や直面化の使用のなかに暗に示されてきました (Buie & Adler, 1973; Lachmann, 1990)。情動が高まる瞬間 (Strachey, 1934; Fenichel, 1938-39; Pine, 1981, 1986) は，分析を情緒的に意味深いものにするための中核として認識されてきたものです。

■ 進行し続ける調制

　進行し続ける調制の原理は，治療状況で繰り返される相互交流についての，特徴的で予想可能なパターンをとらえるものです。パートナー両方が，瞬間瞬間のやりとりの調制に積極的に貢献します。このプロセスにおいて，分析家により広い自由度がありますが，パートナー両方の行動は，時間的，空間的，情動的，覚醒的に密接に関連づけられます。予期とは，どちらかのパートナーが特異的な方法で，相手に影響を与え**る**か，与え**ない**か，あるいは，相手によって影響を与え**られる**か与え**られない**かを，オーガナイズするものです。それらの予期は，**相互交流的効力感**の性質を決定づけます。パートナー両方が，そこで特徴的に進行し続ける調制や，特定のパートナーとの独特な相互交流的効力感を予想し，表象化するようになります。

　治療状況では，進行し続ける調制は，姿勢や顔の相互的やりとり，イントネーションや声のトーン，挨拶や別れのような習慣的行為などといった，微妙な非言語的行動から言語的交流までを含みます。進行し続ける調制は，分析家が関与し，熟考し，述べ，質問する場面で，患者が話を述べ，自己開示する相互交流を含みます。そのような相互交流の効果は，治療プロセス全体を通して見られます。しかし，それらが最もはっきりと描かれるのは，理解の段階 (Kohut, 1984)，傾聴のプロセス (Schwaber, 1981)，明細化と明確化 (Greenson, 1967) においてです。患者‐分析家相互交流は一般に，準備の段階として考えられてきました。それらは，表象と内在化の形成に**直接**貢献するものだとは認識されてきませんでした。

　これらの段階において，たとえば，無反応，無関心，拒絶の予期のような，患者にとって反復的なテーマが呼び起こされ，潜在的に反証され，そして患者‐分析家関係に織り込まれます。このプロセスを通してそのテーマは変更さ

れ，当然のことながら，新しい文脈とともに提供されます（Loewald, 1980; Modell, 1984）。つまり進行し続ける調制が，新しい予期を促進し，治療作用の一様式をつくると私たちは考えています。かかわりと予期の反証は分析の解釈的作業として論じられてきましたが（Weiss & Sampson, 1986），それらはまた，進行し続ける調制の特性でもあります。つまり，言語的に探求されなかったり，同定されなかったりした進行し続ける相互交流は，それでも，潜在的に患者の予期を変えることができるのです。

　進行し続ける調制の詳細な検討は，さらに治療作用のプロセスを明らかにします。言語的内容に関係なく，やりとり自体の構造が研究の対象です。患者と分析家は，たがいに質問をし，共に疑問を口にし，対話のなかで順番を変え，いつどのくらいの長さで休止するのかを知るといった，〔両者に〕特徴的な方法を構築します。このプロセスにおいて，両者は無視されたり，強引に進められたり，押し付けられたり，誤解されたり，批判されたりする予期を構築し，そのような恐れを反証していきます。相互交流的にオーガナイズされたそのような予期と反証は，それが言語化されようとされまいと，表象化され，内在化されます。このプロセスが，進行し続ける調制の治療作用をつくり上げるのです。

■ 断絶と修復

　相互交流の断絶と修復は，進行し続ける調制の原理の延長線上にあります。しかし断絶と修復は，相互交流において予想可能なものを強調するのではなく，予想の裏切りと，その裂け目を解決するために続いて行われる努力をオーガナイズします（Stechler & Kaplan, 1980; Horner, 1985; Tronick & Cohn, 1989; Beebe & Lachmann, 1994）。乳児研究を私たちが概観したところ，断絶という言葉に含まれる広い水準の障害が見られました。それは，うまくいっている相互交流に典型的な，すぐに修正されるマイルドな中断から，ひどい崩壊に至るまでの連続線です。マイルドな中断は標準的なものと考えられますが，より深刻で頻繁な断絶は発達を阻害するかもしれません（Tronick, 1989）。

　断絶と修復の相互交流は，説明段階（Kohut, 1984），そして直面化とワークスルー，解釈のプロセス（Greenson, 1967）において最も明らかになります。どのように，いつ，どこで，それらが起こるのかによって，断絶はさまざまに

理解されます。それは発達にとって必要なものと見なされるかもしれないし，患者の抵抗から発するものと見なされるかもしれないし，あるいは欲求不満を受け止める患者の能力不足によるものと見なされるかもしれません。あるいは，断絶の原因を分析家の下手なタイミングや不理解，特異的な転移－逆転移関係，別々にオーガナイズされた分析家と患者の主観性に帰属する人もいるかもしれません。「修復」の異なった見解は，「崩壊」に関するそれぞれの見方と結びついています（Kohut, 1984; Blatt & Behrends, 1987; Stolorow et al., 1987）。

断絶と修復のモデルは，構造形成の定式化と精神分析の治療作用の中心部に位置します。構造化は，失われた対象の内在化，欲動派生物の欲求不満，あるいは，それによって断絶された関係の機能が被分析者の心のなかに構築される最適な欲求不満の結果として生じる，と広く捉えられてきました（Freud, 1917; Tolpin, 1971; Klein, 1976; Loewald, 1980; Kohut, 1984; Blatt & Behrends, 1987）。

私たちは，断絶と修復は構造化と治療作用の唯一の道筋であり，治療のすべての段階を通して動き続けるものと考えます。さらにそれは，患者－分析家相互交流の活動でもあります。断絶は分析家の逆転移の結果だけによるものではないし，患者の「抵抗」の結果だけによるものでもありません。修復もまた共同的に構築されます。断絶と修復の治療作用は，相互交流調制と自己調制のプロセスにおいて，調整と不調整の範囲を取り決める柔軟性のオーガナイゼーションに位置づけられます（Beebe & Lachmann, 1994）。

■ 情動が高まる瞬間

情動が高まる瞬間という言葉は，もともとパイン（Pine, 1981）によって定義されました。私たちがこれを詳しく見ていく際，この原理は，肯定的であろうと否定的であろうと，人間が強い状態変容を体験したときにオーガナイズされる相互交流を意味します（Lachmann & Beebe, 1993; Beebe & Lachmann, 1994）。状態〔という言葉〕は，覚醒や活動水準，顔に示される情動や発声的情動，そして認識を意味するものとして広く用います。患者－分析家相互交流の文脈において，情動が高まる瞬間は，新しい意見の機会，古い愛情対象の再発見の機会，あるいは，潜在的な再外傷体験の機会を提供します（Lachmann

& Beebe, 1992, 1993, 1997）。成人の治療において私たちは，認識や象徴的精緻化も含むもの，と情動を広く定義します。

　成人にとって，高まりの瞬間は，明らかな非言語的特徴を含むかもしれないし含まないかもしれませんが，象徴的文脈を含んでいます。たとえば（ベアトリス・ビービーによる）ある治療では，絶え間なく言葉で話し続けることに依存する，強く知性化された男性にとって，長く共有される沈黙は高まりの瞬間となりました。相互交流のこの部分で，言語化される内容は新たな親密さを含むものとなり，その親密さは普通よりも長い休止として印づけられました。患者と私は共に，この新しい体験をゆっくり味わうため休止を長引かせました。長い休止の時間は，患者にとって，言葉でのやりとりでなく，初めて私と「直接的に」情緒的コミュニケーションをかわすものとして感じられたのです。それは新しい種類の共有された親密さの可能性を象徴することになりました。この情動が高まる瞬間は，彼の自己調制スタイルの段階的な変容へとつながります。この出来事の後，患者はより穏やかな状態にアクセスできるようになり，そこで彼の言語的流れはより多くの休止を含むようになったのです。患者と私双方にとって，熟考し，取り入れ，そして体験するだけの余地ができました。同様に，相互交流調制も変化します。私は，患者にとっても自分自身にとってもそこに存在するようになります。患者も私も，この変化した相互交流プロセスをますます言葉で述べられるようになりました。

　別の治療では，ユーモアの瞬間（Lachmann & Lichtenberg, 1992）や驚きの瞬間（Reik, 1935; Lachmann & Beebe, 1993; Wolf, 1993）が，分析家と患者双方にとって，情動の高まりをオーガナイズするものになるかもしれません。たとえば（フランク・ラックマンに治療された）ある患者は，以前の恋人に対する卑屈で強迫的な愛着を述べてきました。彼は加虐的で搾取的な男性で，彼女は1年以上も彼に会っていませんでした。彼女はあるセッションの最後に自暴自棄な様子で私を振り返り，「私は向こうからやってくる車のヘッドライトに捕まった鹿のようなもので，動くことができないんです。この状態から私を助け出してください。私を救うために何か言ってください！」と訴えます。私は窮地に追い込まれ，彼女が部屋を出るためにドアノブをつかんだときこう言いました。「自分が鹿で彼が車だと言うなら，彼は運転手が乗っていない車のようなものだ，考えた方がいいかもしれない」と。彼女は振り返り，ほ

んのわずかな間だけ私たちはたがいに目を合わせました。次のセッションで彼女は，私のそのコメントの後に起こった劇的な気分の変化について話します。「彼は騎士が入っていない鎧だけのようなものだと思ったんです」と彼女は言いました。この患者は，自分のイメージで私の述べたことを精緻化してきたのです。彼女の無力な絶望状態は一時的に変容しました。

　この相互交流は患者にとって高まりの瞬間となりました。というのも，彼女は私が彼女のイメージ世界を共有し，彼女を救出することに携わったと感じたからです。私は最初戸惑いましたが，私にとっても高まりの瞬間となりました。何故なら私は，間一髪のところで患者のイメージをより鮮やかに描き出したものを思い浮かべることに成功し，緊張から解き放たれた共有の瞬間のなかで彼女にかかわることができたからです。この共有された瞬間は，前の恋人に対する彼女の怒りと，恋人が自分を助けてくれるはずだという予期が減少する始まりとして印づけられたのです。

　この二つのケースは，情動が高まる瞬間の鍵となる特徴を明らかにします。その瞬間はパートナー両方によって共同的に構築されます。どのように相互交流が進むかという予期は，分析家と患者，両方のなかで変容します。同時に患者の状態は劇的に変容します。それらの瞬間は統合的で，転移を変化させます。情動が高まる瞬間の治療作用は状態変容を通して仲介されますが，その状態変容は，自己調制の範囲の拡大，相互交流調制のパターンの変化，それによる新しい内在化や治療的変化の機会と潜在的に結びつきます。

　まとめると，新しいテーマは，主要点の三原理すべてを通してオーガナイズされるといえます。三つの原理はいずれも，固定化したテーマの文脈を変え，新しい相互交流の予期，つまり新しい内在化と治療的変化の発展を促します。今まで以上に詳しく治療作用の内容を述べるため，私たちは以下の事例からその三原理に関係する治療プロセスを検討します。三原理を一つずつ検討するのではなく，事例のなかに三原理を織り混ぜながら見ていきます。

事　　例

　週３回の頻度で会うことになった離婚歴を持つ36歳の専門的な職業につく女

性は，広範囲にわたる悲観的な気分のため私（フランク・ラックマン）との精神分析的な治療を開始しましたが，それは彼女にとって4回目の精神分析治療にあたるものでした。数年にわたるそれまでの治療では，人生に対する抑うつ的な見方や，どんな努力をしても何も楽しくないこと，自分がかかわるもので価値のあるものはないという感覚を減らすことに成功しませんでした。治療開始から1か月経つと，クララ Clara は以下のような質問でセッションを開始するようになります。どうやって**あなた**は私を助けようとするのですか？　**これ**はどれだけ違ったものになると言うのでしょう？　これが何か**良い**ことになるんでしょうか？

　この患者が治療のなかで最初に自分の体験をオーガナイズした方法は，彼女の長年にわたる広範囲の悲観さに基づいたものでした。何も功を奏さない，という悲観さです。この態度について問われると，彼女は以前の治療において，自分が「抵抗的」と呼ばれていたことがあると応答しました。彼女はこのラベルが自分に貼られるときを待っていたのです。さらに彼女は，「自分を助けたいと思わず」，「治療状況を自分のために使いたがらない」ような「被虐傾向者」と責められるだろうと見越していました。彼女は改善しないことを非難されるだろうと思っていたのです。実際彼女は，自分が非難されないのは，私があまりにも良い人過ぎる，つまり病的なほど良い人で，そして攻撃性の〔表出に関する〕問題を持った人である場合だけだと述べました。そのような場合，それはそれで私は彼女を助けることができないし，彼女は再び治療をやめることになるのです。

■用心深い希望と対立の受容

　その患者は，自分が救われることはないだろうし変わらないだろうという冷たい信念（Weiss & Sampson, 1986）が，自分にとって重要〔な問題〕であることは認識していました。「簡単な」患者になってもらいたいというニードをクララに押し付けないように，私は自分を注意深く監視しなければなりませんでした――必ずしも成功するときばかりではなかったですが。数か月に及ぶ探索ののち，幼少期の体験を基に，あるモデル・シーンが定式化されました（Lachmann & Lichtenberg, 1992）。

　その患者と家族は，中西部の農場に住んでいました。クララが8歳のとき，

彼女はプレゼントに一頭の馬をもらいます。彼女はどうやって馬を世話するのか教えられましたが，彼女がその指示に従わなかったため，馬は動けなくなり結局殺されることになります。馬が殺される予定の日，両親はピクニックに連れて行ってあげるとクララに伝えました。彼女は馬が殺されることも知っていたし，馬が殺されるときに居合わせる痛みを彼女に与えないために両親がピクニックを計画したことも知っていました。責任感や罪悪感，忠誠心から，彼女は最後まで自分の馬と一緒にいたいと願っていました。同時に彼女はまた，両親が自分たち自身のことを保護的でケアする気持ちを持った人だと感じたいだろうとも思っていました。彼女は両親のニードに従い，自分の理想を裏切ってピクニックに行ったのです。彼女が家に戻ったとき，馬はすでに息を引き取っており，彼女は自分を強く恥じました。

　このモデル・シーン——つまりクララ自身の誠実さを犠牲にし，「良い人」を装いたいという両親のニードに協力し，自分の馬が殺されている間ピクニックに行くことに従ったこと——は，その他多くの早期の力動的類似性を持つ体験を凝縮したものです。それは分析的な関係も含め，成人期になっても，この患者が自分の体験をオーガナイズし続けてきた方法を示していました。さらなる自己への裏切りを避けるため，彼女は二度と，彼女のために何かをしてあげようとか，彼女に何かを与えてあげようとか，誰にも感じさせないようにすることで，自己の尊厳を維持したのです。

　この患者の抑うつ的で悲観的な状態，強情さ，分析における「抵抗的」スタンス，そして彼女のモデル・シーンをオーガナイズするテーマが以下のように探索され理解されました。「私は，他人が私を心地よくさせようとすることに用心しなければなりません。もし私がそれを許してしまうと，辛いけれども本当の出来事であることを隠してしまうというリスクを私は負うことになります。幸せの感覚は，結局自己欺瞞となってしまうのです。他人が私を心地よくさせようと思ったり，あるいは私に痛みや罪悪感，不安を感じないようにさせようと願うとき，それはその人自身の興味関心から出ているのに過ぎないのです。私の自尊心と誠実な心は，私を心地よくさせてあげようなどと，誰にも思わせないようにすることを求めているのです。私が抑うつ感や罪悪感，悲壮感を持っている限り，自分が誠実であり続けられることを私は知っているんです」と。実際，誰かが自分を心地よくさせることを絶対に認めないということ

が，この患者にとって重要でした。不快であることによってのみ，彼女は自分の馬に対して誠実であり続けることができたのです。クララが治療を開始したときの彼女の自己調制の性質は，この図式で定義されました。

モデル・シーンとその解釈の共同構築が，私にとって高まりの瞬間となりました。突然私は，クララの私との戦いの性質を理解し，彼女が対立主義を非常に必要としていることを理解しました。しかしながら，彼女が特別それに印象づけられたわけではありません。彼女はこの「ポリアンナ的な」定式化に不信感を抱いていました。この例では，彼女は私の情動が高まる瞬間を共有しなかったのです。

この患者の「抵抗的」スタンスを，もっともなもので必要なものであると私が受け入れても，自己を裏切るという，彼女の再体験の恐れを変えることはありませんでした。しかし，彼女が私に何らかの影響を与えたことで，それは彼女に何らかの効力感を提供しました。私があまりにも良い人過ぎるだけだろうという彼女の心配の一方で，それはまた，彼女の新しい分析家として，私に対する新しい可能性の予期をオーガナイズしました。私は，彼女の抑うつ的な状態に変化を感じました。彼女は，受け入れられるという新しい体験に触れ，用心深くにではあっても希望を持つようになりました。それに加え，不本意ながら従うことを予想しないことが，治療において，外傷的な幼児期体験を繰り返す可能性を最小にしました。それでもなお，一時的にではあっても，私たちは多くの困難に出くわし続けます。希望がないと感じたいという彼女のニードを受け入れることで，その困難を治療の行き詰まりにすることは避けることができました。

治療のこの段階では，抵抗しなかった場合，クララは危険を感じ続けました。理解されたいとか，ケアされたいという自分の望みを彼女が示そうとすると，彼女は自分の誠実さを失うかもしれません。自己への裏切りの恐れは続きましたが，私たちはこのテーマを追求し続けます。彼女の「抵抗」を私が受け入れることは，私の良い仕事ぶりを承認することを求められているという彼女の予期を再オーガナイズし，反証することに貢献しました。

この治療の初期段階は，進行し続ける調制の基本的様式である，彼女の用心深い希望と「対立の受容」の共同構築を示すものです。私が，対立と不信の必要性や，患者の用心深い希望に満ちた反応を受け入れることは，相互交流調制

の新しい様式となりました。

　この進行し続ける調制は，治療を拘束するジレンマとの関係において評価することができます。ジレンマとは，自殺のほのめかしも含むような批判的で軽蔑的，直面的，悲観的な患者のスタンスのため，私が焦りや苛立ち，引きこもり，非難で反応する可能性が絶え間なくもたらされたことです。そのようななかで，患者と私両方の自己調制範囲の限界を調節する新しい相互交流調制の様式が必要とされました。患者の側に関して言えば，自己調制の問題は，自己防御を支えたいという彼女のニードでした。それによって彼女は積極的にかかわらず，信じることもなく，そして裏切られることもなくなるからです。私の側について言えば，自己調制の問題は，そのような攻撃にあったときの不安と自尊心の取り扱いでした。この根本的なジレンマは決して直接解釈されることはありませんでした。そうしたとしても，それは彼女のなかで，彼女が深い欠点を持った人間で，救いがたく破壊的な人間であるという確信に統合されるだけに終わったかもしれません。その代わりそれは，解釈を伝えるジレンマや，治療において進行し続ける相互交流調制として背景にありつづけました。

■喪失と直感的理解

　この患者は，幼少期，彼女の妹が生まれる3歳の年になるまで，元気で冒険的な若いハウスキーパーとの関係に恵まれました。自分の母親よりもそのハウスキーパーになついていたほどです。ハウスキーパーが辞めたことは，やがて孤独と絶望の時期へ発展する空虚感を彼女に残しました。患者が4歳半のころ，ハウスキーパーが一時的に戻ってきたことがあります。1, 2か月してハウスキーパーが再び出て行ってしまったとき，患者はひどく落胆しました。クララは，ハウスキーパーが自分と一緒にいるために戻ってきてくれたのだと信じていたのです。そして彼女は，ハウスキーパーが去っていってしまったのは，自分自身の何らかの不適切さや悪さのためだと原因づけました。ハウスキーパーの情緒的応答性や引き続いて起こった喪失体験は，彼女の悲観的な状態をますます大きくする下準備となったのです。

　患者は，ハウスキーパーの率直な態度を，母親の情緒性の薄さや見せかけの態度ととても対照的なものとして語りました。ハウスキーパーが突然予想外に去ったことは，すべてを失ったような脆弱な感覚を彼女に残したのです。分析

では，再びハウスキーパーを手に入れたいという願望と，再び喪失体験をする可能性が始まった恐れとが，転移として捉えられました。私から思慮深く「控え目に」対応されたと彼女が感じるのに伴い，広汎な枯渇感と抑うつ感を揺れ動きました。

早期のハウスキーパーとの関係を基にした比較的安定的な鏡自己対象転移によって，患者は自分自身を生き生きとして，能力があり，価値のある人間だと感じることができました。次第にクララは，気分は「前より良いです」と分析のセッションの間に述べるようになります。しかし，自己を支えるこの結びつきを再確立するためには，彼女の感情状態や夢のイメージの意味，その他の体験の意味を，彼女の連想もないまま私が推論し，推察し，演繹的に見当をつけ，直感的に理解しなければなりませんでした。彼女がより積極的に私に協力することは，自己への裏切りに自らが関与する危険性をもたらすからです。

したがって，この時期の治療においては，標準的な分析の探索スタンスは変更されなければなりませんでした。私からすると，自分の思考にコミュニケートするように彼女に勧めることは，彼女の状態を危うくしたり，怒らせたり，機能できなくさせたりするものでした。しかし，彼女の連想なしで彼女を治療することは，**私自身が**，危うさや怒り，無能力さを感じる可能性がありました。彼女は直感的理解のようなものを求めていましたが，それは彼女にとってハウスキーパーからだけ強い形で体験させてもらったものです。彼女は，私が彼女のバイタリティをよみがえらせることができるだろうという点にすべての希望をかけていました。私は直感的理解の必要性を心のなかで認めていましたが，それは彼女にとって，ハウスキーパーとの間で経験したとても重要な体験でした。

クララの要求は，ときにいらいらするものでした。私は，彼女の求めるものを彼女に提供しなければならないという自分の予期や，安定してそれを提供できないことに関する自分の能力不足の感覚を，自分の苛立ちに関連づけて追い払いました。私が推測したときにどれだけ自分が間違っているかを受け入れること，彼女が感じていることを見積もるときにどれだけ自分がかけ離れているかを認めることが，私にとって重要でした。私〔の理解〕がかけ離れているということを私が認めることが，正しいということよりも重要だったのです。さらに重要だったのは，私がそうしようと試みることでした。理解される予期，

私に影響を与える予期，私から影響を与えられるという予期が，主要な背景として生じ始めました。治療から逃げ出さないために，彼女は私と充分かかわり続けようと苦闘しました。

　セッションで時折，患者は「昨日私はとても重要なことを言ったんですが，何だったかわかりますか？」と言いました。私はすぐに思い出せません。私は「わかりません」と返すことがあります。この私の応答は，前回のセッションのあのとき自分たちはつながっていたと彼女は考えていたけれども，実際はそうではなかったことを示すことになりました。彼女は間違っていたことになります。そして彼女は落ち込み，私たちの結びつきは壊されます。やがて，この相互交流は近くなりすぎた関係を切断し，そしてより低温のまま関係を維持しようとするという彼女なりの方法であることを私は理解するようになります。彼女の問いかけは，要するに，共有された親密さは，偽りや幻想であったことを自身に納得させる試みだと解釈することができます。つまり彼女は，ハウスキーパーとの間でかつて起こった愛着 - 逃走の連鎖を再現すると共に，その反復を避ける試みをしたわけです。私が正しく答えられた別の機会では，彼女はより多くの手がかりを提供し，とりあえず修復されたつながりを維持しようとしました。

　つながりが希薄になったと私が感じ，クララが黙り込んでしまったとき，私は彼女を理解することができなかった困惑と欲求不満の感覚について声に出して思いをめぐらせてみました。それは自己調制的試みであると同時に，別の方法で彼女に近づこうとする試みでもありました。私はまた，彼女が感じているかもしれないことについて想像しました——不安，怒り，私をじれったくさせる喜び，あるいは失われたハウスキーパーを再び手に入れることについての捨て鉢な気持ち。私が声に出して一人で考えていることについて，彼女がどのように感じるかと尋ねると，彼女は重要だと思うと言って大いに喜びました。この相互交流は，修復の重要な様式というだけでなく，共有された情動が高まる瞬間，いわば砂漠のオアシスを構成しています。それは私たちに，より広く共有される結びつきの一部を垣間見せました。

　「喪失と直感的理解」という治療のこの時期は，新しい進行し続ける調制の共同的構築を例証しています。分析家である私と共に，患者は彼女のジレンマを再現しました。ケアされたいという願望と，自分の「悪さ」のために見捨て

られるという結果を招く恐れ，そして，自分自身を再び裏切らないように全般的にかかわらないでいたいという望みの〔間に生じる〕ジレンマでした。したがって，標準的に予想される患者の治療参加は期待できなかったのです。代わりに彼女は，私が「正しい」連想を提供する側になるという，別の治療形態を求めました。彼女はこの要望に関して何もふざけた調子はありませんでした。それ以外は何もなさない，というのが固く心に刻まれた彼女の信念でした。話すことで自分の悪い部分を見せてしまい，私を遠ざけてしまい，自分の誠実さを裏切ってしまい，そして関係を壊してしまうことを彼女が恐れていたことが最終的に明らかになりました。

私は治療のこの段階について，自分は受け入れられ，見捨てられることはないのだと患者が感じる予期に基づいた非言語的な結びつきの確立（または再確立）への移動〔のとき〕だと理解しました。私が彼女を理解することに失敗したときや，誤った推測をしたとき，私は軽蔑や怒りに出くわしました。最終的にそれらの反応は，彼女が持っている「悪さ」の程度を，〔私たちの〕結びつきが許容できるのかを見極めようとする彼女のテストだと理解されました。

つまり，新たな進行し続ける調制が構築されたのです。患者は私の普段の仕事のやり方を変えさせることで私に影響を与え，その結果，明らかに関与しながらも，彼女は自分を裏切ることなく治療に留まることができました。一方私は，ある程度の希望を彼女が体験するのに必要な条件を提供することで患者に影響を与えました。ハウスキーパーに受け入れられたときの感覚を，彼女のなかに再び点灯できる可能性でした。

しかし，治療とは，ある隠れた行き詰まりからもう一つの隠れた行き詰まりへよろよろと進むものです。あるときは，あらゆる段階で彼女は危険を許容する大きな勇気を持っていると私は解釈し，別の場面では，彼女は著しく自己防御的だと私は解釈しました。クララは「情緒性の薄い」母親を再発見する恐れと，直感的なハウスキーパーに対する痛々しい切望を再動員しました。彼女は，私たちの親密な関係が突然消えてしまうのではないかと恐れました。彼女は私と一緒にいるというリスクに身をさらしましたが，再外傷の恐れから，その機会を実際に利用することはできませんでした。この解釈的スタンスは，彼女の恐れの強さを変えませんでした。私たちは常に，いつ断絶するかわからない状態にありました。

このジレンマから抜け出すため，私は私自身の自己調制方略を変えねばなりませんでした。「最終的な絶望感」に苦しんでいるとクララが私を責めるとき，私は自分の喜びや楽観性を弱めなければなりませんでした。私は，自分が彼女を助けられるだろうという自分の予期（期待）を隠しました。彼女を誤解したり，自分の「希望」を示してしまったりなど，私が誤りを犯すと，彼女は怒りでいっぱいになり，皮肉っぽくなり，そして頭痛を訴えました。彼女の怒りを私が受けとめると，私たちの仕事は再開されました。

治療のこの時期は，この関係を維持するためパートナー両方に求められた繊細な自己調制・相互的調制を示しています。患者の側からすると，彼女が感じていると主張する怒りの小さな一部分を表現しているに過ぎない身体的訴えや怒りに彼女が引きこもってしまうと，相互的調制は断絶されます。私の側からすると，治療が行き詰まりの方へ進むのを避けるために，私は「推論」を試みねばならず，間違えるリスクを犯し，怒りや無能力感を受け止め，自分の希望や喜びを抑制し，そして，その親密さが偽物であるかもしれないという彼女の恐れを理解せねばなりませんでした。

■不満，テスト，受容

自己への裏切りの恐れが分析場面に現れてから約2年，さまざまな不満を述べることでセッションを始める頻度がますます増えるようになりました。その不満は，応答への希望を示していると同時に，明らかにハウスキーパーが去った後の時期から生じた，見捨てられるかもしれないという予期の存在も示していました。

養育者たちの問題のある側面が，そのような頑なな予期に貢献しています。ハウスキーパーは，突然で予想できない立ち去り方で彼女を裏切りました。両親は，クララの誠実さを犠牲にし，自分たちは面倒見が良いと彼女に承認してもらいたいというニードから彼女を裏切りました。妹は，彼女に対し競争心いっぱいの勝ち誇った態度を示しました。それでもなお，分析での彼女の「不満」は，応答性に対するクララの何らかの希望を示しています。実際彼女は，もし不満を述べなかったら，彼女は特別気を使う必要のない人だと思われ，面白みも価値もないと見られ，最終的に見捨てられるかもしれないと恐れていました。

患者は，分析室が暑すぎる，寒すぎる，むっとしている，明るすぎる，暗すぎる，と不平を述べました。私の椅子は，あまりにも近すぎるか，離れすぎているかのどちらかでした。あるいは，彼女は我慢できないくらい喉が渇いていたり，「偏頭痛」に悩まされていたりします。最初それらの不満は，彼女が今適切に扱われていないと感じ，さらに心なく扱われるだろうと見込んでいることを伝えようとするものと考えられました。気温や明るさ，距離，喉の渇きの状態の違いに対する彼女の高い敏感さは，孤独感を搔き立てられた状態だと理解されました。クララは，一人きりで，そして自分自身で，心地よさを調制するように求められることを恐れていました。ちょうど過去にそうであったように，無応答，無関心，侵入的，鈍感，人を見捨てるような養育者たちにさらされることを現在彼女は予想していると，私は解釈しました。

　私のオフィスに入る前，患者はいつも靴を脱いで待合室に置いてきます。靴を脱いだ方がより心地よいと感じているけれども，自分の足が匂うのではないか心配しているとクララは説明しました。足が臭く，年取った醜いうんざりするような体であったとしても，この人は自分を許容することができる人なのだろうか？　私は，彼女がこの儀式的な行動を通し，自身が最も恥じているものを私にさらしているのだと認識しました。私が彼女の暗黙の問いかけを認識したことは重要でした。あなたは私を性的に嫌な匂いがするものと見ていますか？という問いかけです。彼女がセッション中に沈黙するとき，それは，私が彼女の性的な感覚について質問することを彼女が待っているという意味でした。質問をしても，彼女の無意識的な空想生活への洞察はすぐに提供されません。しかし，私が質問するというまさにその事実が重要だったのです。彼女からするとそれは，私が彼女に関心を失っていないことを意味するものでした。質問に対し，彼女は見た目にもわかるほどリラックスします。このやりとりを通し，彼女は，私が彼女との親密な関係を避けているわけではないと体験しました。そして，彼女の家族に身体的愛情表現が欠如していたという記憶が想起され，彼女が持つ自分への嫌悪感と結びつけられました。

　患者は頻繁に1杯の水をセッションに持ってきました。自分自身に水をあげたいと感じていることを，彼女が私に認識してもらいたがっていることが治療のある段階で明らかになりました。私は自分に何もくれないとクララは述べました。私が何もくれないため，彼女は頭にきているけれども，どれだけ怒って

いるのかを私に示したり，彼女がどれだけ加虐的になりうるのかを私に示したりすることを恐れていると私は知りました。彼女は，私が彼女の怒りを許容できないかもしれないことを恐れていたのです。

靴も履かずに分析室に入り，1杯の水を携えてくることは，相互的にオーガナイズされた儀式的行為となりました。このパターンに対する私の非言語的な受容は，私たちの結びつきを安定的にすることに貢献しました。受容するということは，その儀式的行為のいかなる側面も私が邪魔しないということでした。彼女が数回水を持って来たあと，私がそれについて質問したことがありました。この質問は逆効果でした。彼女は，私がそんなに神経質なら，もう水は持ってこないと言うだけでした。

水を受け入れ，彼女が求めるものを私が彼女に提供していないという意味を受け入れることが，以降のやりとりを可能にしました。振り返って考えると，私が彼女の儀式的行為を受け入れたことは，必要とされる「安全の背景」(Sandler, 1987) を提供したことになると思われます。彼女は，自分の「受け入れがたい」側面の受容に関する具体的なサインを求めていたのです。その儀式的行為に介入せず，それを受容することで，私は相互交流調制に貢献しました。その儀式的行為は，私との希薄なつながりを維持するのに重要でした。その儀式的行為が，潜在的に自殺の可能性もある，皮肉っぽく絶望的な関係の遮断 inaccessibility にまで退却する危険性を回避したのです。時間の流れと共に，さまざまな構成要素の意味は変化しましたが，その儀式的行為は続きました。

不満の意味を理解する早期の時期において，患者が気にしていることを彼女の連想なしで私が推察するか，あるいは直感的に「知る」能力が特に重要であることを彼女は明らかにしました。私の側から何か余計に付け加えて明細化すると，どんなものでもそれは彼女を混乱させました。「直感的に」応答されたと感じたとき，彼女は生き生きとした高まりの感覚を体験しました。彼女のニードの認識，そのままの承認，恥でいっぱいになった彼女の感情の受容が中核的な進行し続ける調制をつくっています。そのままの承認は，患者にとって情動が高まる瞬間でした。彼女の悲観的な状態は一時的に変容しました。彼女は「知られていて」「認識されていて」「覚えられていて」「生き生きとしている」と感じました。

治療の後半になると，転移の性質の実質的変化が生じます。直感的に理解して欲しいという彼女の初期の要求は，新しい予期に変容しました。今度私は，想像的で，啓発的，あるいは，ある程度挑戦的で直面的な解釈をすることさえ求められたのです。そのような介入を彼女が求めていることを探索していくと，ある特定の力動的意味が理解されました。重要なのは解釈の内容ではなく，私が解釈をすることができるという事実でした。創造的で挑戦的な介入の受け手であるということが，前思春期における彼女の理想化された「男根的」父親との体験を再現したのです。つまり，新しいテーマが進行し続ける調制のなかに生まれました。

■「去勢された」父親と「男根的」父親

患者が思春期に到達するころまでに，成功した医者であるクララの父親は，精神安定剤中毒になっていました。このとき以降，彼女は父親を「去勢された」そして「価値のない」存在だと見るようになります。この記憶は，彼女の早期の記憶のなかにいる活動的で「男根的な」父親とひどく対照的でした。ハウスキーパーが去った後，彼女の〔気持ち〕が父親の方に戻ったのだろうと私たちは推察しました。そのころ父親は，必要とされた喜びをしばらく彼女に見せていましたが，それもまた失望させるような人になってしまいます。

私が啓発的で機知に富んだコメントをすることに失敗したとき，「去勢された」父親は治療の前面に現れてきました。クララは，分析では自分の失望感をオープンに表現しましたが，家族のなかでは，自分の失望感を内に留めてきたのです。彼女は，父親を誹謗中傷したり，辱めたりすることに母親を巻き込みたくありませんでした。彼女は父親に「タフ」であって欲しいと望んでいました。父親は彼女を「ロッキー」と呼び，彼女に「タフ」であってもらいたいということを示しました。彼女は，父親がそうあって欲しいと望んでいるようなタフな息子になろうとしましたが失敗します。父親は自分に失望しただろうと彼女は感じました。タフな息子を求める父親の願いは，彼の「去勢された」状態に関係していると彼女は信じていました。彼女が安心するのはいつも，私が自分の「去勢された」父親とはまったく違う存在だと体験するときでした。そうすると彼女は，〔自分を〕期待はずれの人だと感じることもなく，また「タフ」にならなければならないとか，自分を犠牲にすべきとも思わずにすみまし

た。さらに，彼女は私を支援する必要もありません。そうするのは，かつての理想化された男根的な位置に父親を戻そうとするクララの苦闘を再現するだけのものでした。

以下のやりとりは，その「去勢された」父親転移のワークスルーを示すものです。あるセッションが始まろうとするとき，洗面所の紙コップがなくなっていることを待合室でクララに告げられました。私はクローゼットから紙コップのパックを取り出し，洗面所に備え付けました。セッションが始まると患者は頭にきていると言います。またしても私は彼女を誤解したのです。これまでの多くの場合にそうであったように，彼女は彼女を治療する私の能力を問うていたのです。彼女にとって，私が洗面所の紙コップを取り替えたことは，私が彼女の怒りに対処できないことを意味していました。私がカップを取り出さなかったならば，紙コップのない状況でも私が彼女の怒りに対処する能力があると示すことができたのに，と彼女は述べました。この出来事は，私たちの関係の進行し続ける調制の断絶を意味していました。

治療の初期，クララの目に入ったゴミを私が取ってあげることに同意しなかったとき，彼女は両親の無関心さを思い出しました。私が協力してあげなかったことは，私が彼女の体に接触することを気持ち悪いと感じるはずという彼女の信念を確認するものになってしまったのです。〔そのため〕このとき，〔紙コップが欲しいという〕彼女のニードに反応することは，適切だと思っていました。しかし振り返ってみると，治療のこの時点では，いつのまにか私は，彼女が安全感や守ってもらえる感覚を得るための（男根的な）強さの素となっていたのです。この強さによって彼女は，自分の怒りから私を守らねばならないという重荷から救われていたのです。彼女は，何も応答しなければ私の強さが証明されたのにと指摘しました。

「ピクニック」に要約される過去の体験と対照的に，患者は自分の怒りと恐れ，私への失望と批判を言葉にすることができ，修復のプロセスに積極的に関与しました。彼女に紙コップを与えたことは，彼女の感覚を脆弱なものとし，自己対象的な結びつきを崩壊させました。彼女の怒りは許容されるものではないことを確認することになってしまったのです。私たちが崩壊の意味を理解することで，その修復がもたらされました。

相互交流プロセスと力動的解釈の統合

　三つの原理は，相互交流プロセスそのものを明らかにします。このプロセスは，言語的にも非言語的にもあてはめられるでしょうし，力動的テーマとその解釈にいつも織り交ぜられるでしょう。私たちは力動的テーマと相互交流プロセスを区別してきましたが，その区別は恣意的なものです。なぜなら，力動的テーマの内容は，それ自体この相互交流プロセスを通してある程度調制されるからです。それでもやはり，私たちはその統合作業を始めるとしましょう。

　ここに提示した臨床素材において，治療作用に対する独自の貢献を特徴づけるため，実際には関係しているそれぞれの原理を別々に書き留めました。しかしどの固有の場面においても，三つの原理はそれぞれある程度表れます。このケースから得られる以下の四つの例について，三つの原理とそれが明確にする力動的テーマを統合します。

■やりとりを確立すること：かかわり，断絶，修復の進行し続ける調制

　患者は不満を述べ，私は彼女の不満の原因を改善するのにとても積極的で，関係を取りすぎ，興味を持ち過ぎ，囲い込むように見えます。彼女は，私が彼女の怒りを許容することができないと感じます。私が積極的でないと見えるとき，彼女は，私があまりにも受身的で，彼女を助ける能力がないと不満を述べます。私はその苦悩の連鎖について述べ修復を試みますが，苦悩を増大させました。行き詰まりへ進んでいくのではなく，一つのやりとりが確立され，進行し続ける相互交流が維持されました。私は，かかわりと崩壊のパターンを認識します。この認識が修復を形成しました。黙示的な水準で，私は彼女との継続的かかわりを維持し，そして，彼女は再びかかわることができました。

　関連する力動的テーマが明白になったのは，治療の後の方にすぎません。一連の崩壊に対する患者の敏感さは，ハウスキーパーから見捨てられたり，援助もなく一人で何とかやっていかなければならなかったり，「去勢された」父親へ失望したりなど，早期の体験からオーガナイズされたものでした。

■ 希望と絶望とのミスマッチ：断絶と修復

　患者は絶望し，私は非常に無力だと体験しました。彼女は怒りっぽく，疑い深くなります。彼女にとって，私の無力さはとても神経に障るものかもしれないと私は認識しました。私のコメントは，情動的なミスマッチが生じたことを認めるものでした。彼女は無力だと感じ続け，今自分が体験している無力感の深さを決して理解できない分析家と一緒にいるのだと感じます。私はその全体の連鎖を述べ，そして進行し続ける調制は維持されます。

　力動的内容，つまり，馬の死に対する家族の態度と，私の無力さが持つ神経を逆なでするような効果と結びつけられたのは，治療の後の方に過ぎませんでした。馬の死に対し偽りの態度を続けることで，この家族は彼女の絶望を認識しなかったのです。あまりにも早くこのつながりを明らかにすることは，彼女にとって，私が彼女の絶望を許容できず，逃げてしまわなければならないことを意味していました。

■ 情動が高まる瞬間

　患者は，怒りの状態，または自分が口に出したいと思わない望みを体験します。直感的に私は，彼女の状態を正しく特定しました。彼女は非常に満足し希望を高めます。この連鎖が，私たち二人にとって，肯定的な高まりの瞬間を形成します。彼女の状態は絶望から希望へと変容します。しかし彼女は，自分の状態が本当に受け入れられるのかどうか心配になります。心のなかで私も，これをいつもできるのか心配になります。私の心のなかでの心配は，私の情動の高まりを弱めます。彼女の状態を正しく直感的に知る私の能力が，ハウスキーパーの再発見を意味することを理解したのは，治療の後の方に過ぎませんでした。

　言語化されない彼女の予期がかなう極めてまれな分析の瞬間では，すべての場合において，彼女は喜びと満足の高まった感覚を体験し，深く理解されたと感じました。これらの特別な瞬間は，彼女の切望は受け入れ可能なものだという私の理解に基づいていました。私が彼女に「タフ」であって欲しいと望んでいるわけではないことが彼女にとって重要でした。またあるときは怒りに満ち，加虐的で，懲罰的な意志が，彼女の不満，夢のイメージ，連想の中核にあ

りました。私がそれらの状態を認識することは，彼女にとって，自分の恥ずべき部分，特に家庭のなかでは検閲されてきた部分を私が受け入れることができることを意味していました。

■ 進行し続ける予期の変容

　患者は無力を感じ，自殺衝動を感じたり，治療をやめると脅したりします。私はそれらの感情を受け入れ逃げませんでした。彼女は理解され，ケアされたと感じます。ここで，ある複雑な相互交流調制がオーガナイズされます。私に関して言えば，私は彼女の苦悩にマッチしますが，それは彼女が体験する苦悩強度のすぐ下の水準で行われます。つまり，私は彼女に背を向けることなく，いわば私自身の状態に注意を向けることなく，彼女の苦悩に留まります。私は彼女の絶望に気持ちを動かされ，私の不快感を受け入れ，彼女の感情に留まります。クララの側からいえば，彼女はこの介入を受け入れ，私とつながったと感じ，元気づけられました。後に私たちは，自殺をほのめかすような彼女の脅しのなかで，彼女が見捨てられることを先に考えていたと理解することになりました。私が彼女の感情を変えようとすることなく，彼女の感情を積極的に受け入れたことは，恐れている見捨てられが起こらないことを意味することになりました。さらに，相互交流調制の新しい形態を予期するための土台が形成されてきました。

■ 力動的内容と相互交流プロセスの統合

　相互交流プロセスと力動的テーマの統合を考えるなかで，この患者は普通に行われる方法での治療にはかかわることができないことを私たちは理解するようになりました。患者の悲観性と変化に対する「抵抗」は，一般的な言語による治療的やりとりに彼女が関与することを困難にしました。彼女の特異的な恐怖と希望は，彼女が私の介入を同化できる応答性の範囲を狭いものにしていました。私が患者の儀式的態度を「受け入れ」説明的な介入をすると，接触は修復されます。力動的内容と同様に，相互交流調制**プロセス**に対しても特別な注意を払うことがなければ，この患者は，自分の抑うつ的で無力な感情と反抗的態度を承認する人として，私を一貫して体験することはできなかったはずです。調制のプロセスに対する注目は，力動的テーマの認識と絶えず統合されま

したが，たとえばその力動テーマは，自己への裏切りと恥に対する恐怖のせいで生じる，関与することへの恐れのようなものでした。それが何であるか発言することなく，彼女の恥ずべき部分を認識してもらい，受け入れてもらう必要がありました。

　そのバランスはもちろん事例によって異なりますが，すべての治療のあらゆる段階で，力動的解釈と同じように相互交流プロセスに注目することが重要です。ハウスキーパーの喪失と「ピクニック」は，治療の解釈的次元への力動的基礎を提供しました。しかし私たちは，相互交流調制のプロセスに対する注目が，後の解釈に対する一つの準備段階以上のものであるという考えを持っています。相互交流プロセスへの注目は，患者の予期の側面を暗黙に受け入れたり，反証したり，改変したりします。それは，相互性や理解されることに関する患者の予期に大きな貢献を成しています。

　力動的な解釈活動は実質的な貢献をしていますが，患者は相互交流プロセスの明確化 articulation に特に応答しました。この明確化が自己調制能力の増加を促進しました。顕在化していた彼女の「不満」はそれほど強くなくなり，ある程度頻繁でなくなりました。普段の生活では時折「浪費すること」を自分に許し，分析では恥でいっぱいの空想をますます明らかにすることで，より大胆になることを試みました。最も大切なのは，私が理解に失敗することを許容する能力が飛躍的に増大したことです。

　ときに患者は，連想を通して関与することも，私の説明的なコメントに同意することもしませんでした。彼女は「抵抗的」とか，「自分自身を救うことを望んでいない」とか，「治療状況を利用することを望んでいない」とか見えますが，むしろ彼女は変化のプロセスに対して積極的に貢献する人であることを私たちは明らかにしてきました。彼女の治療への継続的なかかわりは，相互交流プロセスへの注目が成功した証でした。

　ここに述べた臨床素材は，治療の最初の5年から得られたものです。5年目の最後の方の時点で，もし患者がそれまでに分析家から得たものは何かと尋ねられたら，彼女はおそらく「何もない」と答えたでしょう。それでも彼女の関与は申し分なく，彼女は一貫して私に応答的でした。分析時間のスケジュール変更は彼女を混乱させ，彼女の無力感を増大させましたが，それは成長する自己対象的な結びつきの存在を示すものです。その重要性がはっきりと認識され

るようになったのは，分析の7年目のことです。治療が終結したのは11年目のことでした。

要　　約

　個人の調制と同様に二者関係の調制を研究することで，乳児研究は精神分析にシステムの観点をもたらします。この観点は，二者関係内部での個人の主観的体験と，個人の体験に対する二者関係の影響を説明します。私たちは，分析的な関係と治療作用の様式に関する独自の概念を提案するために，乳児研究から相互交流のオーガナイゼーションの三原理を用いました。一つの事例を用いて，私たちはその三原理を通した相互交流的プロセスへの注目が，どのように力動的解釈と統合されるのかを明らかにしました。

　乳児研究が果たした一つの重要な貢献は，絶え間なく交互的に影響され，双方のパートナーによって瞬間ごとに構築されるプロセスとしての相互交流を記述したことです。成人の治療に対しこの相互交流の概念を当てはめることは，治療作用に対する私たちの観点を豊かにします。すべての瞬間において，固定化された蒼古的予期を反証する可能性があると同時に，相互性，親密さ，信頼，断絶の修復，希望の予期をオーガナイズする可能性が秘められています。すべての瞬間において，分析家と患者両方がこのオーガナイゼーションに重大な貢献をします。分析家がすることのすべては，解釈的なものであろうと非解釈的なものであろうと，言語的であろうと非言語的であろうと，探索的であろうと記述的であろうと，それは潜在的に患者の体験のオーガナイゼーションに貢献します。

第9章

成人治療のための心の相互交流モデル

　本章では，精神分析にとっての二者関係的なシステムモデルと，その意味合いに関するさまざまな次元を概説します。相互交流に関するいくつかのオーガナイジングプリンシプルは，次のような次元から導き出されます。

(1) 明示的な処理 explicit processing と黙示的な処理 implicit processing を区別することで，精神分析における言語的コミュニケーションと非言語的コミュニケーションを統合するための新しい枠組みが提供される。
(2) 予期のパターンは，治療活動の強力な様式である黙示的な手続き的知識の一つの定義を提供する。
(3) 治療作用は，コミュニケーションを明示的な言語様式に必ずしも翻訳することなく，黙示的な処理の形式のなかでも生じうる。

　本章において私たちは，まず二者関係的なシステムモデルのさまざまな次元を要約します。そして，精神分析における相互交流に関する私たちの見解を要約し，乳児研究から導き出された相互交流に関する数多くのオーガナイジングプリンシプルを概説します。次の節では，明示的な処理と黙示的な処理を区別することで，精神分析における言語的コミュニケーションと非言語的コミュニケーションを統合する新しい枠組みが提供されることを示します。自己調制への偏向と相互交流への偏向とを区別し，成人治療に対する私たちのシステムモデルの意味を説明します。それから私たちは，そのシステムモデルを用い，自己と他者，内在化，相互性 対 自律性といった，精神分析の鍵となる概念を再

定式化します。最後に私たちは，脳がどのようにその「地図map」を知覚し構築するのかということについて，力動的システム理論から最近の実験を展望します。こうした研究は，本書の鍵となる二つのテーマ，体験の共構築と表象の変容モデルをさらに明確にします。「脳の地図を更新する心」という節では，精神分析のための心の相互交流モデルをさらに解説します。

二者関係的なシステムモデルの次元

■ 継続的で，瞬間ごとの相互交流プロセスとしてみなされるコミュニケーション

顔，声，向きの多様性は，パートナーを感知する重要な手段を提供します。瞬間ごとの変動は最小単位のユニットとみなされ，独立した言葉表現のような，長く，より大きな単位のなかに隠れて存在します。精神分析の歴史のなかで，プロセスの概念は，患者の連想を注意深くたどるなかで最も明らかな概念でした。患者の連想をたどるためには，明示的な言語的な処理様式が用いられますが，非言語的な変動をたどるためには，黙示的な処理様式が用いられます。

■ 双方向的「影響」や調整を通してオーガナイズされる相互交流

この用語は実によく誤解されるので，繰り返させていただきますが，これは，因果関係を意味するわけでも相互性を意味するわけでもありません。むしろ，双方向的な調整（あるいは「影響」）とは，一人の人間の行動の流れが他者の行動の流れから予測され，またその逆も予測される確率を意味しています。肯定的な相互交流と同様に，回避的な相互交流もまた双方向的に調整されます。一人の人間の行動の流れが他者の行動の流れから予測されるという，統計学的な確率の概念は，パートナーの行動が自分の行動と調子をそろえて結びつくのかどうか，つまり「調整される」のかどうかを各々が感知できること，という考え方に言い換えることができます。パートナーの行動が自分の行動に調整されることを感知することは，黙示的な関係性の最も根源的な層となります。このような感知は，気づきの外側で進んでいくのが普通です。調整されて

いないときに最も容易に気づかされるわけです。しかしこの感知は，ある条件下になると気づきのなかに持ち込まれます。双方向的な調整のこの概念が，共構築，つまりすべての相互交流が二人の人間によって共構築されるという用語の使用法に関する定義の一つです。

双方向モデルを精神分析のために翻訳する場合には，分析家に影響を与えられるのと同様に分析家にも影響を与えるという患者の体験，ならびに，患者に影響を与えられるのと同様に患者にも影響を与えるのという分析家の体験，その両方を明確にすることが重要です。体験に関するこうした四つ（それぞれのパートナーに二つずつ）の方向性のうち，往々にして一つか二つが患者と分析家によって特別な地位を与えられます。

■ 自己調制と相互交流調制の統合の産物としての相互交流的な交流

サンダー（Sander, 1977）は，パートナーに調整してもらわなければならない，一次的な内因的活動をもって乳児は人生を開始すると主張してきました。この一次的活動には，情報を整理し，規則性を見抜き，予想を生み出し，予想に基づいて行動するといった生得的な動機づけが含まれます（Haith et al., 1988）。サンダーのモデルでは，行動主体としての自己感の基になるのは，二者関係のなかで自己調制がオーガナイズされる方法です。「自分固有の」という主観的感覚は，内的状態にアクセスし，内的状態を明確にし，内的状態に関心を向けることを含みながら絶え間なくオーガナイズされます。しかし，その内的プロセスは，進行し続ける相互交流によって高められたり制限されたりします。

ここで自己調制を強調するのは，関係的なモデルやシステムモデルが環境的な影響を過度に偏重し，内因的な影響を軽視しているという最近の批判に対する一つの反論です（Wilson, 1995 参照）。ここで私たちが立ち戻るのは，サンダーの最も本質的な仮定の一つです。つまり，内的プロセスは自己調制と相互交流調制の両方によってオーガナイズされるという仮定です。個人は二者関係との関連においてのみ充分に説明されます。常に自己調制と相互交流調制はたがいに影響し合うというのが「共構築」，つまり内的プロセスと関係的プロセスの共構築，という用語を使用する第二の定義となります。

ここに提案される共構築という観点は，分析家の主観性に関する私たちの通

常の理解を潜在的に変えてしまいます。分析プロセスに対する分析家の主観性の貢献を理解することに関しては，〔その主観性がプロセスを〕わかりにくくするものなのか，あるいは促進するものなのか，といった関心が多くを占めてきました。分析家の主観性は，潜在的にそのプロセスを制約したり，偏らせたり，歪めたり，促進したりするものとみなされます。対照的に，共構築モデルを用いる場合，それぞれのパートナーの主観的体験は新たに生じるプロセスであり，その人自身の自己調制によってだけでなく，相互交流によっても絶え間なく影響されます。

■ パートナー二人によって生み出され，時間，空間，情動，覚醒の次元を通してオーガナイズされる予期のパターン

パートナーの活動と関連するその人自身の活動の連鎖と，それに関する自己調制範囲とスタイルは予想されるようになります。生後 4 か月の乳児は，自己と環境の両方における時空間上の出来事の規則性を見つけ出します。さらに乳児は，これらの出来事に基づいた予想を発展させますが，そこには未来に方向づけられた心理的プロセスが含まれます。実際，これは社交的環境の手続き的知識の一つの定義です。本書で私たちは，前象徴的表象を定義するために予期のさまざまなパターンを用いてきましたが，これは，黙示的な手続き処理に関する最初のオーガナイゼーションを概念づける一つの方法です。

■ システムモデルは知覚や表象に関する構成主義者の観点を用いる

ウィルスン（Wilson, 1995）は，表象の理論は心に地図を描くために充分なものではないと主張していました。彼は，表象〔の理論〕だけを使用すると，「とらわれた enslaved」もの，つまり環境を映し出すだけのものとしての心のモデルにつながってしまうと指摘します。この観点は，知覚の性質に関する実証主義者/機械論者の想定に由来する表象の複製理論を用いたものです（Reese & Overton, 1970）。しかし，システムモデルは，知覚や表象の性質について構成主義者の仮説を用います。実証主義者の観点は，世界と，そのなかで私たちが知覚したものとの間に一対一の対応があると想定します。対照的に，構成主義者の観点の想定では，知覚的な好み，予想，自己調制スタイルといった，私たちが持ち込むカテゴリーから独立するような，純粋に感覚的な出

来事は存在しません（Kuhn, 1962; Reese & Overton, 1970; Lewis & Brooks, 1975 を参照）。私たちが知覚し表象するのは，環境と私たちが持ち込むカテゴリーとの間で進行し続ける相互交流の結果であるため，私たちはすべての情報を能動的に構築し再構築します。つまり，表象は「進行過程にある」もので，更新されることに開かれたものです。表象の概念は，絶え間なく再オーガナイズし続けるプロセスへと変わるのです。それでもなお，システムのある程度安定した状態，つまり予想のパターンは存在します。特に心的外傷が取りざたされるときなど，システムはどんな条件で変容するのか，あるいはどんな条件で変容しないのかを説明するために多くの課題が残されています。

精神分析における相互交流

　前述したシステムモデルの次元から，精神分析のための相互交流のオーガナイジングプリンシプルが生み出され，心の相互交流モデルの次元が定義されました。これらの原理の最大の総則は，自己調制と相互交流調制の統合を必要とすることです。個人は，パートナーの行動によってだけでなく，自分自身の行動によって絶え間なく影響されています。行動はコミュニケーション的であると同時に自己調制的でもあります（Tronick, 1989 を参照）。自己調制と相互交流調制は，力動的なバランスのなかで，同時的に，相補的に，そして最適に生じます。

　私たちはさらに，主要点の三原理を区別しました。進行し続ける調制，断絶と修復，情動が高まる瞬間です。このそれぞれが，自己調制と相互交流調制の性質に関する私たちの理解をさらに洗練されたものにします（第8章のクララの事例を参照）。カレンの事例（第3章を参照）は，早過ぎる徹底した自己調制へと導く，慢性的な相互交流調制のミスマッチ体験を例証するために用いられたものです。

　内的プロセスと関係的プロセスのオーガナイゼーションに関連する知覚のメカニズムは，自己調制と相互交流調制の性質をさらに説明するために用いることができます。たとえば私たちは，異種感覚マッチングを通して，パートナーのなかに見る行動（たとえば，顔の表情）と自分自身の内的な固有受容器を関

連づけることができます。パートナーのなかの肯定的表情あるいは否定的表情の単なる知覚が，知覚者のなかに共鳴する情緒的状態を創り出します。そして，人の顔の表情は特定の生理学的パターンと結びついているため，パートナーの表情にマッチングすることは，見ている者のなかによく似た生理学的状態を創り出します。このような知覚のメカニズムは，内部的プロセスと関係的プロセスは密接に関係して調整され同時的にオーガナイズされる，という私たちの主張を例証しています（第2章を参照）。

相互交流調制の一般原理は，中間域モデルによってさらに洗練されたものになります。私たちは，高音から低音にわたる，発声リズム調整の相互交流調制に関する連続線を明らかにする研究を概観しましたが，それは，母親－乳児と見知らぬ人－乳児の相互交流に関する大規模な研究において，生後1年目の愛着効果を予測するものでした（Jaffe et al., 2001）。中間域の調整は安定的愛着を予測しましたが，中間域外のスコアは不安定な愛着を予測しました。高い調整は相互交流的警戒として概念化され，低い調整は引きこもりや抑制の側面として概念化されました。相互交流的警戒と相互交流的抑制は，成人の治療で用いられる相互交流調制の形態をさらに明確にします（第6章のジェニファーの事例を参照）。

相互交流的警戒の詳しい内容は，追いかけとかわしのパターンのなかにみられますが，そこでは，パートナー二人が非常に高く調整されていただけでなく，接近－引きこもりパターンもまた見られました。ソーター（Sorter, 1996）は，追いかけとかわしのパターンが人生を中心的にオーガナイズする特徴となっていた，若い女性を治療しました。最初のセッションでその患者は，ソーターから最も離れた場所に座りました。ソーターにとって最適で，普段彼女の患者たちが受け入れているような距離まで，彼女が椅子を少し前進させると，患者の目は「皿のように大きく」(p. 70) なり，患者は後ろに下がりました。ソーターは，自分が患者の空間を侵害したのだと理解しました。ソーターが椅子を後ろにさげると，その患者は見るからに安堵します。その動きは一瞬のうちに起こったようで，完全に非言語的なままでした。以降，このパターンは分析的な二者関係のなかで少しずつ展開し続け，ソーターはそれを追いかけとかわしと名づけました。その言葉を用いることは，かかわりとかかわりからの離脱の相互的なプロセスを理解するメタファーとして，説得力のある治療作用の

様式となりました。

　中間域のバランスモデルは，自己調制と相互交流調制がたがいにどのように影響するのかということに関する，より洗練された説明を提供します。中間域モデルをもとに話を進めたときは，相互交流調制のみを説明しましたが，中間域のバランスモデルは自己調制と相互交流調制の両方における中間域の最適条件を想定しています。中間域においては，相互交流調整は存在しますが拘束的なものではなく，自己調制は保持されていますが過度ではありません。最適な社交的コミュニケーションと発達は，自己調制と相互交流調制の間を移動する柔軟性を持って生じると仮定され，相対的に最適な，注意，情動，覚醒の水準を生み出します。中間域以外で作用することは，それぞれのパートナーにとって，相互交流の障害へ対処するための試みを示しているかもしれません。自己調制を犠牲にしてパートナーを過度に監視することは，不均衡の一つの極である相互交流的警戒を規定するものです。相互交流へ敏感になることを犠牲にして自己調制にとらわれることは，不均衡のもう一つの極である引きこもりと抑制を規定します。

黙示的な処理と明示的な処理

　黙示的な処理 processing 様式は，精神分析にとって重要なものと認識され始めています（たとえば，Stern et al., 1998; Tronick et al., 1978）。ライオンズ゠ルース（Lyons-Ruth, 1998b）は，黙示的になされる関係的知識を次のように定義しました。

　　冗談の言い方を知ることのように……他者との間で……どのように進み，どのように事を進めるのかといった規則に基づく表象は，情動を表現したり認知的に注目を引いたりするのと同じように，情動的，相互交流的に注意を引く……。それは言語が使用可能となるかなり前に表象化され始め，黙示的に人生を通して作用し続ける［p. 284］。

これは，気づきの外側や言語的意識の外側で作用します。

明示的な記憶とは，情報や出来事に対する象徴的にオーガナイズされた意図的な想起を意味しますが，黙示的記憶とは，気づきの外側にある手続き的，情緒的な記憶を含むものです。手続き的記憶とは，非象徴的に符号化され，行動を導くオーガナイゼーションのプロセスに影響する作用連鎖を意味します (Squire & Cohen, 1985; Grigsby & Hartlaub, 1994)。最初これらの作用連鎖は，乳児と成人の両者にとって「意図的な」ものです (Müller & Overton, 1998)。それは，繰り返しの実践と共に自動的なものとなって初めて，「非意識的 nonconscious」なもの，あるいは気づきの外側のものとなります。こうした作用連鎖は，特にそれが予想されたように進まない場合，再び気づきの焦点となることがあります。情緒的な記憶は，大脳扁桃核のような辺縁系の側面を含みます。たとえば，パートナーの顔の変化は4/1000秒以内で処理され，大脳扁桃核のなかの変化として気づきの外側で記銘されます。明示的な記憶と黙示的な記憶のシステムは，潜在的には分離可能です。

　本書で述べられている母親 - 乳児の相互交流のパターンは，手続き的にオーガナイズされた反復的作用連鎖の例です。黙示的〔になされる〕「進み方を知ること」は，以下のような注意の調制パターンによって例証されます。どちらが見ることを始めるのか，パートナーは相互的に凝視し合うのかどうか，相互的な凝視を保ったままで快適なのはどれぐらいの時間なのか，どちらが最初に目をそらすのか，一方のパートナーはもう一方が目をそらすことにどれだけ反応的なのか。発声リズムに関する研究は，瞬間ごとに進む方法の別の例を提供します。自分の話す順番がいつなのかをそれぞれのパートナーはどのように知るのか，順番はどのくらい容易に交代するのか，それぞれのパートナーはどれくらいしっかりと相手の発声リズムを「追跡」し，それを調整し，割り込んだり加わったりする判断を下すのか。顔，凝視，発声，向きの強力な相互交流的な「情緒枠組み」(Bucci, 1997) がオーガナイズされ，調整程度の変動が展開し，断絶と修復の折り合いがつけられるのは，瞬間ごとに基づく黙示的で手続き的な水準においてです。第4章で私たちは，こうしたパターンは，乳児期に前象徴的な表象形式で符号化されることを明らかにしました。第5章では，生後4か月でのこうした反復的な作用連鎖から，生後1年での愛着や認知の結果を予測する研究をいくつか述べ，進行し続ける発達的道筋に黙示的なプロセスがどのような影響を与えるのかについて例証しました。

精神分析治療において，親密な関係を調制する予想は，必ずしも意識的な気づきに到達することなく，黙示的な領域のなかで再オーガナイズされます。ライオンズ＝ルース（Lyons-Ruth, 1988b）は，患者の黙示的な関係的知識のほんのわずかな領域だけが，まさに言語的な語り，あるいは転移解釈の主題になると指摘しています。黙示的な様式は，黙示的であることで，明示的な様式よりもはるかに浸透性があり，強力にオーガナイズする潜在力を持ちます。言語化されずに，黙示的水準で治療作用が起こりうるという見解は，治療作用の理論に関する重要な変化です。こうした立場は，なかでもグリグズビーとハルトラウプ（Grigsby & Hartlaub, 1994），クライマン（Clyman, 1991），エムディら（Emde et al., 1991），ブッチ（Bucci, 1997），ショア（Schore, 1994, 1996），モーガン（Morgan, 1998），パリー（Pally, 1998），ライオンズ＝ルース（Lyons-Ruth, 1998b），スターンら（Stern et al., 1998）によって，強力に主張されました。クライマン（Clyman, 1991）は，黙示的な手続き的処理は，幼児期から成人期まで，ある程度の連続性を提供し，転移の予期をオーガナイズすることを示しました。

　生涯に渡って見込まれる連続性において，黙示的な関係的知識は重要ですが，私たちは，早期のパターンが長期的に確立された手続き的記憶となり，成人の二者関係的な生活における相互交流を支配するとは必ずしも考えていません（Harris, 1997 を参照）。その代わり私たちは，サンダー（Sander, 1977, 1995）やザメロフ（Sameroff, 1983）の流れに沿って，早期のパターンはなお変容しうる一つの道筋をつくるという変容的な観点を採用します。病理的な場合のみ，この変容的なプロセスは相対的に失われます。

　黙示的な処理と明示的な処理とを区別することは，精神分析における言語的コミュニケーションと非言語的コミュニケーションの統合を概念化するための新しい枠組みを提供します（Lyons-Ruth, 1999; Pally, 2001; Stern et al., 1998; Tronick et al., 1978 も参照）。私たちのアプローチは，象徴的な表象水準（明示的）と行為‐知覚水準（黙示的）の両方を考慮に入れます。精神分析の作業仮説は，明示的に象徴化可能な自己と他者（意識／無意識）の表象が社交的行動を導くというものです。対照的に，黙示的な手続き的観点が主張するのは，社交的行動は，中心的な認知的統制や表象が不可能なほどの情報の速さや密度を伴い，気づきの外側で，ほんの一瞬で調整されるというものです（Newtson, 1990)。本人 - パートナーの関係には，黙示的な行為 - 知覚水準で，行為を組み立てるのに充分な情報が本来的に備わっています (Gibson, 1979; Newtson, 1990; Fogel, 1992a, 1993; Thelen & Smith, 1994)。後者の観点では，行為は客観的な特性としての情報を含むとされますが，対照的に前者の観点では，情報はそれが象徴的に表象されるまでは心理的実相を持たないとされます。

　私たちが，精神分析における非言語的コミュニケーションの概念を，大部分気づきの外側にある反復的で迅速な作用連鎖に限定していることに留意してもらいたいと思います。手のひらを平らに広げたまま手を挙げると「止まれ」という明示的なコミュニケーションになるような，象徴的な非言語的ジェスチャーは私たちの議論から除外されます。

　スターン (Stern, 1995) は，行為を人間の行動理解の中心に位置づけることに反対する，強い知的な風潮があることを指摘しています。スターンは，人間は何でも言語に依存するのだとするジェンドリン Gendlin の観点を引用しています。スターンは，「現代の精神分析の流れの多くは，行為自体よりも，むしろある行動の背後にある語りや解釈に特別な地位を与え」(p.77)，そして「人が体験することは，今ある出来事をつくり上げる行為や解釈によって決定されるのではなく，むしろ起こったことに対して後からなされる心理的な再構成によって決定される」(p.78) と指摘します。

　黙示的な作用連鎖と，明示的な象徴化された語り，その二つの水準は，精神分析における治療作用の充分な理解のために，統合されなければなりません (Stern et al., 1998 も参照)。この二つの水準はたがいに影響し合う可能性があります。黙示的な行為水準を象徴化するために努力することは，精神分析の主だった目標の一つであるとみなされます (Bucci, 1985, 1997)。そのとき，象徴化の性質は黙示的な行為水準に影響を与えるかもしれません。しかし治療作用は，それが統合されるかどうかにかかわらず，それら二つの様式のなかで進んでいきます。

成人の治療にとって意味するもの

「かかわりにくい」患者については特に，分析家と患者の間の相互交流は綿密で絶え間ない注意を必要とします。それは，分析的な注意を呼び起こす重要な手がかりが，通常の言語的な交流をはるかに超えたところにあるような治療のことです。それは「パラメーター」（Eissler, 1953）や「非解釈的介入」（Lachmann & Beebe, 1996a, b; また Stern et al., 1998 も参照）といった用語が造り出されるような治療のことです。いずれもそれ自体の問題をもたらしますが，逆転移が妨害的とみなされたり分析の万能薬とみなされたりするような治療のことです。システムや，核分裂しないユニット unfissionable unit（Kohut, 1984）や，瞬間ごとのプロセスに注意することが治療的影響力をもたらすような治療のことです。

乳児と母親にとって，同様に患者と分析家にとって，どちらかの人の自己調制は相互交流を断絶させるかもしれませんし，あるいは促進するかもしれません。たとえば，治療を始めてからの3年間，泣いてばかりいたポーリーナ Paulina の事例のなかで，分析家として私（ベアトリス・ビービー）は自分の思考を把握することに熱心なあまり，テンポの速いやり方でかなり早口で話すことがありました。このようなプロセスのなかで私は，ゆっくりと進みながら，すべての瞬間で感じるものを自分が知っているかどうか確かめようとしている患者を見失っているかもしれないと理解するようになりました。もしもポーリーナが私の一連の思考に従うならば，彼女は私を温かい気持ちにさせるでしょうが，彼女は自分自身を見失うことでしょう。つまり，私のスピードの速いやり方は，相互交流プロセスを変え，相互交流プロセスを潜在的に脱線させました。自己調制のスタイルや相互交流的な予期において，分析家が治療にもたらすものに関するこのような記述は，逆転移という用語で理解されるのが普通です。しかし，システム的観点からすると，これは相互交流プロセスの本質的な部分です。それらは肯定的なものでも否定的なものでもなく，不可避的なものであり，すべての瞬間で精神分析的な出会いに影響を与えます。

治療関係のなかに，特異的な非言語的パターンを観察することができます。

たとえば，ソーター（Sorter, 1996）の追いかけとかわしの事例のように，分析家はある特定のパターンに気づくかもしれません。分析家が患者の方にわずかに椅子を動かしたときに，患者がたじろぐというパターンがそこにはありました。このような体験は，往々にして言葉で表現するのが大変困難です。患者も分析家もそれにまったく気づかないかもしれません。患者にとっては，このような行動の履歴も気づきの外側にあるようです。自分自身か患者，どちらかの非言語的行動のなかにある反復的パターンや微妙な変動にもし分析家が気づけば，このようなパターンはかかわりのなかの微妙な問題を知らせてくれるかもしれません。このような非言語的なパターンは，今，ここで here-and-now それが起こるからこそ特に説得力があり，両者にとってその瞬間の何か特別に生き生きとした性質を持っています。

　一度そのようなパターンに気づくと，通常，その履歴と意味を理解するために，多くの検討が求められます。特定の非言語的なパターンがまとまった意味を持っていないことに注目することが重要です。その意味は，分析プロセスを通してのみ現れます。さらに，特定のパターンに気づくのにふさわしい瞬間がないまま，月日が過ぎ去るかもしれません。そしてときに分析家は，それを言語化される交流に決して持ち込まないことを選択するかもしれません。

■ 自己調制への偏向

　自己調制と相互交流調制の特異的なパターンは，非言語的な行動のなかにはっきりと見ることができます。たとえば私たちは，患者と分析家の両方が持ち込む自己調制の範囲を観察することができます。一方が速く，一方が遅いのでしょうか？　患者の自己調制範囲にアクセスしてそれを拡大させるために，この特定の二者関係はどのような手腕を発揮するのでしょうか？　第3章で，私たちはカレンの治療について述べましたが，そこでは，コートで身を隠すカレンとかかわるため，分析家は彼自身の「元気な」傾向を制限しなければなりませんでした。カレンは動かないままで，明らかに回避的であり，かろうじて声を聞き取れるほどの状態でした。治療者によっては，患者は自己調制能力に対して大変異なったアクセス方法をとるかもしれません。同様に患者によっては，治療者は内的プロセスや自己調制に対する異なったアクセス方法を体験するかもしれません。たとえば，話の途中で治療者が休止したり考えこんだりし

ても，その行動に驚かない患者もいます。それに我慢できず，指をパチンと鳴らし，「どうしたんですか？」と尋ねる患者もいるでしょう。こうした患者について，第6章で私たちは，シュムスキー（Shumsky, 1996）のサンドラの治療に示されるように「過剰警戒的」な患者，また，ジャフィ（Jaffe et al., 2001）の発声リズム研究における無秩序型愛着の乳児と母親に類似した患者であると述べました。シュムスキーの患者は，分析家の状態についての小さな手がかりを得るために熱心に分析家を監視し，分析家の心の平静を保護することを第一にしてコミュニケーションを図りました。

　このような非言語的調制のあらゆる点が，パートナー両方の瞬間瞬間における自己調制の変動に気づく分析家の能力を洗練します。このような変動は，パートナーとかかわりたいというニードと，有機的な統合性――言わば快適な範囲での覚醒――を維持したいというニードとの間に折り合いを付ける適応的な努力によるものです。この変動によって，患者と分析家の両方は，それまで必要とされ，これからも必要とされ続ける折り合いの付け方を知ります。私たちは，病理化された自己調制パターンに興味があるわけではありませんし，それをあれこれと解釈理論に結びつけることに必ずしも興味があるわけでもありません。むしろ，相互交流的なシステムの本質をさらに詳しく説明するためにこうしたパターンを使います。

■相互交流への偏向

　スターン（Stern, 1983）は母親のスタイルを記述しました。情動的共感を目的とする，ジョイニングのスタイル（同様のタイミング，強さ，〔旋律の〕輪郭描写を共有する状態），乳児の状態を変容させることを目的とする，改変するスタイル（状態変容），他者を直接体験することを目的とする，補足するスタイル（相手の行動の交互的成就）です。補足することの例として彼は，発声上の順番取り，ボールを行ったり来たり転がすこと，母親が観察している間の乳児の遊びを含めています。

　そこから類推すると，治療者は分析作業をどのようなものだと考えるのでしょうか？　たとえば，患者の情動状態を追跡してそれにマッチするものだと考えるのでしょうか（ジョイニング），患者の情動や覚醒を刺激したり低めたりするものだと考えるのでしょうか（改変する），ユーモアのような譲り合い

にかかわったり，進行し続けるやりとりを維持するものだと考えるのでしょうか（補足する），それとも，「中立」のままでいるものだと考えるのでしょうか？　患者は，それぞれのスタイルに対してどのように応答するのでしょうか？

　患者の側から述べれば，もしたとえば無意識的な目標が，治療者が侵入的ではないことを確認すること，愛情や承認を獲得すること，あるいは，患者に対する治療者自身のニードを見つけようとすることならば，これらの異なった「目標」は，患者の自己調制範囲と相互交流的なパターンにどのような影響を与えるのでしょうか？　そして，治療者はこのような「偏向」にどのように応答するのでしょうか？　治療者は皆，それぞれの瞬間に広い範囲のスタイルを用いており，患者には無意識的な目標の範囲があります。それでも，例証するという目的のため，それらのスタイルや目標のいずれか一つが優勢だという結果を想像してください。私たちが述べるシナリオはいずれも「否定的な」結果を含むかもしれませんが，私たちが描くのはそれぞれの潜在的有益性です。

　第5章で述べた中間域のバランスモデルは，このような偏向を概念化する方法を提供しています。最適な社交的コミュニケーションと発達は，行ったり来たりと動く柔軟性を持つ，中間域の自己調制と相互交流調制に生じると仮定されます。パートナーによる過度な監視は，自己調制を犠牲にし，「相互交流的警戒」へとシステムを偏向させます。相互交流へ敏感になることを犠牲にした自己調制へのとらわれは，不均衡のもう一つの極へとシステムを偏向させます。一方は引きこもりや「抑制」で，一方は過剰覚醒の拡大です。

　このモデルは乳児のために発展したもので，成人の治療のためにこの偏向を明らかにする私たちの例では，自己調制と相互交流調制のより複雑な統合を考えなければなりません。成人の治療においては，不均衡の両方の極で問題が同時に生じ，自己調制と相互交流調制，その両方へのとらわれが同時に起こります。たとえば，シュムスキー（Shumsky, 1996）のサンドラの治療では，分析家の不快感の合図に対する患者の過剰警戒は，分析家の傷つきやすさを調制するように働き，そして絆を維持するようにも機能しました（相互交流上の追跡へのとらわれ）。また，分析家が失敗して患者がリーダーシップをとらなければならなかったとき，サンドラの過剰警戒は彼女自身の傷つきやすさを調制するように機能しました（自己調制へのとらわれ）。患者の過剰警戒に直面し，

分析家は当初，自分自身の自己調制を維持することにとらわれました。

　ジョイニングのパターンもまた，自己調制と相互交流調制の同時的なオーガナイゼーションを明らかにします。分析作業はジョイニングであると考える治療者は，非常に相互交流的であり続け，患者の情動や覚醒を注意深く追跡したりマッチさせたりします。スターン（Stern, 1983, 1985）は，タイミング，強さ，〔旋律の〕輪郭描写の類似性は，パートナー二人を類似した状態に持ち込み，親密性や愛着を促進すると強調します。このスタイルはまた，患者の自己調制に影響を与えます。分析家は，非言語的なジョイニングを通して，「私はあなたと共にこの情動状態でいますよ」と患者にコミュニケートします。治療者のジョイニング行動は，患者がある特定の状態のまま，非言語的な相互交流的背景を提供し愛着の絆を高めます。もはや患者は完全に一人でこの状態を調制しようとはしないため，愛着のプロセスは促進されるかもしれません。加えて患者は，ジョイニングの体験を通し，その状態の相互交流上の調節を経験し，時間と共により自己調制的な統制を体験することができます。つまり，スターンが強調したように，ジョイニングの体験は，親密さと愛着へシステムを偏向させ，そしてまた，自己調制と自己内省の相互交流的な調節へシステムを偏向させます。しかし，分析家が自分の自己調制側面のためにジョイニング体験を必要とするならば，患者は充分な体験範囲を自由に探索できないかもしれません。

　分析作業は改変することであると考える治療者もまた，非常に相互交流的であり続けますが，システムは患者の状態の調制へ偏向しています。乳児期における状態変容の明らかな例は，苦悩を感じている乳児を身体的になだめすかすことで，そこでは，身体的な親密性と信頼の体験を生む覚醒の劇的な変容が伴います（Stern, 1983）。成人の精神分析の文献における類似例には，慢性的で調節不能な怒りの状態のため，仕事を何度も解雇されたボブ Bob の事例（Knoblauch, 1997）があります。ボブを助けられる「言葉」は何もありませんでした。エリオットの研究事例（第5章を参照），つまりビービーがエリオットの泣いているリズムにジョイニングし，次第に両者のリズムをゆっくりとしていった事例をノブローチ Knoblauch は用いています。ノブローチは，ボブの怒りの状態におけるイライラしたリズムに対して，彼の言葉のテンポと抑揚でジョイニングしました。ただ，それは音量でジョイニングしたものではあり

ません。そのようにしてボブは，徐々に治療者が自分を「理解している」と感じるようになりました。このような介入は，虐待的な父親や上司，分析家との歴史について，ボブがより自由に連想する力を伸ばしました。次第にボブはイライラしないようになりました。

精神分析における三つの鍵概念の再定式化

■ 自己と他者

　体験の絶え間ない共構築に関するシステム的視座のなかでは，自己と他者という用語よりも，自己調制と相互交流調制という用語を用いることを私たちは好みます。システム的観点では，どちらの要素も相手との関係のなかに定義されます。システム的観点は，はじめ自己と他者は分離し隔絶された個人で，発達課題は自己と他者の統合であるとする立場に批判的です。対照的に，システム的観点は，自己と他者をはじめから調整し合う相互関連的なものとみなし，その発達課題はさらなる精緻化や分化，統合とされます。

　自己調制と相互交流調制はたがいに絶え間なく影響を与えるため，この用語はまた，プロセスにその焦点を合わせます。しかし，より優勢なオーガナイジングプリンシプルとしてどちらか一方に偏向することなく，これら二つのプロセス間の力動的な張力を保つのは容易なことではありません。たとえば，私たちの立場を記述する場合，ハリス（Harris, 1997）は，私たちが「アイデンティティは，他者の相互交流的な反応を通して与えられ精緻化される」（p. 202）と理論化していると述べますが，この彼女〔の記述〕はすでに二者関係的な方向へ偏向しています。この立場は，乳児の能力や気質，一般には自己調制スタイルに，同等の重要な役割を与えていません。対照的にクルカ（Kulka, 1997）は，私たちの研究を議論する際，「たとえこの目標が他者との関係における文脈上の発祥地においてのみ実現されるとしても，人間の存在理由は相互関係ではなく，有意義な自己性の体験を創ることである」（p. 186）と述べますが，それは自己の方へ偏向しています。

　タビン（Tabin, 1997）は，自己と他者のより伝統的な概念を用いて，個人性と相互性の間のバランスプロセスという観点から私たちの研究を考察しまし

た。私たちの観点では，バランスのなかにあるものは「自己」と「他者」ではなく，むしろ自己調制と相互交流調制のプロセスです。人はそれぞれ自分自身の状態を常に感知し調節していますが，同時に，どのように自分がパートナーに影響を与え，どのようにパートナーから影響を与えられるのかも感知しています。バランスのなかにあるのは，前景に出たり背景に下がったりする形で，人が両方のプロセスの間を柔軟に行ったり来たりする程度です。これら二つのプロセスのバランスが取れていると，注意，情動，覚醒は最適な範囲内に調制されます。第5章で引用したジャフィら（Jaffe et al., 2001）による研究が示すところでは，高い調制か低い調制，どちらかの極よりも柔軟なものと解釈される，中間域の発声リズムの相互交流調制によって，生後1年時の安定した愛着が予測されます。中間域のバランスモデルでは，自己調制と相互交流調制が両方とも常に存在し，それぞれが一方に影響を与え，そのプロセスが一方以上に特別な地位を与えられることはありません。

　自己調制と相互交流調制のバランスモデルは，臨床家の観察スタンスを変えます。この観点では，臨床家は自分のなかの二つのプロセス（自己調制と相互交流調制）と，患者のなかの二つのプロセスを観察します。分析家は，患者のなかの二つのプロセスについての推論と，そのプロセスに関する患者自身の体験を積極的に比較します。自分の二つのプロセスの体験を患者が明確にできるようになる前に，多くの作業が必要とされるかもしれません。治療者の推論と患者の体験の間の不一致はとりわけ興味深いものです。同時に治療者は，自分自身のなかにあるこの二つのプロセスを継続的に観察し続けようと試みます。

　本書で記述する相互交流の調制に関する研究は，「相互交流性」を精神分析の中核概念として定式化するための基礎となります。相互交流性は，「プロセス自体がその本質であるシステム」（Kulka, 1997, p. 184）と定義されます。私たちは，他者と相互に関係するものとして自己を捉えるのではなく，自己調制と相互交流調制のプロセスにおける進行し続ける共構築を概念化しているのです。相互交流性は，潜在的再オーガナイゼーションの持続的なプロセスのなかに生まれます。

■ 内在化
　私たちのシステム的観点は，内在化の概念を変えます。第7章で，生後1年

目における表象化と内在化は異なるプロセスではないと提案したとき，私たちは，表象の前象徴的な起源を明らかにする研究は，内在化の起源も等しく述べるものであると論じました。1968年に，対面の相互交流に関する乳児研究がようやく始まったことを考えると，シェーファー Schafer がその年に，内在化を調制的相互交流として定義し，それが社交的相互交流に関する現在の乳児研究の中核的メタファーと著しく類似していたことは驚くべきことです。

しかし，この考えが意味することを，シェーファーが体系的に展開したわけではありません。私たちの観点では，分析的な研究の中心概念である自己調制へと変容するものとして相互交流調制を見るのではなく，調制的相互交流と自己調制はたがいに密接な関連を持って進行し，たがいを形作るものと見るのです。人と環境は両者とも，絶え間なく調制を構築し，精緻化し，表象化しますが，それは相互交流調制でもあり，同時に自己調制でもあります。**二者関係的な調制様式の予期と表象化が，内部的なオーガナイゼーションになります。**

私たちは，内在化のプロセスで問題となるのは，環境との実際の相互交流から相対的に自律性が増大することである，とするシェーファーの意見に同意します。象徴形成の進歩に伴い，調制の様式はますます抽象化され，脱人格化され，相対的に自律的になります。このモデルは，双方向的な調制の性質を表舞台に立たせます。それはさらに，調制プロセスにおける主体の役割を明確にし，体験の構築における二者関係的性質を強調します。

相互性 対 自律性：システムモデルに関する誤解

相互性と自律性は，しばしば連続線上の両極と概念化されます。相互性を相互交流調制と同じものとみなしたり，自律性を自己調制と同じものとみなしたりするのは，私たちのモデルを誤解するものです。自律性と相互性は両者とも，自己調制プロセスと相互交流調制プロセスを必要とします。私たちは，自律性を「ほど良い」相互交流調制から生じるものと再概念化します。同様に私たちは，最適な範囲の相互交流調制は，パートナー両方の「ほど良い」自己調制から生じるものとみなします。自律性と関係性を二つの分離した極とみなすのではなく，私たちは両者を同時的に共構築されるものとみなします。自律性

と関係性は，前景と背景の形式のなかで作用します。

　自己表象と対象表象の起源についての私たちの研究に関するタビン(Tabin, 1997)の議論は，すばらしいものですが，それでもなお私たちのシステムモデルに関するよくある誤解を含んでいます。乳児の心理的自律性の観点から，追いかけとかわしの相互交流（第5章を参照）を考察する上で，タビンはこの乳児を「自分自身で情動を維持（している）」(p. 191)，そして「切迫する母親の努力に逆ら（っている）」(p. 192) と記述しました。彼女は，追いかけとかわしの連鎖を「乳児によって始められ維持される」(p. 194) と記述しました。

　その反対に，追いかけとかわしの赤ん坊に関して最も興味深いのは，かかわることとかかわらないことの間の複雑な妥協点でした。赤ん坊は引きこもる方向に動きますが，（母親もそうであるように）母親に対するほんの一瞬での応答性は保ち続けました。母親が乳児の顔の前に大きく現れるその動きを完了する前に，乳児はすでに離れるように動き始めていました。そして，離れようとする頭の動きを乳児が終える前に，母親はすでに自分の頭を横に動かし始め，乳児の頭の動きを追いかけていきました。

　つまりこの乳児は，自分だけの情動軌道上にあったわけではありません。タビンの言葉でいえば，自分自身で情動を維持しているわけではありませんでした。乳児の注意，情動，覚醒は，母親がしていることと絶えず関連しており，またその逆もありました。引きこもる方向へ動きつつ，ほんの一瞬の二者関係の応答性のなかに深く組み込まれることは，自律性と分離性に関する私たちの伝統的な概念と単純には適合しません。乳児の引きこもりは新たに生じる二者関係的な特性であり，パートナー両方によって交互的に構築されたものです。乳児の引きこもりは，相互交流調制機能と自己調制機能の両方を持っていました。

　私たちはそれでもなお，能動的乳児は行動主体性を持ち，母親のものとは異なる，相容れない予定表 agenda を潜在的に持つという考え方をとります(Slavin, 2000 を参照)。しかし，追いかけとかわしの乳児において，この予定表は結果的に有効ではありませんでした。調制しようとする乳児自身の努力（母親に面と向かうことから，次第に頭と体の向きをひどく遠ざけ，最終的にはぐったりとしてしまう）は，最適な範囲の注意，情動，覚醒をもたらしませ

んでした。

　相互性を相互交流調制と同等とみなすことに，二つ目の問題があります。相互性は肯定的な価値を持ちますが，相互交流調制は相互交流の成功という点で中立的です。肯定的なパターンも回避的なパターンも同じく，交互的に順応する両方のパートナーによって相互交流的に調制されています。たとえば，明らかに回避的ですが，追いかけとかわしのパターンは，パートナー両方によって共構築されており，ほんの一瞬の水準でたがいに影響し合っています。

心の地図を更新する心

　第1章では，システム的観点が，どのようにバートン Burton の治療に関する私たちの考えを変えたのかということを示しました。第2章では，私たちの二者関係的なシステム的観点を紹介しましたが，それは，行動や体験のオーガナイゼーションに対する個人の貢献と二者関係の貢献を統合するものでした。このような観点を用いて，本書の流れのなかで私たちは，乳児研究における相互交流のオーガナイジングプリンシプルと，精神分析における相互交流のオーガナイジングプリンシプルの間を往復しました。

　この最終章では，精神分析にとっての相互交流のオーガナイジングプリンシプルを生み出すような，システムモデルのいくつかの次元について要約しました。私たちは，精神分析における言語的コミュニケーションと非言語的コミュニケーションの統合を考慮し，黙示的な処理と明示的な処理を区別したなかにこのオーガナイジングプリンシプルを枠づけしてきました。私たちは，黙示的な水準と明示的な水準は，治療作用をより広く理解するために統合されるべきであると論じ，自己調制への偏向と相互交流への偏向を述べる成人の治療例を用いて，この考えを例証してきました。今や私たちは，より広範なシステム的観点のなかで急増する研究成果と，私たちの研究との関係を見据えています。私たちの研究を形作るのと同じ一般的システムモデルは，その他の分野での研究も生み出してきました。なかでも特に，神経科学は心の相互交流モデルをさらに解明するものです。

　エーデルマン（Edelman, 1987, 1992; Tononi, Sporns, & Edelman, 1994）

やフリーマン（Freeman, 1987, 1991），セレンとスミス（Thelen & Smith, 1994）をはじめとする研究の力動的システム理論は，脳がどのように知覚するのかという問題に強調点をおくことで，精神分析のための心の相互交流モデルに重要な貢献を果たします。脳は行動に影響を与え，体験は脳を改変するというように，相互交流モデルの両側に等しく強調点がおかれます。神経細胞の大きさ，形，タイプ，結合の違いによる神経のおびただしい多様性が，すべての脳を異なったものにしています。その結果，細胞間のつながり，つまり「配線」は体験によって左右されます（Thelen & Smith, 1994; Schore, 1994）。細胞間のこれらのつながりは，進行し続ける体験に応じて絶え間なく書き換えられ，再配置 remapped されます。このモデルが意味することの一つは，固定された刺激のスキーマや表象はないということです。刺激の表象は，有機的な覚醒，文脈，体験に応じて常に更新され，「組み立て直され」ます。心はその地図 map を更新するのです。つまり，脳や体験は共構築されるのです。

■ 更新され続けるプロセス

　更新され続けるプロセスの一つの例は，うさぎの脳がどのようにおがくずの匂いの「地図」をつくるのかについての研究に見られます（Freeman, 1987, 1991; Thelen & Smith, 1994）。脳波パターンが嗅球全体の60部位で記録されました。おがくずの匂いは，うさぎの脳の60部位にわたり，特定の脳波振幅パターンを示しました。更新され続けるプロセスを研究するため，その後うさぎはバナナの匂いに曝露されます。そして，同じおがくずが戻され，脳波パターンが再度記録されました。おがくずの地図は，干渉されたバナナの匂いによって改訂されていたことがわかりました。つまり，うさぎのモデルを人間に拡大すると，私たちが知覚するものは，その場における文脈と，その時点までの私たちの体験の総量に照らして絶えず更新されるということができます。

　このような研究が示唆するのは，本質的に心は関係的であるということです。脳は，知覚や表象，地図をどのようにつくり出すのか，そして，これらの地図は体験によってどのように絶え間なく更新されるのか，といったことに関する相互交流モデルをこの研究は提供します。この研究は，精神分析における表象の性質にとって多くの示唆を含んでいます。多くの理論家が，表象の「固定的な」性質ではなく，「プロセス」を強調してきましたが，この研究では，

表象はより純粋なプロセス的性格を帯びます。表象は体験に応じて絶えず更新されるのです。つまり，新たに生じるオーガナイゼーションの絶え間なく変動するプロセスとして，表象を再定義しなければなりません。しかし，力動的システム理論家によって一見安定的な状態も想定されています。これらの状態は，反復的連鎖に基づく予想という，馴染み深い概念に言い換えることもできます。この研究は，表象の変容のためのモデル，つまり，精神分析のための治療作用のモデルを提供します。それでもなお，多くの研究で，精神分析が中心的に関心を抱くものの一つである，更新され続けるプロセスを妨害する条件を説明することが求められています。心的外傷は，知覚や表象を更新する脳の柔軟性を実質的に変えてしまいます。健全な発達の特徴は，予測可能性と変容性の両方のバランスを保つ最適な安定度だとすることができるかもしれません。

■文脈の役割

　表象がどのように形作られて変容するのか，脳はその地図をどのように創り出して更新するのか，共構築はどのようにして組み立て直されるのかといったことを理解する上で，文脈の役割は重要です。二人の人がその二者関係プロセスを共構築する方法は，文脈に大変敏感です。発声リズム調整に関するデータ（Jaffe et al., 2001）は，母親－乳児または見知らぬ人－乳児など特定のパートナーに応じた，そしてその二者関係が家庭で撮影されたのか，それとも実験室で撮影されたのかということに応じた，文脈への興味深い敏感さを示しました。たとえば，発声リズムは新奇さによってより活性化されました。つまり，家庭よりも実験室，母親－乳児相互交流よりも見知らぬ人－乳児相互交流でした。家庭での母親－乳児という最も慣れた文脈と比べ，実験室内での見知らぬ人－乳児という最も新奇な文脈が，より双方向的な発声リズム調整を示しました。

　セレンとスミス（Thelen & Smith, 1994）は，行動に非常に大きな柔軟性を与え，変化の可能性を準備するのは，文脈への敏感さであると主張しています。表象とは私たちが「持っている」ものではなく，私たちが文脈や作業によってその瞬間に組み立て，組み立て直すものであると，彼らは提案しています。精神分析は，文脈の概念を自分自身の用語に翻訳し，たとえば分離と再結合，断絶とその修復，情動が変動する瞬間，空間的向き，タイミングなど，精

神分析自身の重要な文脈を同定しなければならないと私たちは考えています。

■ 変化の揺らぎ理論

変化の揺らぎ理論 perturbation theory は，非線形力動システム理論家たちによって提案されました。精神分析にとって鍵となる問題があります。システムはどのように変化し，パターンをつくり出し，パターンを変容するのか？最初の前提は，すべての行為や知識はプロセスであることです。やがて，活動のパターンがある文脈のなかで生じます。それらは本質的に力動的で変化可能です（Thelen, 1994, 1998; Thelen & Smith, 1994）。発達は，安定と不安定の変化するパターンとして概念化されます。あるパターンは，ある文脈のなかではかなり安定しています。別のパターンは不安定で，歴史や現在の文脈に応じて簡単に壊れます。最適に開かれたシステムにおいては，情報の流れの絶え間ない出入りがあり，時間的に安定したパターン（予想）の創造を伴います。開かれたシステムは柔軟で可変性があるので，新しい解決策を持ち，探求することに開かれ，揺らぎに対して反応します。

■ 可変性は新しい形態の源泉である

パターンが変化するためには，システムのある部分が現在の安定したパターンを壊さなければなりません。そして，新たに生じるシステムの特性として新しいパターンが形作られます。これらのパターンは非線形です。それらは，必ずしも以前に生じたことから予測されないのです。構成要素がそれほど堅く調整されていないとき，そのシステムは探索し変化することができます。しかし調整が堅すぎるとき，そのシステムが変動し新しい解決策を探索することはより困難になります。このような場合，もしそのシステムが揺らがされると，可変性が現れ，過剰に安定したパターンはばらばらにされます。発声リズム調整の例（Jaffe et al., 2001）では，最も堅い調整は最も不安定な愛着（不安 - 抵抗型と無秩序型）にみられました。おそらく，非常に堅く結びつけられた二者関係は，可変性や柔軟性を失っていたのです。シュムスキー（Shumsky, 1996）の過剰警戒の患者（第6章を参照）が，すべての柔軟性を犠牲にして堅くオーガナイズされたパターンの例を示しています。いわば，さざ波はどれも災害の前兆でした。

■精神病理の再定義

　対人コミュニケーションの質は，パートナー間の調整程度と関係しています。さまざまな理論家が，高い調整はコミュニケーションにとって最適であるか（Chapple, 1970），最適でないか（Gottman, 1979），どちらかであると示唆しています。現在，調整の程度に関する非線形モデルが提供するのは，その多様な意味のより一般的な観点です（Cohn & Elmore, 1988; Lewis & Feiring, 1989; Thelen, 1998; Warner, 1988a; Watson, 1994）。この非線形的観点が主張するのは，人と環境（パートナーあるいは無生物環境）はいつも調子をそろえて調整され，そしてその調整の堅さは文脈によって柔軟に変化するということです（Thelen, 1998）。危険な状況では，ロサンゼルスの高速道路で速度を落とすときのように，私たちは道路としっかりと結合している方がよいのです。同様に，強い注意や集中の状況では，高い調整が求められます。瞑想時やとても親しいパートナーと共にいるときのように，リラックスした文脈では，私たちはゆるく調整されているかもしれません。

　セレン（Thelen, 1998）は，調整の強さを変える能力の柔軟性が，適応の一つの定義になると示唆しています。その瞬間は適応的でも，次の瞬間は適応的でないかもしれません。開かれたシステムにおいては，調整の程度は柔軟であり，そのような柔軟性の喪失が病理の一つの特徴です。

　私たちは，母親-乳児の発声リズムと愛着の予測に関する研究で，この概念を例証しました（Jaffe et al., 2001）。安定的愛着にとって，最適なのは中間域での結びつきでした。その範囲のどちらかの端，つまり，堅く結びつきすぎているか，あるいはひどくゆるく結びついているか，どちらかの場合，不安定型の愛着が予測されました。私たちは，堅い範囲の結びつきは，過剰な予測や過剰な随伴的応答といった警戒，それはおそらくストレスや恐れにコーピングする方法だろうと解釈しました。私たちは結びつきの低い方の端を抑制と解釈しますが，そこでは，パートナー二人は比較的たがいの独立性を保ったまま行動し，二者関係システムはその一貫性を失っていました。つまり，前言語的な発声リズムとその調整の程度は，発達する愛着に関連する相互交流の情緒的な「質」を伴います。多くの成人の研究もまた，リズム調整が，話し手の知覚される温かさ，類似性，共感に関する情緒的な情報をもたらすことを示唆してい

ます（たとえば，Jaffe & Feldstein, 1970; Feldstein & Welkowitz, 1978; Warner, 1988a, b を参照）。

　最後に，本書における私たちの目的は，乳児研究の価値と，精神分析にとってのシステム的観点を説明することでした。しかし，乳児研究の価値は，成人の治療や心の相互交流モデルへ適用することだけにあるのではありません。それは，関係性それ自体のプロセスの起源に関する体系的な systematic 観点を提供するものです。

引用文献

Adelmann, P. & Zajonc, R. (1989). Facial efference and the experience of emotion. *Annual Review of Psychology, 40,* 249–280.
Adler, G. & Buie, D. (1979). Aloneness and borderline psychopathology: The possible relevance of child development issues. *International Journal of Psycho-Analysis, 60,* 83–96.
Ainsworth, M., Blehar, M., Waters, E. & Wall, S. (1978). *Patterns of attachment.* Hillsdale, NJ: Lawrence Erlbaum Associates.
Allen, T., Walker, K., Symonds, L. & Marcell, M. (1977). Intrasensory and intersensory perception of temporal sequences during infancy. *Developmental Psychology, 13,* 225–229.
Als, H. & Brazelton, T. (1981). A new model of assessing the behavioral organization in preterm and fullterm infants. *Journal of the American Academy of Child Psychiatry, 20,* 239–263.
Alson, D. (1982). Maternal empathy in relation to infant affective engagement at four months. Unpublished doctoral dissertation, Yeshiva University, New York.
The American college dictionary (1962). New York: Random House.
Aron, L. (1996). *A meeting of minds.* Hillsdale, NJ: The Analytic Press.
Atwood, G. & Stolorow, R. (1984). *Structures of subjectivity.* Hillsdale, NJ: The Analytic Press.
Badalamenti, A. & Langs, R. (1990). An empirical investigation of human dyadic systems in the time and frequency domains. *Behavioral Science, 39,* 100–114.
Badalamenti, A. & Langs, R. (1992). Stochastic analysis of the duration of the speaker role in the psychotherapy of an AIDS patient. *American Journal of Psychotherapy, 46,* 207–225.
Bahrick, L. & Watson, J. (1985). Detection of intermodal proprioceptive visual contingency as a potential basis of self-perception in infancy. *Developmental Psychology, 21,* 963–973.
Bakeman, R., Adamson, L., Brown, J. & Eldridge, M. (1989). Can early interaction predict? How and how much? In M. Bornstein & N.

Krasnegor (Eds.), *Stability and continuity in mental development* (pp. 235–248). Hillsdale, NJ: Lawrence Erlbaum Associates.

Bakeman, R. & Brown, J. (1977). Behavioral dialogues. *Child Development, 48*, 195–203.

Basch, M. (1988). *Understanding psychotherapy: The science behind the art.* New York: Basic Books.

Beebe, B. (1973). Ontogeny of positive affect in the third and fourth months of the life of one infant. (Doctoral dissertation, Columbia University, 1973). *Dissertation Abstracts International, 35* (2), 1014B.

Beebe, B. (1982). Micro-timing in mother–infant communication. In M. R. Key (Ed.), *Nonverbal communication today* (pp. 169–195). New York: Mouton.

Beebe, B. (1986). Mother–infant mutual influence and precursors of self and object representations. In J. Masling (Ed.), *Empirical studies of psychoanalytic theories, vol.* 2 (pp. 27–48). Hillsdale, NJ: The Analytic Press.

Beebe, B. (1998). A procedural theory of therapeutic action: Commentary on symposium on Interventions that effect change in psychotherapy. *Infant Mental Health Journal, 19*, 333–340.

Beebe, B., Alson, D., Jaffe, J., Feldstein, S. & Crown, C. (1988). Vocal congruence in mother–infant play. *Journal of Psycholinguistic Research, 17*, 245–259.

Beebe, B. & Gerstman, L. (1980). The "packaging" of maternal stimulation in relation to infant facial-visual engagement: A case study at four months. *Merrill-Palmer Quarterly, 26*, 321–339.

Beebe, B. & Jaffe, J. (1992a). Mother–infant vocal dialogues. *Infant Behavior and Development, 15*, 48. International Conference on Infant Studies Abstracts Issue, May.

Beebe, B. & Jaffe, J. (1992b). The contribution of infant responsivity to the prediction of infant attachment. *Infant Behavior and Development, 15*, 113. International Conference on Infant Studies Abstracts Issue, May.

Beebe, B. & Jaffe, J. (1999). [Mother–infant regulation: Depression and attachment. NIMH Grant]. Unpublished raw data.

Beebe, B., Jaffe, J., Feldstein, S., Mays, K. & Alson, D. (1985). Interpersonal timing: The application of an adult dialogue model to mother–infant vocal and kinesic interactions. In T. Field & N. Fox (Eds.), *Social perception in infants* (pp. 217–247). Norwood, NJ: Ablex.

Beebe, B., Jaffe, J. & Lachmann, F. (1992). A dyadic systems view of communication. In N. Skolnick & S. Warshaw (Eds.), *Relational perspectives in psychoanalysis* (pp. 61–81). Hillsdale, NJ: The Analytic Press.

Beebe, B., Jaffe, J., Lachmann, F., Feldstein, S., Crown, C. & Jasnow, J. (2000). Systems models in development and psychoanalysis: The case of vocal rhythm coordination and attachment. *Infant Mental Health Journal*, 21, 99–122.

Beebe, B. & Kronen, J. (1988). Mutual regulation of affective matching in mother–infant face-to-face play. Unpublished manuscript.

Beebe, B. & Lachmann, F. (1988a). Mother–infant mutual influence and precursors of psychic structure. In A. Goldberg (Ed.), *Frontiers in self psychology: Progress in self psychology, vol. 3* (pp. 3–26). Hillsdale, NJ: The Analytic Press.

Beebe, B. & Lachmann, F. (1988b). The contribution of mother–infant mutual influence to the origins of self- and object representations. *Psychoanalytic Psychology*, 5, 305–337.

Beebe, B. & Lachmann, F. (1994). Representation and internalization in infancy: Three principles of salience. *Psychoanalytic Psychology*, 11, 127–165.

Beebe, B. & Lachmann, F. (1998). Co-constructing inner and relational processes: Self and mutual regulation in infant research and adult treatment. *Psychoanalytic Psychology*, 15, 1–37.

Beebe, B., Lachmann, F. & Jaffe, J. (1997). Mother–infant interaction structures and presymbolic self and object representations. *Psychoanalytic Dialogues*, 7, 133–182.

Beebe, B. & McCrorie, E. (1996). A model of love for the 21st century: Infant research, literature, romantic attachment, and psychoanalysis. Presented at 19th Annual Conference on the Psychology of the Self, Washington, DC.

Beebe, B. & McCrorie, E. (in press). A model of love for the 21st century: Literature, infant research, adult romantic attachment, and psychoanalysis. *Psychoanalytic Inquiry*.

Beebe, S. & Stern, D. (1977). Engagement-disengagement and early object experiences. In N. Freedman & S. Grand (Eds.), *Communicative structures and psychic structures* (pp. 35–55). New York: Plenum.

Beebe, B., Stern, D. & Jaffe, J. (1979). The kinesic rhythm of mother–infant interactions. In A. Siegman & S. Feldstein (Eds.), *Of speech and time* (pp. 23–34). Hillsdale, NJ: Lawrence Erlbaum Associates.

Behrends, R. & Blatt, S. (1985). Internalization and psychological development throughout the life cycle. In *The psychoanalytic study of the child*, 40 (11–39). New Haven, CT: Yale University Press.

Bell, R. (1968). A reinterpretation of the direction of effects in studies of socialization. *Psychological Review, 75,* 81–95.

Bell, S. (1970). The development of the concept of the object as related to mother–infant attachment. *Child Development, 41,* 291–311.

Belsky, J., Rovine, M. & Taylor, D. (1984). The Pennsylvania infant and family development project III: The origins of individual differences in infant–mother attachment: Maternal and infant contributions. *Child Development, 55,* 718–728.

Benjamin, J. (1988). *The bonds of love: Psychoanalysis, feminism, and the problem of domination.* New York: Pantheon.

Benjamin, J. (1990). An outline of intersubjectivity: The development of recognition. *Psychoanalytic Psychology, 7,* 33–46.

Benjamin, J. (1995). *Like subjects, love objects.* New Haven, CT: Yale University Press.

Berg, C. & Sternberg, R. (1985). Response to novelty: Continuity vs. discontinuity in the developmental course of intelligence. In H. Reese (Ed.), *Advances in child development and behavior, vol. 19* (pp. 1–47). San Diego, CA: Academic Press.

Berlyne, D. (1966). Curiosity and exploration. *Science, 153,* 25–33.

Bernstein, A. & Blacher, R. (1967). The recovery of a memory from three months of age. In *The psychoanalytic study of the child, 22* (156–161). New York: International Universities Press.

Blatt, S. & Behrends, R. (1987). Internalization, separation-individuation, and the nature of therapeutic action. *International Journal of Psycho-Analysis, 68,* 279–297.

Blatt, S., D'Afflitti, J. & Quinlan, D. (1976). Experiences of depression in normal young adults. *Journal of Abnormal Psychology, 85,* 383–389.

Blatt, S., D'Afflitti, J. & Quinlan, D. (1979). Depressive experiences questionnaire. Unpublished manuscript, Department of Psychiatry, Yale University.

Bloom, L. (1993). *The transition from infancy to language.* New York: Cambridge University Press.

Blurton-Jones, N. (1972). *Ethological studies of child behavior.* Cambridge: Cambridge University Press.

Bornstein, M. (1979). Perceptual development: Stability and change in feature perception. In M. Bornstein & W. Kessen (Eds.), *Psychological development from infancy* (pp. 37–81). Hillsdale, NJ: Lawrence Erlbaum Associates.

Bornstein, M. (1985). Infant into adult: unity to diversity in the development of visual categorisation. In J. Mehler & R. Fox (Eds.), *Neonate cognition* (pp. 115–138). Hillsdale, NJ: Lawrence Erlbaum Associates.
Bower, T., Broughton, J. & Moore, M. (1970). Infant responses to approaching objects. *Perception and Psychophysics, 9,* 193–196.
Bowlby, J. (1958). The nature of the child's tie to his mother. *International Journal of Psycho-Analysis, 39,* 350–373.
Bowlby, J. (1969). *Attachment and loss, 1.* New York: Basic Books.
Bowlby, J. (1980). *Attachment and loss, 3.* New York: Basic Books.
Bromberg, P. (1998). *Standing in the spaces: Essays on clinical process, trauma, and dissociation.* Hillsdale, NJ: The Analytic Press.
Brazelton, T. B. (1973). Neonatal behavioral assessement scale. *Clinics in Behavioral Medicine, 50.* London: Heinemann Medical Books.
Brazelton, T. B. (1992). Touch and the fetus. Presented to Touch Research Institute, Miami, FL, May.
Brazelton, T. B., Koslowski, B. & Main, M. (1974). The origins of reciprocity. In M. Lewis & L. Rosenblum (Eds.), *The effects of the infant on its caregiver* (pp. 49–70). New York: Wiley-Interscience.
Brazelton, T. B., Tronick, E., Adamson, L., Als, H. & Wise, S. (1975). Early mother–infant reciprocity. In M. A. Hofer (Ed.), *The parent–infant relationship* (pp. 137–154). New York: Elsevier.
Bretherton, I. (1985). Attachment theory: Retrospect and prospect. In I. Bretherton & E. Waters (Eds.), *Growing points in attachment theory and research: Monographs of the Society for Research in Child Development, 50*(1–2) Serial No. 209, pp. 3–35.
Bromberg, P. (1998). *Standing in the spaces: Essays on clinical process, trauma, and dissociation.* Hillsdale, NJ: The Analytic Press.
Bruner, J. (1977). Early social interaction and language acquisition. In H. R. Schaffer (Ed.), *Studies in mother–infant interaction* (pp. 271–289). New York: Norton.
Bruner, J. (1983). *Child's talk: Learning to use language.* New York: Norton.
Bucci, W. (1985). Dual coding: A cognitive model for psychoanalytic research. *Journal of the American Psychoanalytic Association, 33,* 571–608.
Bucci, W. (1997). *Psychoanalysis and cognitive science.* New York: Guilford Press.
Buie, D. & Adler, G. (1973). The uses of confrontation in psychotherapy of borderline cases. In G. Adler & P. Myerson (Eds.), *Confrontation in psychotherapy* (pp. 123–146). New York: Science House.

Butterworth, G. (1990). Self-perception in infancy. In D.Cicchetti & M. Beeghly (Eds.), *The self in transition: From infancy to childhood* (pp. 119–137). Chicago: University of Chicago Press.

Byers, P. (1975). Biological rhythms as information channels in interpersonal communication behavior. In P. Klopfer & G. Bateson (Eds.), *Perspectives in ethology*. New York: Plenum.

Capella, J. (1981). Mutual influence in expressive behavior: Adult and infant-adult dyadic interaction. *Psychological Bulletin, 89*, 101–132.

Capella, J. (1991). The biological origins of automated patterns of human interaction. *Communication Theory, 1*, 4–35.

Casement, P. (1990). [Case report] Presented at meeting of American Psychoanalytic Association., Miami, FL, December.

Chance, M. & Larsen, R. (Eds.) (1996). *The social structure of attention*. New York: Wiley.

Chapple, E. (1970). *Culture and biological man*. New York: Holt, Rinehart & Winston.

Chatfield, C. (1982). *Analysis of time-series* (2nd ed.). London: Chapman & Hall.

Chevalnier-Skolnikoff, S. (1976). The ontogeny of primate intelligence and its implications for communicative potential: A preliminary report. *Annals of the New York Academy of Sciences, 280*, 173–211.

Clyman, R. (1991). The procedural organization of emotions: A contribution from cognitive science to the psychoanalytic theory of therapeutic action. *Journal of the American Psycohanalytic Association, 39*, 349–381.

Cohen, L., DeLoache, J. & Strauss, M. (1979). Infant visual perception. In J. Osofsky (Ed.), *Handbook of infant development* (pp. 393–438). New York: Wiley.

Cohen, L. & Gelber, E. (1975). Infant visual memory. In L. Cohen & P. Salapatek (Eds.), *Infant perception: From sensation to cognition, vol. I*. (pp. 347–403). New York: Academic Press.

Cohen, S. & Beckwith, L. (1979). Preterm infant interaction with the caregiver in the first year of life and competence at age two. *Child Development, 58*, 767–776.

Cohn, J. & Beebe, B. (1990). Sampling interval affects time-series regression estimates of mother–infant influence. *Infant Behavior and Development, Abstracts Issue, 13*, 317.

Cohn, J., Campbell, S., Matias, R. & Hopkins, J. (1990). Face-to-face interactions of partpartum depressed and nondepressed mother–infant pairs at two months. *Developmental Psychology, 26,* 15–23.

Cohn, J., Campbell, S. & Ross, S. (1991). Infant response in the still-face paradigm at 6 months predicts avoidant and secure attachments at 12 months. *Development and Psychopathology, 3,* 367–376.

Cohn, J. & Elmore, M. (1988). Effect of contingent changes in mothers' affective expression on the organization of behavior in 3-month-old infants. *Infant Behavior and Development, 11,* 493–505.

Cohn, J. & Tronick, E. (1983). Three-month-old infants' reaction to simulated maternal depression. *Child Development, 54,* 185–93.

Cohn, J. & Tronick, E. (1988). Mother–infant face-to-face interaction: Influence is bidirectional and unrelated to periodic cycles in either partner's behavior. *Developmental Psychology, 24,* 386–392.

Cohn, J. & Tronick, E. (1989a). Specificity of infants' response to mothers' affective behavior. *Journal of the American Academy of Child and Adolescent Psychiatry, 28,* 242–248.

Cohn, J. & Tronick, E. (1989b). Mother–infant face-to-face interaction: The sequence of dyadic states at 3, 6, 9 months. *Developmental Psychology, 23,* 68–77.

Cormier, S. (1981). A match–mismatch theory of limbic system function. *Physiological Psychology, 9,* 3–36.

Crockenberg, S. (1983). Early mother and infant antecedents of Bayley skill performance at 21 months. *Developmental Psychology, 19,* 727–730.

Crown, C. (1991). Coordinated interpersonal timing of vision and voice as a function of interpersonal attraction. *Journal of Language and Social Psychology, 10,* 29–46.

Crown, C. (1992). Coordinated interpersonal timing. Presented to American Association for the Advancement of Science, Chicago, February.

Davidson, R. & Fox, N. (1982). Asymmetrical brain activity discriminates between positive versus negative affective stimuli in human infants. *Science, 218,* 1235–1237.

Davis, M. & Hadiks, D. (1990). Nonverbal behavior and client state changes during psychotherapy. *Journal of Clinical Psychology, 46,* 340–351.

Dawson, G. (1992a). Infants of mothers with depressive symptoms: Neurophysiological and behavioral findings related to attachment sta-

tus. *Infant Behavior and Development, Abstracts Issue, 15,* 117.
Dawson, G. (1992b). Frontal lobe activity and affective behavior of infants of mothers with depressive symptoms. *Child Development, 63,* 725–737.
DeCasper, A. & Carstens, A. (1980). Contingencies of stimulation: Effects on learning and emotion in neonates. *Infant Behavior and Development, 4,* 19–36.
DeCasper, A. & Fifer, W. (1980). Of human bonding: Newborns prefer their mothers' voices. *Science, 208,* 1174.
DeCasper, A. & Spence, M. (1986). Prenatal maternal speech influences newborn's perception of speech sounds. *Infant Behavior and Development, 9,* 133–150.
Demos, V. (1983). Discussion of papers by Drs. Sander and Stern. In J. Lichtenberg & S. Kaplan (Eds.), *Reflections on self psychology* (pp. 105–112). Hillsdale, NJ: The Analytic Press.
Demos, V. (1984). Empathy and affect: Reflections on infant experience. In J. Lichtenberg, M. Bonnstein & D. Silver (Eds.), *Empathy, 2* (pp. 9–34). Hillsdale, NJ: The Analytic Press.
Dimburg, U., Thunberg, M. & Elmehed, K. (2000). Unconscious facial reactions to emotional facial expressions. *American Psychological Society, 11,* 86–89.
Donovan, W. & Leavitt, L. (1978). Early cognitive development and its relation to maternal physiologic and behavioral responsiveness. *Child Development, 49,* 1251–1254.
Edelman, G. (1987). *Neural Darwinism.* New York: Basic Books.
Edelman, G. (1992). *Bright air, brilliant fire.* New York: Basic Books.
Ehrenberg, D. (1992). *The intimate edge.* New York: Norton.
Eibl-Eibesfeldt, I. (1970). *Ethology: The biology of behavior.* New York: Holt, Rinehart & Winston.
Eimas, P. (1985). Constraints on a model of infant speech perception. In J. Mehler & R. Fox (Eds.), *Neonate cognition* (pp. 185–197). Hillsdale, NJ: Lawrence Erlbaum Associates.
Eissler, K. (1953). The effect of the structure of the ego on psychoanalytic technique. *Journal of the American Psychoanalytic Association, 1,* 104–143.
Ekman, P. (1983). Autonomic nervous system activity distinguishes among emotions. *Science, 221,* 1208–1210.
Ekman, P., Friesen, W. & Ancoli, S. (1980). Facial signs of emotional experience. *Journal of Personality and Social Psychology, 39,* 1125–1134.
Ekman, P., Levenson, R. & Friesen, W. (1983). Autonomic nervous system

activity distinguishes among emotions. *Science, 221,* 1208–1210.
Ekman, P. & Oster, H. (1979). Facial expression of emotion. *Annual Review of Psychology, 30,* 527–554.
Emde, R. (1981). The prerepresentational self and its affective core. In *The psychoanalytic study of the child, 36,* 165–192. New Haven, CT: Yale University Press.
Emde, R. (1988). Development terminable and interminable. I. Innate and motivational factors. *International Journal of Psycho-Analysis, 69,* 23–42; II. Recent psychoanalytic theory and therapeutic considerations. *International Journal of Psycho-Analysis, 69,* 283–296.
Emde, R., Biringen, Z., Clyman, R. & Oppenheim, D. (1991). The moral self of infancy: Affective core and procedural knowledge. *Developmental Review, 11,* 251–270.
Fagan, J. (1974). Infant recognition memory: The effects of length of familiarization and type of discrimination task. *Child Development, 45,* 351–356.
Fagan, J. (1982). Infant memory. In T. Field, A. Huston, H. Quay, L. Troll & G. Finley (Eds.), *Review of human development* (pp. 72–92). New York: Wiley.
Fagen, J., Morrongiello, B., Rovee-Collier, C. & Gekoski, M. (1984). Expectancies and memory retrieval in three-month-old infants. *Child Development, 55,* 936–943.
Fagen, J., Ohr, P., Fleckenstein, L. & Ribner, D. (1985). The effect of crying on long-term memory in infancy. *Child Development, 56,* 1584–1592.
Fagen, J., Ohr, P., Singer, J. & Klein, S. (1989). Crying and retrograde amnesia in young infants. *Infant Behavior and Development, 12,* 13–24.
Fairbairn, W. R. D. (1952). *Psychoanalytic studies of the personality.* London: Routledge & Kegan Paul.
Fantz, R., Fagan, J. & Miranda, S. (1975). Early visual selectivity. In I. Cohen & P. Salapatek (Eds.), *Infant perception, vol. 1* (pp. 249–346). New York: Academic Press.
Fast, I. (1988). Interaction schemes in the establishment of psychic structure and therapeutic change. Unpublished manuscript.
Feldman, R. (1997). Affect regulation and synchrony in mother–infant play as precursors to the development of symbolic competence. *Infant Mental Health Journal, 18,* 4–23.
Feldstein, S. (1998). Some nonobvious consequences of monitoring time in conversation. In M. Palmer & G. Barnett (Eds.), *Mutual influence in interpersonal communication: Theory and research in cognition, affect, and behavior. Progress*

in communication sciences, vol. 14 (pp. 163–190). Norwood, NJ: Ablex.
Feldstein, S. & Welkowitz, J. (1978). A chronography of conversation: In defense of an objective approach. In A. W. Siegman & S. Feldstein (Eds.), *Nonverbal behavior and communication* (pp. 329–377). Hillsdale, NJ: Lawrence Erlbaum Associates.
Fenichel, O. (1938–1939). *Problems of psychoanalytic technique* (D. Brunswick, Trans.). New York: Psychoanalytic Quarterly Press, 1969.
Ferenczi, S. (1930). The principle of relaxation and neocatharsis. In *Final contributions to the problems and methods of psychoanalysis* (pp. 126–142). New York: Basic Books, 1955.
Fernald, A. (1987). Four-month-old infants prefer to listen to motherese. *Infant Behavior and Development, 8*, 181–195.
Fernald, A. & Kuhl, P. (1987). Acoustic determinants of infant preference for motherese speech. *Infant Behavior and Development, 10*, 279–293.
Field, T. (1981). Infant gaze aversion and heart rate during face-to-face interactions. *Infant Behavior and Development, 4*, 307–315.
Field, T., Healy, B., Goldstein, S. & Guthertz, M. (1990). Behavior-state matching and synchrony in mother–infant interactions of depressed and nondepressed dyads. *Developmental Psychology, 26*, 7–14.
Field, T., Healy, B., Goldstein, S., Perry, D., Bendell, D., Schanberg, S., Simmerman, E. & Kuhn, O. (1988). Infants of depressed mothers show "depressed" behavior even with non-depressed adults. *Child Development, 59*, 1569–1579.
Field, T., Woodson, R., Greenberg, R. & Cohen, D. (1982). Discrimination and imitation of facial expressions by neonates. *Science, 218*, 179–181.
Finkelstein, N. & Ramey, C. (1977). Learning to control the environment in infancy. *Child Development, 48*, 806–819.
Fogel, A. (1992a). Movement and communication in human infancy: The social dynamics of development. *Human Movement Science, 11*, 387–423.
Fogel, A. (1992b).Co-regulation, perception and action. *Human Movement Science, 11*, 505–523.
Fogel, A. (1993a). *Developing through relationships*. Chicago: University of Chicago Press.
Fogel, A. (1993b). Two principles of communication: Co-regulation and framing. In J. Nadel & L. Camaioni (Eds.), *New perspectives in early communicative development*. London: Routledge.
Fosshage, J. (2000). Interaction in psychoanalysis: A broadening horizon. *Psychoanalytic Dialogues, 5*, 459–478.

Fox, N. (1994). The development of emotion regulation: Introduction to part 3. In I. Bretherton & E. Waters (Eds.), *Growing points of attachment theory and research: Monographs of the Society for Research in Child Development*, 50(2–3) serial No. 240, pp. 189.
Freedman, N., Barroso, F., Bucci, W. & Grand, S. (1978). The bodily manifestations of listening. *Psychoanalysis and Contemporary Thought*, 1, 156–194.
Freeman, W. (1987). Simulation of chaotic EEG patterns with dynamic model of the olfactory system. *Biological Cybernetics*, 56, 139–150.
Freeman, W. (1991). The psychology of perception. *Scientific American*, 264, 78–85.
Freud, S. (1909). Notes upon a case of obsessional neurosis. *Standard Edition* 10, 153–318. London: Hogarth Press, 1955.
Freud, S. (1917). Mourning and melancholia. *Standard Edition* 14, 243–248. London: Hogarth Press, 1957.
Freud, S. (1938). An outline of psychoanalysis. *Standard Edition* 23, 139–207. London: Hogarth Press, 1964.
Frey, S., Hirsbrunner, H., Florin, A., Daw, W. & Crawford, R. (1983). A unified approach to the investigation of nonverbal and verbal behavior in communication research. In W. Doise & S. Moscovi (Eds.), *Current issues in European social psychology, vol. 1*, (pp. 143–199). New York: Cambridge University Press.
Gardner, J. & Karmel, B. (1984). Arousal effects on visual preferences in neonates. *Developmental Psychology*, 20, 374–377.
Gazzaniga, M. & LeDoux, J. (1978). *The integrated mind*. New York: Plenum.
Gendlin, E. (1992). The primacy of the body, not the primacy of perception. *Man and World*, 25, 341–353.
Gianino, A. & Tronick, E. (1988). The mutual regulation model: The infant's self and interactive regulation and coping and defensive capacities. In T. Field, P. McCabe & N. Schneiderman (Eds.), *Stress and coping* (pp. 47–68). Hillsdale, NJ: Lawrence Erlbaum Associates.
Gibson, J. (1966). *The senses considered as perceptual systems*. New York: Houghton Mifflin.
Gibson, J. (1979). *The ecological approach to visual perception*. Boston: Houghton Mifflin.
Gill, M. (1982). *Analysis of transference, vol. 1: Theory and technique*. New York: International Universities Press.
Goldberg, A. (1983). Self psychology and alternative perspectives on inter-

nalization. In J. Lichtenberg & S. Kaplan (Eds.), *Reflections on self psychology* (pp. 297–312). Hillsdale, NJ: The Analytic Press.

Goldstein, R. (1993). Modality and the regulation of mother–toddler attention. Doctoral dissertation. Ferkauf Graduate School of Psychology, Yeshiva University, New York.

Gottman, J. (1979). *Marital interactions*. New York: Academic Press.

Gottman, J. (1981). *Time-series analysis*. Cambridge: Cambridge University Press.

Gottman, J. & Ringland, J. (1981). Analysis of dominance and bi-directionality in social development. *Child Development*, 52, 393–412.

Greco, C., Rovee-Collier, C., Hayne, H., Griesler, P. & Early, L. (1986). Ontogeny of early event memory: 1. Forgetting and retrieval by 2- and 3-month olds. *Infant Behavior and Development*, 9, 441–460.

Greenberg, J. (1995). Psychoanalytic technique and the interactive matrix. *Psychoanalytic Quarterly*, 64, 1–22.

Greenson, R. (1967). *The technique and practice of psychoanalysis, vol. 1*. New York: International Universities Press.

Grigsby, J. & Hartlaub, G. (1994). Procedural learning and the development and stability of character. *Perceptual Motor Skills*, 79, 355–370.

Gunther, M. (1961). Infant behavior at the breast. In B. M. Foss (Ed.), *Determinants of infant behavior, vol. 2*. London: Methuen.

Habermas, J. (1979). *Communication and the evolution of society*. Boston: Beacon Press.

Hadley, J. (1983). The representational system: A bridging concept for psychoanalysis and neurophysiology. *International Review of Psycho-Analysis*, 10, 13–30.

Hadley, J. (1989).The neurobiology of motivational systems. In J. Lichtenberg (Ed.), *Psychoanalysis and motivation* (pp. 227–372). Hillsdale, NJ: The Analytic Press.

Haith, M. (1980). *Rules that babies look by*. Hillsdale, NJ: Lawrence Erlbaum Associates.

Haith, M., Hazan, C. & Goodman, G. (1988). Expectation and anticipation of dynamic visual events by 3.5 month old babies. *Child Development*, 59, 467–79.

Harris, A. (1991). Gender as contradiction. *Psychoanalytic Dialogues*, 1, 197–224.

Harris, A. (1997). The enduring encounter: Commentary on paper by Beebe, Lachmann, and Jaffe. *Psychoanalytic Dialogues*, 7, 197–206.

Hartmann, H. (1939). *Ego and the problem of adaption*. New York: International

Universities Press.
Hayne, H., Greco, C., Earley, L., Griesler, P. & Rovee-Collier, C. (1986). Ontogeny of early event memory: II. Encoding and retrieval and 2- and 3-month-olds. *Infant Behavior and Development, 9*, 461–472.
Heller, M. & Haynal, V. (1997). A doctor's face: Mirror of his patient's suicidal projects. In J. Guimon (Ed.), *The body in psychotherapy*. Basel, Switzerland: Karger.
Herzog, J. (1983). A neonatal intensive care syndrome: A pain complex involving neuro-plasticity and psychic trauma. In J. Call, E. Galenson & R. Tyson (Eds.), *Frontiers of infant psychiatry* (pp. 291–299). New York: Basic Books.
Hirschfeld, N. & Beebe, B. (1987). Maternal intensity and infant disengagement in face-to-face play. Presented to Society for Research in Child Development, Baltimore, MD, April.
Hitchcock, D. (1991). Joint regulation of attention in mother–toddler, normal and risk dyads. Unpublished doctoral dissertation, Yeshiva University, New York.
Hofer, M. (1987). Early social relations: A psychobiologist's view. *Child Development, 58*, 633–647.
Hoffman, I. (1983). The patient as interpreter of the analyst's experience. *Contemporary Psychoanalysis, 3*, 389–422.
Hoffman, I. (1998). *Ritual and spontaneity in the psychoanalytic process: A dialectical-constructivist view*. Hillsdale, NJ: The Analytic Press.
Horner, T. (1985). The psychic life of the young infant: Review and critique of the psychoanalytic concepts of symbiosis and infantile omnipotence. *American Journal of Orthopsychiatry, 55*, 324–344.
Hunt, J. McV. (1965). Intrinsic motivation and its role in psychological development. In D. Levine (Ed.), *Nebraska symposium on motivation, vol. 13* (pp. 189–282). Lincoln: University of Nebraska Press.
Iberall, A. & McCulloch, W. (1969). The organizing principle of complex living systems. *Journal of Basic Engineering, 91*, 373–384.
Isabella, R. & Belsky, J. (1991). Interactional synchrony and the origins of infant-mother attachment: A replication study. *Child Development, 62*, 373–384.
Izard, C. (1979). *The maximally discriminative facial action coding system (MAX)*. Newark: University of Delaware Instructional Resources Center.
Jacobson, E. (1964). *The self and the object world*. New York: International Universities Press.

Jaffe, J., Beebe, B., Feldstein, S., Crown, C. & Jasnow, M. (2001). Rhythms of dialogue in early infancy. *Monographs of the society for research in child development,* 66(2) Serial No. 264, pp. 1–132.
Jaffe, J. & Feldstein, S. (1970). *Rhythms of dialogue.* New York: Academic Press.
Jaffe, J., Feldstein, S., Beebe, B., Crown, C., Jasnow, M., Fox, H., Anderson, S. & Gordon, S. (1991). [Final report for NIMH Grant No. MH41675.] Unpublished raw data.
Jasnow, M. (1983). Temporal accommodation in vocal behavior in mother–infant dyads. Unpublished doctoral dissertation, George Washington University, Washington, DC.
Jasnow, M. & Feldstein, S. (1986). Adult-like temporal characteristics of mother–infant vocal interactions. *Child Development,* 57, 754–761.
Jusczyk, P. (1985). On characterizing the development of speech perception. In J. Mehler & R. Fox (Eds.), *Neonatal cognition: Beyond the blooming buzzing confusion* (pp. 199–230). Hillsdale, NJ: Lawrence Erlbaum Associates.
Kagan, J. (1978). The enhancement of memory in infancy. *Newsletter of the Institute for Comparative Human Development,* 58–60.
Kagan, J. (1979). Structure and process in the human infant: The ontogeny of mental representation. In M. Bornstein & W. Kessen (Eds.), *Psychological development in infancy* (pp. 159–182). Hillsdale, NJ: Lawrence Erlbaum Associates.
Kaminer, T. (1999) *Maternal depression, maternal speech, and infant gaze at four months.* Unpublished doctoral dissertation, St. John's University, New York.
Kegan, R. (1982). *The evolving self.* Cambridge, MA: Harvard University Press.
Kiersky, S. & Beebe, B. (1994). The reconstruction of early nonverbal relatedness in the treatment of difficult patients: A special form of empathy. *Psychoanalytic Dialogues,* 4, 389–408.
Klein, G. (1967). Peremptory ideation: Structure and force in motivated ideas. In R. Holt (Ed.), *Motives and thought: Psychoanalytic essays in honor of David Rapaport* (pp. 80–182). New York: International Universities Press.
Klein, G. (1976). *Psychoanalytic theory: An exploration of essentials.* New York: International Universities Press.
Klinnert, M., Emde, R., Butterfield, P. & Campos, J. (1986). Social referencing. *Developmental Psychology,* 22, 427–432.
Knoblauch, S. (1997). Beyond the word in psychoanalysis: The unspoken

dialogue. *Psychoanalytic Dialogues, 7,* 491–516.
Kohlberg, L. (1969). Stage and sequence: The cognitive developmental approach to socialization. In D. A. Goslin (Ed.), *Handbook of socialization theory and research* (pp. 347–480). Chicago: Rand-McNally.
Kohut, H. (1971). *The analysis of the self.* New York: International Universities Press.
Kohut, H. (1980). Selected problems in self psychological theory. *The search for the self, vol. 4* (P. Ornstein, Ed.) (pp. 489–523). New York: International Universities Press.
Kohut, H. (1984). *How does analysis cure?* (A. Goldberg & P. Stepansky, Eds.). Chicago: University of Chicago Press.
Korner, A. & Grobstein, R. (1976). Individual differences at birth. In E. Rexford, L. Sandler & T. Shapiro (Eds.), *Infant psychiatry* (pp. 67–78). New Haven, CT: Yale University Press.
Koulomzin, M. (1993). Attention, affect, self comfort and subsequent attachment in four-month-old infants. Doctoral dissertation, Yeshiva University, New York.
Koulomzin, M., Beebe, B., Jaffe, J. & Feldstein, S. (1993). Infant self comfort, disorganized scanning, facial distress, and bodily approach in face-to-face play at four months discriminate "A" vs. "B" attachment at one year. *Society for Research in Child Development Abstracts,* March 25–28, 1993, New Orleans, LA, p. 446.
Kronen, J. (1982). Maternal facial mirroring at four months. Doctoral dissertation, Yeshiva University, New York.
Kuhl, P. (1985). Methods in the study of infant speech perception. In G. Gottlieb & N. Krasnegor (Eds.), *Measurement of audition and vision in the first year of postnatal life: A methodological overview* (pp. 223–251).Norwood, NJ: Ablex.
Kuhn, T. (1962). *The structure of scientific revolutions.* Chicago: University of Chicago Press.
Kulka, R. (1997). Quantum selfhood commentaries on paper by Beebe, Lachmann, and Jaffe. *Psychoanalytic Dialogues, 7,* 183–188.
Lachmann, F. (1990). On some challenges to clinical theory in the treatment of character pathology. In A. Goldberg (Ed.), *The realities of transference: Progress in self psychology, vol. 6* (pp. 59–67). Hillsdale, NJ: The Analytic Press.
Lachmann, F. (1998). From narcissism to self pathology to . . . ? *Psychoanalysis and Psychotherapy, 15,* 5–27.

Lachmann, F. & Beebe, B. (1983). Consolidation of the self: A case study. *Dynamic Psychotherapy, 1*, 55–75.

Lachmann, F. & Beebe, B. (1989). Oneness fantasies revisited. *Psychoanalysis and Psychology, 6*, 137–148.

Lachmann, F. & Beebe, B. (1992). Representational and self-object transferences: A developmental perspective. In A. Goldberg (Ed.), *New therapeutic visions: Progress in self psychology, vol. 8* (pp. 3–15). Hillsdale, NJ: The Analytic Press.

Lachmann, F. & Beebe, B. (1993). Interpretation in a developmental perspective. In A. Goldberg (Ed.), *The widening scope of self psychology: Progress in self psychology, vol. 9* (pp. 45–52). Hillsdale, NJ: The Analytic Press.

Lachmann, F. & Beebe, B. (1996a). Three principles of salience in the organization of the patient-analyst interaction. *Psychoanalytic Psychology, 13*, 1–22.

Lachmann, F. & Beebe, B. (1996b). Self and mutual regulation in the patient–analyst interaction: A case illustration. In A. Goldberg, (Ed.), *Basic ideas reconsidered: Progress in self psychology, vol. 12* (pp. 123–140). Hillsdale, NJ: The Analytic Press.

Lachmann, F. & Beebe, B. (1997). Trauma, interpretation and self-state transformations. *Psychoanalysis and Contemporary Thought, 20*, 269–291.

Lachmann, F., Beebe, B. & Stolorow, R. (1987). Increments of separation. In J. & S. Bloom-Feshbach (Eds.), *The psychology of separation through the life span* (pp. 396–415). San Francisco: Jossey-Bass.

Lachmann, F. & Lichtenberg, J. (1992). Model scenes: Implications for psychoanalytic treatment. *Journal of the American Psychoanalytic Association, 40*, 117–137.

Laird, J. (1984). The real role of facial response in the experience of emotion. *Journal of Personality and Social Psychology, 47*, 909–917.

Lamb, M. (1981). The development of father–infant relationships. In M. E. Lamb (Ed.), *The role of the father in child development* (rev. ed.). New York: Wiley.

Langhorst, B. & Fogel, A. (1982). Cross-validation of microanalytic approaches to face-to-face interaction. International Conference on Infant Studies, Austin, TX.

Langs, R., Badalamenti, A. & Thompson, L. (1996). *The cosmic circle.* New York: Alliance.

Lashley, K. (1951). The problem of serial order in behavior. In L. A. Jefress (Ed.), *Cerebral mechanisms in behavior* (pp. 112–146). New York: Wiley.

Lenneberg, E. (1967). *Biological foundations of language.* New York: Wiley.

Lester, B. & Seifer, R.(1990). Antecedents of attachment. In T. Anders

(Chair), The origins and nature of attachment in infants and mother. Symposium at Boston Institute for the Development of Infants and Parents, February.
Lewin, K. (1937). *Towards a dynamic theory of personality*. New York: McGraw-Hill.
Lewis, M. & Brooks, J. (1975). Infants' social perception: A constructionist view. In L. Cohen & P. Salapatek (Eds.), *Infant perception: From sensation to cognition, vol. 2* (pp. 101–148). New York: Wiley-Interscience.
Lewis, M. & Feiring, C. (1989). Infant–mother and mother–infant interaction behavior and subsequent attachment. *Child Development, 60*, 831–837.
Lewis, M., Feiring, C., McGuffog, C. & Jaskir, J. (1984). Predicting psychopathology in six year olds from early social relations. *Child Development, 55*, 123–136.
Lewis, M. & Goldberg, S. (1969). Perceptual-cognitive development in infancy: A generalized expectancy model as a function of the mother–infant interaction. *Merrill-Palmer Quarterly, 15*, 81–100.
Lewis, M. & Lee-Painter, S. (1974). An interactional approach to the mother–infant dyad. In M. Lewis & L. Rosenblum (Eds.), *The effect of the infant on its caregiver*. New York: Wiley-Interscience.
Lewis, M. & Rosenblum, L. (Eds.) (1974). *The effect of the infant on its caregiver* (pp. 49–76). New York: Wiley-Interscience.
Lewkowicz, D. (1989). The role of temporal factors in infant behavior and development. In I. Levin & D. Zakay (Eds.), *Time and human cognition: A life-span perspective*. Amsterdam: North-Holland.
Lewkowicz, D. & Turkewitz, G. (1980). Cross-modal equivalence in early infancy: Audio-visual intensity matching. *Developmental Psychology, 6*, 597–607.
Lichtenberg, J. (1983). *Psychoanalysis and infant research*. Hillsdale, NJ: The Analytic Press.
Lichtenberg, J. (1989). *Psychoanalysis and motivation*. Hillsdale, N.J. The Analytic Press.
Lichtenberg, J., Lachmann, F. & Fosshage, J. (1992). *Self and motivational systems*. Hillsdale, NJ: The Analytic Press.
Lindon, J. (1994). Gratification and provision in psychoanalysis: Should we get rid of the rule of abstinence? *Psychoanalytic Dialogues, 4*, 549–582.
Loewald, H. (1960). On the therapeutic action of psychoanalysis. In *Papers on psychoanalysis* (pp. 221–256). New Haven, CT: Yale University

Press, 1980.

Loewald, H. (1962). Internalization, separation, mourning, and the super-ego. In *Papers on psychoanalysis* (pp. 257–276). New Haven, CT: Yale University Press, 1980.

Loewald, H. (1971). The transference neurosis: Comments on the concept and phenomenon. *Journal of the American Psychoanalytic Association, 19*, 54–66.

Loewald, H. (1980). *Papers on psychoanalysis.* New Haven, CT: Yale University Press.

Lyons-Ruth, K. (1991). Rapprochment or approchment: Mahler's theory reconsidered from the vantage point of recent research on early attachment relationships. *Psychoanalytic Psychology, 8*, 1–23.

Lyons-Ruth, K. (1998a). Attachment disorganization: Unresolved loss, relational violence, and lapses in behavioral and attentional strategies. In J. Cassidy & P. Shaver (Eds.), *Handbook of attachment theory and research* (pp. 520–554). New York: Guilford Press.

Lyons-Ruth, K. (1998b). Implicit relational knowing: Its role in development and psychoanalytic treatment. *Infant Mental Health Journal, 19*, 282–291.

MacFarlane, A. (1975). Olfaction in the development of social preferences in the human neonate. In M. Hofer (Ed.), *Parent–infant interaction.* Amsterdam: Elsevier.

Mahler, M., Pine, F. & Bergman, A. (1975). *The psychological birth of the human infant.* New York: Basic Books.

Main, M., Kaplan, N. & Cassidy, J. (1985). Security in infancy, childhood, and adulthood: A move to the level of representation. In I. Bretherton & E. Waters (Eds.), *Monographs of the Society for Research in Child Development, 50* (1–2) Serial No. 209, pp. 66–104.

Malatesta, C., Culver, C., Tesman, J. & Shepard, B. (1989). The development of emotion expression during the first two years of life. *Monographs of the Society for Research in Child Development, 54* (1–2) Serial No. 219, pp. 1–33.

Malatesta, C. & Haviland, J. (1983). Learning display rules: The socialization of emotion in infancy. *Child Development, 53*, 991–1003.

Mandler, J. (1988). How to build a baby: On the development of an accessible representation system. *Cognitive Development, 3*, 113–136.

Mandler, J. (1991). *The foundation of symbolic thought in infancy.* Presented to Society for Research in Child Development, Seattle, April.

Marler, P. (1965). Communication in monkeys and apes. In I. DeVore (Ed.), *Primate behavior.* New York: Holt, Rinehart & Winston.

Martin, J. (1981). A longitudinal study of consequences in early mother–infant interaction: A microanalytic approach. *Monographs of the Society for Research in Child Development,* 46(3) Serial No. 190, pp. 1–52.

Martin, G. & Clark, R. (1982). Distress crying in neonates: Species and peer specificity. *Developmental Psychology,* 18, 3–9.

Mast, V., Fagen, J., Rovee-Collier, C. & Sullivan, M. (1980). Immediate and long-term memory for reinforcement context: The development of learned expectancies in early infancy. *Child Development,* 51, 700–707.

Mays, K. (1984). Temporal accommodation in mother–infant and stranger–infant kinesic interactions at four months, Unpublished doctoral dissertation, Yeshiva University, New York.

McCall, R. (1979). Qualitative transitions in behavioral development in the first two years of life. In M. Bornstein & W. Kessen (Eds.), *Psychological development in infancy* (pp. 183–224). Hillsdale, NJ: Lawrence Erlbaum Associates.

McGrew, W. (1972). *An ethological study of children's behavior.* New York: Academic Press.

Mead, G. H. (1934). *Mind, self and society.* Chicago: University of Chicago Press.

Mehler, J. & Fox, R. (Eds.). (1995). *Neonate cognition.* Hillsdale, NJ: Lawrence Erlbaum Associates

Meissner, W. (1981). *Internalization and psychoanalysis.* New York: International Universities Press.

Meltzoff, A. (1985). The roots of social and cognitive development: Models of man's original nature. In T. Field & N. Fox (Eds.), *Social perception in infants* (pp. 1–30). Norwood, NJ: Ablex.

Meltzoff, A. (1990). Foundations for developing a concept of self: The role of imitation in relating self to other and the value of social mirroring, social modeling, and self practice in infancy. In D. Cicchetti & M. Beeghly (Eds.), *The self in transition: Infancy to childhood* (pp. 139–164). Chicago: University of Chicago Press.

Meltzoff, A. & Borton, R. (1979). Intermodal matching by human neonates. *Nature,* 282, 403–404.

Meltzoff, A. & Gopnick, A. (1993). The role of imitation in understanding persons and developing a theory of mind. In S. Baron-Cohen, H. Tager-Flusberg & D. Cohen (Eds.), *Understanding other minds* (pp.

335–366). New York: Oxford University Press.
Meltzoff, A. & Moore, M. (1977). Imitation of facial and manual gestures by human neonates. *Science, 198*, 75–78.
Meissner, W. (1981). *Internalization and psychoanalysis.* New York: International Universities Press.
Mitchell, S. (1988). *Relational concepts in psychoanalysis.* Cambridge, MA: Harvard University Press.
Mitchell, S. (1993). *Hope and dread in psychoanalysis.* New York: Basic Books.
Modell, A. (1984). *Psychoanalysis in a new context.* New York: International Universities Press.
Modell, A. (1992). *The private self.* Cambridge, MA: Harvard University Press.
Morgan, A. (1998). Moving along to things left undone. *Infant Mental Health Journal, 19*, 324–332.
Morris, C. (1934) Introduction. In G. H. Mead (Ed.), *Mind, self and society* (pp. ix–xxxv). Chicago: University of Chicago Press.
Müller, U. & Overton, W. (1998). How to grow a baby: A reevaluation of image-schema and Piagetian approaches to representation. *Human Development, 41*, 71–111.
Murray, L. (1991). Intersubjectivity, object relations theory, and empirical evidence from mother–infant interactions. *Infant Mental Health Journal, 12*, 219–232.
Murray, L. & Trevarthen, C. (1985). Emotion regulation of interactions between 2-month-old infants and their mothers. In T. Field & N. Fox (Eds.), *Social perception in infants* (pp. 137–154). Norwood, NJ: Ablex.
Newtson, D. (1990). Alternatives to representation or alternative representations: Comments on the ecological approach. *Contemporary Social Psychology, 14*, 163–174.
Ogden, T. (1989). *The primitive edge of experience.* Northvale, NJ: Aronson.
Orange, D. (in press). Why language matters to psychoanalysis. *Psychoanalytic Dialogues.*
Osofsky, J. (1992). Affective development and early relationships: Clinical implications. In J. Barron, M. Eagle & D. Wolitzky (Eds.), *Interface between psychoanalysis and psychology* (pp. 233–244). Washington, DC: American Psychological Association Press.
Oster, H. (1978). Facial expression and affect development. In M. Lewis & L. Rosenblum (Eds.), *The development of affect.* New York: Plenum Press.
Oster, H. & Ekman, P. (1977). Facial behavior in child development. In A.

Collins (Ed.), *Minnesota symposium on child development, vol. 11* (pp. 231–276). New York: Crowell.

Pally, R. (1998). Emotional processing: The mind–body connection. *International Journal of Psycho-Analysis, 79*, 349–362.

Pally, R. (2001). *The mind-brain relationship*. London: Karnac Books.

Papousek, H. & Papousek, M. (1979). Early ontogeny of human social interaction. In M. Von Cranach, K. Koppa, W. Lelenies & P. Ploog (Eds.), *Human ethology: Claims and limits of a new discipline* (pp. 63–85). Cambridge: Cambridge University Press.

Peery, J. C. (1980). Neonate–adult head movement. *Developmental Psychology, 16*, 245–250.

Perris, E., Myers, N. & Clifton, R. (1990). Long-term memory for a single infancy experience. *Child Development, 61*, 1796–1807.

Perry, B. (1996). Childhood trauma, the neurobiology of adaptation, and "use-dependent" development of the brain: How "states" become "traits." *Infant Mental Health Journal, 16*, 271–291.

Piaget, J. (1937). *The construction of reality in the child* (M. Cook, trans.). New York: Basic Books, 1954.

Pine, F. (1981). In the beginning: Contributions to a psychoanalytic developmental psychology. *International Review of Psycho-Analysis, 8*, 15–33.

Pine, F. (1986). The "symbiotic phase" in the light of current infancy research. *Bulletin of the Menninger Clinic, 50*, 564–569.

Rapaport, D. (1960). *The structure of psychoanalytic theory: A systematizing attempt*. New York: International Universities Press.

Reese, H. & Overton, W. (1970). Models of development and theories of development. In L. Goulet & P. Baltes (Eds.), *Life-span developmental psychology* (pp. 115–145). New York: Academic Press.

Reik, T. (1935). *Surprise and the psychoanalyst: On the conjecture and comprehension of unconscious processes*. New York: Dutton.

Resch, R (1988). The later creation of a transitional object. *Psychoanalytic Psychology, 5*, 369–387.

Rioch, D. & Weinstein, E. (1964). *Disorders of communication. Proceedings of the association, December 7–8, 1962*. Baltimore, MD: Williams & Wilkins.

Robson, K. (1967). The role of eye-to-eye contact in maternal–infant attachment. *Journal of Child Psychological Psychiatry, 8*, 13–25.

Roe, K., McClure, A. & Roe, A. (1982). Vocal interaction at three months and cognitive skill at 12 years. *Developmental Psychology, 18*, 15–16.

Roe, K., Roe, A., Drivas, A. & Bronstein, R. (1990). A curvilinear relationship between maternal vocal stimulation and three-month-olds' cognitive processing: A cross-cultural phenomenon. *Infant Mental Health Journal, 11,* 175-189.

Rose, S. (1979). Cross-modal transfer in infants: Relationship to prematurity and socioeconomic background. *Developmental Psychology, 14,* 643–682.

Ruff, H. (1980). The development of perception and recognition of objects. *Child Development, 51,* 981–992.

Sameroff, A. (1983). Developmental Systems: Contexts and evolution. In W. Kessen (Ed.), *Mussen's handbook of child psychology, vol. 1* (pp. 237–294). New York: Wiley.

Sameroff, A. & Chandler, M. (1976). Reproductive risk and the continuum of caretaking casualty. In F. D. Horowitz (Ed.), *Review of child development research, vol. 4* (pp. 187–244). Chicago: University of Chicago Press.

Sander, L. (1977). The regulation of exchange in the infant-caretaker system and some aspects of the context-content relationship. In M. Lewis & L. Rosenblum (Eds.), *Interaction, conversation, and the development of language* (pp. 133–156). New York: Wiley.

Sander, L. (1983). Polarity paradox, and the organizing process in development. In J. D. Call, E. Galenson & R. Tyson (Eds.), *Frontiers of infant psychiatry* (pp. 315–327). New York: Basic Books.

Sander, L. (1985). Toward a logic of organization in psycho-biological development. In K. Klar & L. Siever (Eds.), *Biologic response styles: Clinical implications* (pp. 20–36). Washington, DC: Monograph Series American Psychiatric Press.

Sander, L. (1995). Identity and the experience of specificity in a process of recognition. *Psychoanalytic Dialogues, 5,* 579–593.

Sander, L. (1998). Introductory comment in interventions that affect change in psychotherapy: A model based on infant research. *Infant Mental Health Journal, 19,* 280–281.

Sandler, J. (1987). *From safety to superego.* London: Karnac.

Sandler, J. & Sandler, A. (1978). On the development of object relations and affects. *International Journal of Psycho-Analysis, 59,* 285–296.

Sarro, S. (1993). The mutual regulation of mother–toddler attention. Doctoral dissertation. Yeshiva University, New York.

Schafer, R. (1968). *Aspects of internalization.* New York: International Universities Press.

Schore, A. (1994). *Affect regulation and the origin of the self: The neurobiology of*

emotional development. Hillsdale, NJ: Lawrence Erlbaum Associates.
Schore, A. (1996). The experience-dependent maturation of a regulatory system in the orbital prefrontal cortex and the origin of developmental psychopathology. *Development and Psychopathology, 8,* 59–87.
Schore, A. (1997). Interdisciplinary developmental research and a source of clinical models. In M. Moskowitz, C. Monk & S. Ellman (Eds.), *The clinical significance of early development: Implications for psychoanalytic intervention* (pp. 1–72). Northvale, NJ: Aronson.
Schwaber, E. (1981). Empathy: A mode of analytic listening. *Psychoanalytic Inquiry, 1,* 357–392.
Seligman, S. (1994). Applying psychoanalysis in an unconventional context: Adapting infant–parent psychotherapy to a changing population. *The psychoanalytic study of the child, 49,* 481–510. New Haven, CT: Yale University Press.
Shane, M., Shane, E. & Gales, M. (1998). *Intimate attachments: Towards a new self psychology*. New York: Guilford Press.
Sherman, T. (1985). Categorization skills in infants. *Child Development, 56,* 1561–1573.
Shumsky, E. (1996). The house of mirrors: Self psychology and the exquisitely attuned patient. Presented to Association of Psychoanalytic Self Psychology, New York, November.
Shields, P. & Rovee-Collier, C. (1992). Long-term memory for context-specific category information at six months. *Child Development, 63,* 245–259.
Singer, J. & Fagen, J. (1992). Negative affect, emotional expression, and forgetting in young infants. *Developmental Psychology, 28,* 48–57.
Slavin, M. (2000). Hate, self-interest, and "good-enough" relating: An evolutionary-adaptive perspective. *Psychoanalytic Inquiry, 20,* 441–461.
Slavin, M. & Kriegman, D. (1998). Why the analyst needs to change: Toward a theory of conflict, negotiation and mutual influence in the therapeutic process. *Psychoanalytic Dialogues, 8,* 247–284.
Socarides, D. & Stolorow, R. (1984/1985). Affects and self-objects. *The annual of psychoanalysis, 12/13,* 105–120. New York: International Universities Press.
Sorce, J. & Emde, R. (1981). Mother's presence is not enough: The effect of emotional availability on infant exploration. *Developmental Psychology, 17,* 737–745.
Soref, A. (1992). The self, in and out of relatedness. *The annual of psycho-*

analysis, 20, 25–48. Hillsdale, NJ: The Analytic Press.
Sorter, D. (1996). Chase and dodge: An organization of experience. *Psychoanalysis and Psychotherapy,* 13, 68–75.
Spelke, E. & Cortelyou, A. (1981). Perceptual aspects of social knowing. In M. Lamb & L. Sherrod (Eds.), *Infant social cognition* (pp. 61–84). Hillsdale, NJ: Lawrence Erlbaum Associates.
Spinelli, D. & Jensen, F. (1979). Plasticity: The mirror of experience. *Science,* 203, 75–79.
Spitz, R. (1983). The evolution of dialogue. In R. Emde (Ed.), *Rene A. Spitz: Dialogues from infancy, selected papers* (pp. 179–195). New York: International Universities Press.
Squire, L. & Cohen, N. (1984). Human memory and amnesia. In G. Lynch, J. McGaugh & N. Weinberger (Eds.), *Neurobiology of learning memory* (pp. 3–64). New York: Guilford.
Sroufe, A. & Fleeson, J. (1986). Attachment and the construction of relationships. In W. Hartup & Z. Rubin (Eds.), *Relationships and development* (pp. 51–71). New York: Cambridge University Press.
Sroufe, L. (1979a). The coherence of individual development. *American Psychologist,* 34, 834–841.
Sroufe, L. (1979b). The ontogenesis of emotion. In J. Osofsky (Ed.), *Handbook of infant development* (pp. 462–516). New York: Wiley.
Stechler, G. & Kaplan, S. (1980). The development of the self. *The psychoanalytic study of the child,* 35, 85–105. New Haven, CT: Yale University Press.
Stern, D. (1971). A microanalysis of the mother–infant interaction. *Journal of the American Academy of Child Psychiatry,* 10, 501–507.
Stern, D. (1974). Mother and infant at play: The dyadic interaction involving facial, vocal, and gaze behaviors. In M. Lewis & L. Rosenblum (Eds.), *The effect of the infant on its caregiver.* New York: Wiley.
Stern, D. (1977). *The first relationship.* Cambridge, MA: Harvard University Press.
Stern, D. (1981). Early transmission of affect. Presented to First International Congress on Infant Psychiatry, Cascais, Portugal.
Stern, D. (1982). Some interactive functions of rhythm changes between mother and infant. In M. Davis (Ed.), *Interaction rhythms* (pp. 101–117). New York: Human Sciences Press.
Stern, D. (1983). The early development of schemas of self, of other, and of "self with other." In J. Lichtenberg & S. Kaplan (Eds.), *Reflections on self psychology* (pp. 49–84). Hillsdale, NJ: The Analytic Press.

Stern, D. (1985). *The interpersonal world of the infant.* New York: Basic Books.
Stern, D. (1988). The dialectic between the "interpersonal" and the "intrapsychic": With particular emphasis on the role of memory and representation. *Psychoanalytic Inquiry, 8,* 505–512.
Stern, D. (1989). The representation of relational patterns: Developmental considerations. In A. Sameroff & R. Emde (Eds.), *Relationship disturbances in early childhood* (pp. 52–69). New York: Basic Books.
Stern, D. (1995). *The motherhood constellation.* New York: Basic Books.
Stern, D. (1997). *Unformulated experience: From dissociation to imagination in psychoanalysis.* Hillsdale, NJ: The Analytic Press.
Stern, D. (1998). The process of therapeutic change involving implicit knowledge: Some implications of developmental observations for adult psychotherapy. *Infant Mental Health Journal, 19,* 300–308.
Stern, D., Jaffe, J., Beebe, B. & Bennett, S. (1975). Vocalizing in unison and alternation: Two modes of communication within the mother–infant dyad. *Annals of the New York Academy of Science, 263,* 89–100.
Stern, D., Sander, L., Nahum, J., Harrison, A., Bruschweiler-Stern, N. & Tronick, E. (1998). Non-interpretative mechanisms in psychoanalytic therapy. *International Journal of Psycho-Analysis, 79,* 903–921.
Stolorow, R. (1997). Dynamic, dyadic, intersubjective systems: An evolving paradigm for psychoanalysis. *Psychoanalytic Psychology, 14,* 337–346.
Stolorow, R. & Atwood, G. (1992). *Contexts of being.* Hillsdale, NJ: The Analytic Press.
Storolow, R., Brandchaft, B. & Atwood, G. (1987). *Psychoanalytic treatment: An intersubjective approach.* Hillsdale, NJ: The Analytic Press.
Stolorow, R. & Lachmann, F. (1980). *Psychoanalysis of developmental arrests.* New York: International Universities Press.
Strachey, I. (1934). The nature of the therapeutic action of psycho-analysis. *International Journal of Psycho-Analysis, 15,* 127–159.
Strauss, M. (1979). Abstractions of proto-typical information by adults and 10 month old infants. *Journal of Experimental Psychology: Human Learning and Memory, 5,* 618–632.
Sucharov, M. (1994) Psychoanalysis, self psychology and intersubjectivity. In R. Stolorow, G. Atwood & B. Brandchaft (Eds.), *The intersubjective perspective* (pp. 187–202). Northvale, NJ: Aronson.
Sullivan, H. (1940). *Conceptions of modern psychiatry.* New York: Norton.
Sullivan, H. (1932). Socio-psychiatric research. In *Schizophrenia as a human process* (pp. 977–991). New York: Norton, 1962.

Sullivan, H. (1953). *The interpersonal theory of psychiatry*. New York: Norton.
Sullivan, H. (1964). *The illusion of personal identity: The fusion of psychiatry and social science*. New York: Norton.
Tabin, J. (1997). Catching up on babies, commentary on paper by Beebe, Lachmann & Jaffe. *Psychoanalytic Dialogues, 7*, 189–195.
Thelen, E. (1998). Presidential address. International Society for Infant Studies, Atlanta, GA, April.
Thelen, E. & Smith, L. (1994). *A dynamic systems approach to the development of cognition and action*. Cambridge, MA: MIT Press.
Thomas, E. & Malone, T. W. (1979). On the dynamics of two-person interactions. *Psychological Review, 86*, 331–360.
Thomas, E. & Martin, J. (1976). Analyses of parent-infant interaction. *Psychological Review, 83*, 141–155.
Thompson, R. (1994). Emotional regulation: A theme in search of definition. In N. Fox (Ed.), *The development of emotion regulation. Monographs of the Society for Research in Child Development, 59*(2–3) Serial No. 240, pp. 25–52.
Tobach, E. (1970).Some guidelines to the study of the evolution and development of emotion. In L. Aronson, E. Tobach, D. Lehrman & J. Rosenblatt (Eds.), *Development and evolution of behavior* (pp. 238–253). San Francisco: Freeman.
Tobias, K. (1995). The relation between maternal attachment and patterns of mother–infant interaction at four months. Doctoral dissertation, the City University of New York.
Tolpin, M. (1971). On the beginning of a cohesive self. In R. Eissler, A. Freud, M. Kris, S. Lustman & A. Solnit (Eds.), *The psychoanalytic study of the child, 26*, 316–354. New Haven, CT: Yale University Press.
Tomkins, S. (1962). *Affect, imagery and consciousness, vol. 1*. New York: Springer.
Tomkins, S. (1963). *Affect, imagery and consciousness, vol. 2*. New York: Springer.
Tomkins, S. (1980). Affect as amplification: Some modifications in theory. In R. Plutchik & H. Kellerman (Eds.), *Emotions: Theory, research and experience* (pp. 141–164). New York: Academic Press.
Tononi, J., Sporns, O. & Edelman, G. (1994). A measure of forebrain complexity: Relating functional segregation and integration in the nervous system. *Proceedings of the National Academy of Science (USA), 91*, 331–360.
Trevarthen, C. (1989). Development of early social interactions and the affective regulation of brain growth. In C. von Euler, H. Forssberg & H. Lagercrantz (Eds.), *Neurobiology of early infant behavior* (pp. 191–216).

London: Macmillan.
Tronick, E. (1980). The primacy of social skills in infancy. In D. Sawin, R. Hawkins, L. Walker, & J. Penticuff (Eds.), *Exceptional infant, vol. 4* (pp. 144–158). New York: Bruner/Mazel.
Tronick, E. (1982). Affectivity and sharing. In E. Tronick (Ed.), *Social interchange in infancy* (pp. 1–8). Baltimore, MD: University Park Press.
Tronick, E. (1989). Emotions and emotional communication in infants. *American Psychologist, 44*, 112–119.
Tronick, E. (1996). *Dyadically expanded states of consciousness and the process of normal and abnormal development.* Presented to Colloque International de Psychiatrie Perinatal, Monaco, January.
Tronick, E. (1998). Dyadically expanded states of conscious and the process of therapeutic change. *Infant Mental Health Journal, 19*, 290–299.
Tronick, E., Als, H., Adamson, L., Wise, S. & Brazelton, T. (1978). The infant's response to entrapment between contradictory messages in face-to-face interaction. *Journal of the American Academy of Child and Adolescent Psychiatry, 17*, 1–13.
Tronick, E. & Cohn, J. (1989). Infant mother face-to-face interaction: Age and gender differences in coordination and miscoordination. *Child Development, 59*, 85–92.
Tronick, E. & Gianino, A. (1986). Interactive mismatch and repair: Challenges to the coping infant. *Zero to Three: Bulletin of the National Center Clinical Infant Program, 5*, 1–6.
Trout, D. & Rosenfeld, H. (1980). The effect of postural lean and body congruence on the judgement of psychotherapeutic rapport. *Journal of Nonverbal Behavior, 4*, 176–190.
von Bertalanffy, L. (1968). *General systems theory: Foundation, development, applications.* New York: Braziller.
Warner, R. (1988a). Rhythmic organization of social interaction and observer ratings of positive affect and involvement. *Journal of Nonverbal Behavior, 11*, 57–74.
Warner, R. (1988b). Rhythm in social interaction. In J. McGrath (Ed.), *The social psychology of time* (pp. 63–88). London: Sage.
Warner, R. (1996). Coordinated cycles in behavior and physiology during face-to-face social interactions. In J. Watt & C. VanLear (Eds.), *Dynamic patterns in communication processes* (pp. 327–352). Thousand Oaks, CA: Sage.
Warner, R., Malloy, D., Schneider, K., Knoth, R. & Wilder, B. (1987).

Rhythmic organization of social interaction and observer ratings of positive affect and involvement. *Journal of Nonverbal Behavior, 11*, 57–74.

Watson, J. (1985). Contingency perception in early social development. In T. Field & N. Fox (Eds.), *Social perception in infants* (pp. 157–176). Norwood, NJ: Ablex.

Watson, J. (1994). Detection of self: The perfect algorithm. In S. Parker, R. Mitchell & M. Boccia (Eds.), *Self-awareness in animals and humans: Developmental perspectives* (pp. 131–148). New York: Cambridge University Press.

Weinberg, K. (1991). Sex differences in 6 month infants' behavior. Impact on maternal caregiving. Doctoral dissertation, University of Massachusetts, Amherst.

Weinberg, M., Tronick, E., Cohn, J. & Olson, K. (1999). Gender differences in emotional expressivity and self-regulation during early infancy. *Developmental Psychology, 35*, 175–188.

Weiss, P. (1970). Whither life or science? *American Scientist, 58*, 156–163.

Weiss, P. (1973). *The science of life.* Mt. Kisco, NY: Futura.

Weiss, J. & Sampson, H. (1986). *The Psychoanalytic Process.* New York: Guilford.

Werner, H. (1948). *The comparative psychology of mental development.* New York: International Universities Press.

Werner, H. & Kaplan, S. (1963). *Symbol formation.* New York: Wiley.

Wilson, A. (1995). Mapping the mind in relational psychoanalysis: Some critiques, questions and conjectures. *Psychoanalytic Psychology, 12*, 9–29.

Wilson, A. & Malatesta, C. (1989). Affect and the compulsion to repeat: Freud's repetition compulsion revisited. *Psychoanalysis and Contemporary Thought, 12*, 243–290.

Winnicott, D. (1957). *The child and the family.* London: Tavistock.

Winnicott, D. (1965). *Maturational processes and the facilitating environment.* New York: International Universities Press.

Winnicott, D. (1967). Mirror-role of mother and family in child development. *Playing and reality.* Middlesex, UK: Penguin, 1974.

Winton, W. (1986). The role of facial response in self-reports of emotion: A critique of Laird. *Journal of Personality and Social Psychology, 50*, 808–812.

Winton, W., Putnam, L. & Krauss, R. (1984). Facial and autonomic manifestations of the dimensional structure of emotion. *Journal of Experimental Social Psychology, 20*, 195–216.

Wolf, E. (1993). The role of interpretation in therapeutic change. In A. Goldberg (Ed.), *The widening scope of self psychology: Progress in self psychology, vol. 9* (pp. 151–130). Hillsdale, NJ: The Analytic Press.

Younger, B. & Cohen, L. (1985). How infants form categories. In G. Bower (Ed.), *The psychology of learning and motivation: Advances in research and theory* (pp. 211–247). New York: Academic Press.

Younger, B. & Gotlieb, S. (1988). Development of categorization skills: Changes in the nature or structure of form categories? *Developmental Psychology, 24*, 611–619.

Zajonc, R. (1985). Emotion and facial efference: A theory reclaimed. *Science, 228*, 15–22.

Zeanah, C., Anders, T., Seifer, R. & Stern, D. (1989). Implications of research on infant development for psychodynamic theory and practice. *Journal of the American Academy of Child and Adolescent Psychiatry, 28*, 657–668.

Zelner, S. (1982). The organization of vocalization and gaze in early mother–infant interactive regulation. Doctoral dissertation, Yeshiva University, New York.

Zelnick, L. & Bucholz, E. (1990). The concept of mental representations in light of recent infant research. *Psychoanalytic Psychology, 7*, 29–88.

Zicht, S. (1993). Attachment and the regulation of mother-toddler attention. Doctoral dissertation, Yeshiva University, New York.

監訳者あとがき

　本書は Infant Research and Adult Treatment: Co-constructing Interactions（The Analytic Press, 2002）の全訳で，ベアトリス・ビービー Beatrice Beebe 博士とフランク・M・ラックマン Frank M. Lachmann 博士による共著です。序言にあるように，本書は著者たちの 30 年にわたる研究をまとめたものです。それぞれの章のほとんどは，原書出版以前に独立した論文としていくつかの学術雑誌に掲載されたものですから，本書を読み進めることで，彼らの研究史をそのままたどることができます。乳幼児の実証研究と精神分析の臨床研究は，たがいに深く結びついて発展してきましたが，それぞれ独立した領域として区別されてきました。ビービーは実証乳児研究の専門家として，ラックマンは長年にわたる成人の精神分析臨床家として，それぞれの領域を代表してこの研究に携わり，それぞれの領域における知の蓄積を相互に交流させました。その結果生まれたのがこの一連の研究です。それは実証乳児研究の成果を直接的に成人の精神分析治療に適用することを可能にし，私たち精神分析家がこれまで充分に扱うことができなかった非言語的相互交流を理解するため，革命的な視点を提供してくれました。

　二人の名前は，すでに我が国でも広く知られていると思います。ビービーは現代乳児研究の第一人者の一人で，ダニエル・スターンの下で乳幼児研究をスタートし，現在はコロンビア大学で細かな乳児観察データを統計的に解析する研究を地道に続けています。日本語版への序言にあるように，ビービーは我が国とも関係が深く，父親のギルバート・W・ビービー博士は，原子爆弾による後遺障害の研究者として 2 年間ずつ 3 度来日し，広島や長崎に長期間滞在していたことがあります。幼少期にはベアトリス自身も父親とともに日本に居住していました。本書は研究者としてのベアトリスに強い影響を与えた父親にささげられたものでもあります。乳児研究者として有名なビービーですが，本書の第 6 章に記述されるポールやジェニファー，ドロレスの症例に見られるように，乳児研究で得られた知見を生かし，ニューヨークの個人オフィスでは，非

言語的，黙示的な領域におけるコミュニケーションも扱う成人の精神分析臨床家としても腕をふるっています．ドロレスの事例は，本邦でも訳出されている *Forms of Intersubjectivity in Infant Research and Adult Treatment* の第4章[1]に詳述されていますので，本書の読者にはぜひ一読していただきたいと思っています．

　ラックマンは，言うまでもなく精神分析的自己心理学の重鎮で，ストロロウやリヒテンバーグ，フォサーギなど，さまざまな分析家とともに，伝統的コフート派の自己心理学を超え，相互交流プロセスを重視した多用な次元の関係性自己心理学を発展させてきた分析家の一人です．我が国でもいくつかの著書が翻訳されていますから，読者の方もよくご存知でしょう．音楽への関心が深いラックマンは，精神分析治療における分析家と患者の相互交流のなかにながれる音楽としての言葉——必ずしも分析家と患者が似た方法で，同じ程度に，シンメトリックに貢献するわけではないですが，二人の関係に共構築されるリズム——について詳しく論述したこともあります[2]．共構築される関係性のなかに展開するさまざまなリズムやメロディを鋭く見抜く彼の力は，本書のなかで事例を記述する際の美しい文章からも感じ取れるはずです．

　第1章と第2章を概観してわかるように，臨床訓練のため，ビービーがラックマンにスーパーヴィジョンを受けることになったことから協働研究の旅は始まります．当初は，ビービーがラックマンから精神分析臨床家としての教育を受けるわけですが，やがて実証乳児研究の成果に惹かれたラックマンが，ビービーから乳児発達研究についての教育を受けます．ラックマンはビービーと共に直接乳児研究を行ったわけではありませんが，ビービーから個人的に乳児研究の講義を受け，ビービーが普段学生に講義している乳児研究の内容すべてについて議論を交わしたといいます．精神分析臨床においても，乳児研究においても，知への二人の強い探究心には私も常々驚嘆させられます．そのような二人の姿勢は本書のいたるところに読み取れるものだと思います．

　本書は，母親と乳児の対面相互交流研究の成果と，それを応用した精神分析治療プロセスの考察が，一章ごと交互に織り成されて構成されています．乳児研究で明らかにされてきた対面相互交流に関する知見と，精神分析理論のなかで考察されてきた相互交流モデルに関する知見の全体像を把握することができる一方で，別々の歴史を歩んできた二つの研究が統合されるプロセスも体感す

ることができます。母親 - 乳児の二者関係における双方向交流研究の成果を，直接精神分析臨床に適用することを目的とした本書には，いくつも注目に値するテーマが内包されていますが，重要と思われるもののいくつかを挙げておきたいと思います。

1．二者関係における徹底した双方向的プロセスの追及

　ビービーとラックマンが追求するのは，二者関係における徹底した双方向プロセスです。これは，本書全体を通して一貫して流れる最も基本的な姿勢です。母親（分析家）は乳児（患者）に影響を与えながら，乳児（患者）から影響を与えられ，乳児（患者）は母親（分析家）に影響を与えながら，母親（分析家）から影響を与えられます。そこにはもはや，個別に切り離され，固定的で，静的な個人や自己は存在しません。必ずしも似た方法で，同じ程度に，シンメトリックになされるわけではありませんが，関係に参加する二者両方が，そこに進行し続ける交流のオーガナイゼーションに貢献します。瞬間瞬間の相互的影響のなかで構築されるその交流は，変容し続けるものであり，常に進行過程にあります。

　二者関係の双方向プロセスに注目する重要性を明確にするために，ビービーとラックマンはかつて自分たちがまとめたことがあるバートンの事例を振り返ることから本書を始めます（第1章）。バートンを治療する際に自分たちが見てきたものが，一方向モデルであったことを反省し，双方向プロセスに注目することでしか見えないものが何であるのかを解説します。自分たちが有していたかつての視点を批判的に考察するという意味では，コフートのＺ氏の事例[3]を思い起こさせます。

2．相互交流調制と自己調制

　徹底した双方向プロセスを解明する上で，ビービーとラックマンが相互交流の基本的なオーガナイジングプリンシプルとして用いるのが「相互交流調制」と「自己調制」です。相互交流調制は，ある人がいかにパートナーの行動に影響されるかを意味し，自己調制はその人がいかに自分の状態を調整するのかを意味しています。前者はある人の行動が相手の行動に随伴したり，相手の行動の影響を受けたりする程度を意味し，後者はある人の行動がその人自身の行動

に影響を受けたり，その人自身の行動が予測可能な程度を意味しています。

　第2章と第5章で詳しく述べられるように，著者たちは，これらの用語を基本的に統計学的な意味合いで用います。統計的には，相互交流調制はある人の先立つ行動がこの瞬間の相手の行動を予測することができる程度（確率）と定義され，時系列分析では「遅延相互相関」として分析されます。一方，自己調制は，相互交流におけるそれぞれの人の行動の規則性と予測可能性の程度（確率）と定義され，時系列分析では「自己相関」として分析されます。著者たちが「日本語版への序言」で明らかにしているように，この統計的処理の意味をどのように理解するかという問題から，それぞれの統計的結果が示すものを，「調制」と名づけるよりも「随伴性」と名づける方が適切なのではないかという見解を示した人もいるようです。

　ここで重要なのは，自己調制と相互交流調制はどちらか一方が内的プロセスでどちらか一方が関係的プロセスというように区別されるものでもなく，どちらか一方が単独で働くというものでもない，ということです。第2章の図1 (p. 28) に示されるように，自己調制は内的プロセスを意味するわけではなく，個人の内的プロセスは自己調制と相互交流調制両方によってオーガナイズされ，相互交流調制も関係的プロセスを意味するわけではなく，関係的プロセスもまた自己調制と相互交流調制両方によってオーガナイズされます。

3．明示的プロセスと黙示的プロセス

　第2章の図4 (p. 35) に示されるように，ビービーとラックマンは，二者関係の相互交流パターンがオーガナイズされる水準は，概念的に二つに分類されると考えます。一方は象徴的な表象水準（明示的／言語的）で，他方は行為－知覚水準（黙示的／手続き的）です。時間，空間，情動，覚醒の次元を通し，二者関係に参加する二人によって生み出される予期のパターンがオーガナイズされるのは黙示的水準においてです。これらのパターンは，前象徴的な表象形式で符号化されます。象徴的水準に翻訳される場合もありますが，翻訳されようとなかろうと，相互交流における予期を独自に生み出し，のちに至るまで二者関係の交流をオーガナイズし続ける記憶構造を構成します。情報処理の違いに基づくこのような二分類法は，精神分析が伝統的に用いてきた意識・前意識・無意識という分類とは概念的に異なるものです。この分類で見てみると，

これまでの精神分析は象徴的な表象水準に注目することが多く，対人交流上の多くの現象は象徴的内容として解釈されてきました。この視点の導入により，必ずしも象徴的に表象化されない行為／手続き的連鎖のプロセスにも注目して解釈する必要性が浮き彫りになりました。行為／手続き的連鎖は，認知的統制が不可能なほどの情報の速さや密度を伴うので，気づきの外側で，ほんの一瞬のうちに調整されるものですが，他者とのやりとりにおける「間」やリズム，スピードのように，注目しようとすれば気づくことが可能になるものです。それに気づくことが可能であるということは，精神分析臨床における重要なテーマの一つとして，分析家と患者がそれを言語的に理解し扱うことが可能だということです。

4．成人の精神分析治療への適用

　実証的乳児研究は，精神分析と深いかかわりを持っています。しかし成人の精神分析臨床では，これまで主に，患者の早期生育史を想像したり，転移として現れる現象の発達的起原を特定したりするという目的において，乳児研究を重要視してきました。ビービーとラックマンは，そのような意味で乳児研究を利用するわけではありません。

　乳幼児研究も精神分析も，近年はどちらも相互交流プロセスに注目しています。しかし，前者は主に行動を通した非言語的，黙示的，手続き的水準でのコミュニケーションに注目してきたのに対し，後者は主に言語を通して明らかになる象徴的，明示的水準でのコミュニケーションとしての感情や空想，主観状態に注目してきました。成人の精神分析において，乳児研究が注目してきた手続き的水準でのコミュニケーションを概念化する試みは不十分なまま残されていました。第3章や第6章，第8章に詳述される成人の精神分析治療プロセスには，非言語的，黙示的，手続き的水準でのコミュニケーションが治療プロセスにどのように展開し，どのように扱うことができるのかが描かれています。母親 - 乳児の二者関係と同様に，精神分析臨床における患者 - 分析家の二者関係においても，非言語的水準でオーガナイズされる黙示的／手続き的相互交流プロセスを具体的に取り扱い可能なものにしたという点で，本書は，精神分析の歴史にきわめて大きな足跡を残しました。

5．主要点の三原理

　第7章では，相互交流が調制され，表象化され，内在化されるプロセスにおいて，二者関係的な相互交流をオーガナイズする三原理が示されました。それが，「進行し続ける調制」「断絶と修復」「情動が高まる瞬間」です。進行し続ける調制は相互交流の最も一般的なパターンで，二者関係の相互交流についての特徴的で予測可能なパターンをオーガナイズするものです。断絶と修復は，進行し続ける調制の連鎖における裂け目や予測の裏切りをオーガナイズするもので，自己心理学的な概念では自己対象転移の盛衰に関係します。情動が高まる瞬間は強い情緒を呼び起こすもので，それが生じた短い時間を越えて相互交流をオーガナイズし続けます。三つの原理はたがいに深く関与しますが，それぞれ独立した原理としてみることができるほど主要な特徴を持っています。

　ビービーとラックマンは，第8章で，クララという成人患者の精神分析治療プロセスを説明するためにこの三原理を適用します。三原理を用いることで，分析家－患者相互交流のパターンや精神分析の治療作用をより明細に述べることができることを示したのです。第8章に示される治療プロセスを読むと，これらの原理は，二者関係におけるクララの主観的体験や，クララの主観的体験に対する二者関係の影響を説明するだけでなく，精神分析治療において何がどのように変容するのかというプロセスそのものを説明するための三次元となっていることもわかります。

6．システムモデル

　近年，システムモデルに関するさまざまな概念の提示，議論の発展には目を見張るものがあります。特に自己心理学のなかでの発展は著しく，2007年にロサンゼルスで行われた第30回国際自己心理学学会総会におけるテーマとして「自己とシステム」が取り上げられたのも記憶に新しいものです。メインプログラムのパネルディスカッションの一つでは，さまざまな領域から提示されてきたさまざまな非線形システム理論も，そろそろ統合される時期に入っているのではないだろうかと論じられました。[4]

　ビービーとラックマンは，本書を第9章に締めくくる上で，システムモデルのなかに概念を整理し位置づけます。彼らが重視するのは，中間域のバランス

モデルです。自己調制，あるいは相互交流調制のどちらか一方への極端な偏向は，問題のある相互交流を意味しています。健康にオーガナイズし続ける相互交流は，自己調制と相互交流調制という二つのプロセスを柔軟に行ったり来たりし，一方が前景に出たり背景に下がったりしますが，どちらかに偏向して膠着することはありません。システムモデルでは，堅すぎる調整や「秩序 order」は「病気 disorder」なのです。これまでの精神分析は，ある特定の構造 structure の確立が一つの発達的達成であり，精神的健康さを示すものと考える傾向にありました。システムモデルはまったく別の視点を提供します。健康なシステムは常に開かれており，揺らがされることによって反応し，変容し，新しい解決策をもつことができます。システムモデルでは，システムを構成する要素が堅く結びつけられすぎているか，あるいはあまりにもゆるくしか結びついていないか，どちらかに偏っている状態を精神的病理と考えます。

　本書の訳出に携わることになり，「自分にこの大役が務まるだろうか」と自らに問いかけたことは一度だけではありません。一つひとつ訳出を進めていくプロセスのなかで，この仕事に携わることができる感激とともに，責任の重大さを何度となく認識させられました。なにしろこの本は，ビービーとラックマンの 30 年の歴史であり，知の蓄積なのです。一連の研究はどれも，一字一句の意味の違いに徹底的にこだわりながら考察が進められています。一つひとつの言葉を日本語に置き換えるとき，何度も震えるほどの緊張感を感じました。

　本書との出会いは私にとって特別な意味を持っています。本書の元となった論文は，本書刊行以前から何度も読む機会がありましたが，本書そのものとの出会いは 2003 年でした。ニューヨークにある TRISP 自己心理学研究所 Training and Research Institute for Self Psychology の精神分析家キャンディデートだった私は，「発達」の授業のなかで，本書をもとに，ビービーに教えを受けた分析家と乳児研究について議論する機会に恵まれました。フロイト以来，成人の精神分析は常に乳幼児期の発達プロセスと対比されながらその概念を発展させてきました。精神分析家になる誰もがそうであるように，その訓練においてはさまざまな発達理論や発達概念を学ばなければなりません。しかし，私は常に一つの疑問を持っていました。発達理論は日々の臨床における成人の精神分析にとって直接役立っているのだろうか？　さまざまな疑問や

テーマを抱えて精神分析家の訓練を受けるために渡米しましたが，私が臨床心理学に触れたときから持っていた疑問の一つはまだ解決していませんでした。

　フロイトやウィニコット，クライン，マーラーらが示すような，精神分析理論と強く結びついた発達理論は，結局のところ，成人の精神分析治療から得られた枠組みを当てはめただけではないのだろうか？　だからと言って，それらの根本的価値を疑ったわけではありません。私が成人の精神分析臨床を続けるなかで，その発達的理解の枠組みは，確かに患者と私によって織り成され続ける転移－逆転移の様相をより深く理解させてくれました。しかし，乳幼児の心的世界を捉えようとする努力の重要性はそこにあるといえるのでしょうか？やがて，乳幼児－母親の行動観察に基づくスターンやエムディの初期の研究に触れ，私はその内容に感激しただけでなく，乳幼児研究の意味について理解を進めることができました。しかし，直接的な行動の分析を基にしたその乳幼児研究の結果を，どのように成人の精神分析に当てはめることが最も有効なのか，漠然とその意味は感じとっていたものの，まだ明確にはなりませんでした。

　1995年に結成されたボストン変化プロセス研究グループ The Boston Change Process Study Group のメンバーによるいくつかの研究は，私の疑問に一つの答えを与えてくれました。そして，少し異なった角度からもっと明確な答えを提供してくれたのが本書でした。象徴的な表象世界を理解することに加え，行為／手続き的次元における瞬間瞬間の黙示的プロセスを通して創造される表象があり，その表象がオーガナイズされる際の具体的な三原理があるという視点は，成人の精神分析治療に携わる私の視界を一気に拡大してくれました。象徴的言語的水準に還元されようとなかろうと，秒単位以下の行為連鎖における対人交流そのものが，治療プロセスの重要なテーマの一つであることを明らかにしてくれましたし，そのような側面から分析家－患者関係における双方向の相互交流プロセスを捉えなおすことで，それまで認識できなかった問題をはっきりと認識できるようにしてくれました。

　それだけではありません。日本人である私が渡米し，ニューヨークの文化のなかでさまざまな対人交流に参加する上で，私は対人交流上のズレや違和感を日常的に体験していました。その違和感やズレは，何度も分析家や友人，スーパーヴァイザーとの議論のテーマとなり，違和感やズレによって引き起こされ

る私の感情の多くは「私が感じる双子自己対象体験の喪失」という一方向一者心理学の言葉で，明示的／象徴的領域に還元されて理解されました。その理解が間違っていたわけではありません。しかし，私が体験した違和感やズレには，黙示的／手続き的水準におけるもの，双方向的にオーガナイズされる相互交流プロセスそのものの問題を含んでいました。言語的やり取りにおける「間」の取り方，たがいの表情の変化，視線のそらし方など，瞬間瞬間の行為連鎖の交流のなかでの調制にかかわるものでした。そのような体験を説明する手がかりを与えてくれたのも本書です。瞬間的なやりとりのなかには，異なる文化で暮らしてきた相手との新たな対人相互交流に参加しても，柔軟に調制され変容し続ける側面がある一方で，システムが比較的開かれておらず，対人交流において柔軟に変容しない部分がありました。それは私にとっても相手にとっても，文化的な側面に深く根づいたもので，比較的閉ざされやすいシステムに組み込まれた黙示的／手続き的水準での調制様式なのかもしれません。そのような二者による双方向交流は，とても堅く調整されたり，突然その調整がゆるくなったりと，著しく広い調整の範囲を極端に移動するものでした。

　現在，自己調制と相互交流調制を基にした本書の基本概念は，これまで理解されてきた精神病理の再概念化，カップルセラピーや発達障害臨床への応用など，さまざまな領域に応用されつつあります。本書の基本概念はこれからもさまざまな領域に応用されていくでしょう。精神分析家や乳児発達研究者だけでなく，さまざまな領域における臨床家・研究者が本書を手に取り，領域を超えた相互交流のなかで新たな知を生みだすための起爆剤になることを強く願っています。

　訳語については，十分ではないとご批判をいただく部分もあるかもしれません。訳語の選出に関しては，いずれも監訳者である私に責任があります。regulation という用語に最も苦慮しました。これまでの翻訳書を概観すると，regulation は「制御」や「調整」など，内容に応じて使い分けられてきています。本書の場合，後者の「調整」の訳語も十分に適用できると思われましたが，これまでの精神分析の歴史を踏まえると，「制御」の意味をまったく排除してしまうことは適切ではないと考えました。また，「調整」を構成する漢字はどちらも「トトノエル」を意味し，「調整」では regulation を意味するもの

として少し静かな印象を免れません。coordination という単語も本書で重要な役割を果たしており，それに「調整」をあてることにしましたので，regulation に対しては結局「調制」という造語を用いることにしました。訳出に際して造語を作ることはあまり賢明な方法ではないと思いましたが，本書では regulation がきわめて重要な役割を果たしていることを重視したことと，これまでの精神分析学的研究や乳児研究，神経生理学的な研究との間に溝を作らないようにしたいという意図から決断しました。

expectancy と expectation については，前者は「予想」とし，後者を「予期」としました。前者は瞬間瞬間に推移する相互交流のパターンのなかで，他者や自己の影響を先取りして読み進めていくプロセスを含蓄します。その意味では動的なリズムを伴う「読み」という言葉が適切かと思われましたが，文章全体のなかで日本語として違和感を覚える場所が少なからず生じたため，「予想」としました。後者は「期待」とすべきところもありましたが，本書全体を通して統一して用いるために「予期」としました。

また，implicit と explicit はそれぞれ「明示的」と「黙示的」としました。二者関係の相互交流が展開する情報処理領域を二つに分類したもので，精神分析に馴染み深い「意識」「無意識」と必ずしも同じではありません。前者は，そこにはっきりとそのプロセスが語られ示されるという意味で「明示的」，後者は暗黙に進んでいくが読み取り可能なプロセスという意味で「黙示的」としました。

本書の訳出を企画したとき，私はまだニューヨークにいました。今，自分が日本で最後の作業に取り組んでいることを考えると，随分長い月日が経ったと感じます。本書の翻訳権を取りたいという私たちの熱意を充分理解していただき，応援の言葉をかけていただいただけでなく，翻訳作業のなかでいくつもの細かな質問に答えていただいたベアトリス・ビービー博士とフランク・M・ラックマン博士には何よりも強く感謝の意を示したいと思います。マンハッタンのビレッジにあるビービー博士のオフィスを訪れたときのことは，私にとって忘れられない記憶になっています。忙しい研究者・臨床家であるにもかかわらず，博士は私を快く迎えてくださいました。そこでは，長年の乳児研究で蓄積した母親－乳児の対面相互交流を記録したいくつかの貴重なビデオを見せて

いただき，本書の内容の一部についてご教授までしていただきました。「乳児は驚くほど多くの情報を処理し，他者に働きかける力を持っているんです。ただ，彼らが運動できる範囲は限られているでしょう？　その意味では不自由なんです」と述べながら，博士自ら乳児の表情や首の動きを再現してくださったこと，そして真似をして再現しようとしながら自分がなかなかそうできなかったことも印象に残っています。

　私のリーダーシップ不足のために各章を担当された皆様方にはご迷惑をおかけしたこともありましたが，それぞれの訳者・協力者の方々に充分な努力をしていただいたことによって，無事出版にこぎつけたことに心から感謝しています。訳出に当たっては，それぞれの章を担当する訳者が下訳を行い，全体を通して監訳者が語句や内容の修正・統一を行ったあと，再度それぞれの訳者が内容を確認してから監訳者が最終調整を行いました。下訳作成にあたっては，他に三人の先生方にもご協力をいただきました。文末に記載して感謝の意を表したいと思います。作業を分担したため，立場に違いが生じましたが，関係者全員が自分の持ち場で精一杯働いていただいたと思っております。原著者二人の30年の思いがこもった書籍を翻訳しているのだという責任感は，どの関係者の胸にも強く感じられていたものと思います。

　文中に引用されるサンドラのケースの理解に関しては，私の同僚でもあるエレン・シュムスキー Ellen Shumsky 女史からいただいたオリジナル原稿も参考にしました。誠信書房の児島雅弘氏には，長期にわたりいろいろな面から応援いただきました。丁寧に訳文に目を通していただいた上，適切な修正のアイデアをご提案くださいました。この場をお借りして，企画から出版に至るまで，本書の製作に関係したすべての方々にお礼を申し上げます。

2008年9月

訳者代表　富樫公一

文献

1) Beebe, B. (2005). Faces-in-relation: Forms of intersubjectivity in an adult treatment of early trauma. In *Forms of Intersubjectivity in Infant Research and Adult Treatment*. NY: Other Press, 89-144.（かかわりあう顔──早期外傷

の大人の治療における間主観性さまざま．乳児研究から大人の精神療法へ——間主観性さまざま．岩崎学術出版社，2007，89-152)
2) Lachmann, F. M. (2001). Words and music. In *Progress in Self Psychology*, Vol. 17, 167-178.
3) Kohut, H. (1979). The two analysis of Mr. Z. In *The Search for the Self*, Vol. 4. Connecticut: International Universities Press, 1990, 395-446.
4) Coburn, W. J. (2007). Complexity made simple: Exploring a nonlinear dynamic systems perspective. Presented at the 30th Annual International Conference on the Psychology of the Self. Chicago, LA.

翻訳協力者（敬称略）
第1章　南尾由紀（帝塚山学院小学校スクールカウンセラー，市立加西病院，武庫川女子大学附属高等学校・中学校カウンセラー）
第4章　櫻井興平（関西国際大学学生相談室，神戸医療センター，公立中学校スクールカウンセラー）
第6章　辻河　優（京都文教大学心理臨床センター専任カウンセラー〈2001年—2006年〉）

和文人名索引

本文では「et al.」として省略された人名についても索引ではページ数を表記した。

ア 行

アイス，M. 69,71,99,102,152,169,211
アイブル＝アイベスフェルト，I. 26
アトウッド，G. E. xiii,24,81,120,148,189
アロン，L. xii,24,27,148
ウィニコット，D. W. 25,48,92,120,186-187
ウィルスン，A. 145,146,148,151,211,212
ウェルナー，H. 24,66,97,147,150,171
エインズワース，M. D. S. 84,126,155,169
エクマン，P. 38,40,44,75,110,111,147,148,170,171,178
エーデルマン，G. 228
エムディ，R. N. 69,76,146,152,157,185,217
エルメード，K. 39
オレンジ，D. M. xiii

カ 行

ガーストマン，L. 92-94
カディス，A. 2
ガードナー，J. 76
カプラン，S. 66,120,146,150,157,161,165,169,187,188
カミナー，T. 31
カーメル，B. 76,98
カールステンス，A. 70,117,151,152,161
キャンベル，S. 83,162,166,177
クインラン，D. 31
グッドマン，G. 71,99,102,152,169,211
クライマン，R. 217
クラウン，C. xiii,32,44,84,102,104-108,112,137-139,153-156,214,221,225,230,232
クラーク，R. 70
グリグズビー，J. 216,217
クリフトン，R. 84,172,175
クルカ，R. 224,225
クローネン，J. 95,102,153,163
クーン，O. 82,121,162,163,167
ケースメント，P. 84,173,175,178
コウロムジン，M. 126,129,133,134,136
コフート，H. 146,161,165,168,187-189,219
コーン，J. 23,44,83,95,97,106,151,154,161,162,164,166,168,170,177,188,232

サ 行

ザイアンス，R. 40,41,44,110
ザメロフ，A. 24,68,149,180
サリヴァン，M. 24,120
サロー，S. 127
サンダー，L. xv,22,23,26,29-33,39,40,44,46,68,90,134,143,148,151,157-159,175,180,185,211,215,217-219
サンバーグ，M. 39
ジアニーノ，A. 27,29,42,89,146,153,157,160,161,164-166
シェーファー，S. 145,148,179-182
ジクト，S. 127
ジャフィ，J. xiii,24,32,44,82,84,97,101-102,104-109,112,121,126,133,134,136,137,139,143,149,151,153-157,214,221,225,230,232,233
シュムスキー，E. 138,221,222,231
ショア，A. N. 23,37,44,217,229
シールズ，P. 79,149
シンガー，J. 73,152,173-174
スターン，D. N. xv,3-4,32,68-70,72,76,

79,82,87,88,90,92,94,95,97,99,100,102,
112,118,139-140,143,145,147-151,153-155,
157,159,161,162,170,173,175,185,215,
217-219,221,223
ステックラー，G. 146,157,161,165,169,187,
188
ストロロウ，R.D. xiii,24,47,81,120,146,
148,189
スペンス，M. 70,151
スミス，L. xiii,24,218,229-231
ゼルナー，S. 82,154,168
ゼルニック，L. 81,148
セレン，E. xiii,24,218,229-232
ソカリディス，D. 47,146
ソーター，D. 214,220

タ 行

タビン，J. 224,227
ダフリティ，J. 31
デイビス，M. 141
ディンバーグ，U. 39
デキャスパー，A. 69,70,74,102,117,151,
152,161
デビッドソン，R. 37,38,42,44,76,83
デモス，V. 146,148,151,157,170
ドーソン，G. 38,83
トバイアス，K. 105
トムキンス，S. 41,147,170
トラウト，D. 141
トレバーセン，C. 28,83
トロニック，E. xv,23,26,27,29,32,42-44,
50,57,67,75,81-83,87,89,95,107,121,133,
146,148,151,153,154,157,160-170,176,177,
180,188,213,215,217,218

ナ 行

ノブローチ，S. 223

ハ 行

バイアース，P. 101,111
パイン，F. 146,171,173,176,187,189
バコルス，E. 81,148

ハザン，C. 71,99,102,152,169,211
バーチ，H. 3
ハーツォグ，J. 84,178-179
ハディクス，D. 141
ハドレー，J. 73,76,152
ハーバーマス，J. 67
ハビランド，J. 163
パリー，R. 143,217
ハリス，A. 23,128,217,224
ハルトラウプ，G. 216,217
バーンスタイン，A. 84,173
ピアジェ，J. 24,66,69,80,161
ビービー，B. xiii,22,24,32-34,39,44,47,
63,69,72,82,84,89,92-95,97,100,102,
104-109,112,117,121,126,129,133,134,136,
137-140,145,148-151,153-157,159,171,176,
178,183,188-190,214,219,221,225,230,232
ファーゲン，J. 73,77,151-152,173-175
ファーナルド，A. 76
フィールド，T. 69,76,77,82,117,121,129,
151,159,162,163,167,170
フォーゲル，A. 26,30,99,116,117,121,141,
218
フォックス，N. 23,37,38,42,44,76,83
フォン・ベルタランフィ，L. 24
ブッチ，W. 80,136,143,216-218
ブラゼルトン，T.B. 29,47,81,82,87,117,
157-159,165,180,215,217
ブラチャー，R. 84,173
ブラット，S.J. 4,31,146,148,161,168,189
ブランチャフ，B. xiii,148,189
フリーセン，W. 38,40,41,44
フリードマン，N. 136,137
フリーマン，W. 229
ブルーナー，J. 67,151
ブルーム，L. 73
フレイ，S. 141
ヘイナル，V. 41
ヘイン，H. 72,151-152
ヘラー，M. 41
ペリス，E. 84,172,175
ベーレンズ，R. 146,148,161,168,189

ボウルビー, J.　120, 126, 155
ホーナー, A.　146, 161, 169, 185, 187, 188
ボーンスタイン, M.　77-79, 149

マ　行

マイアズ, N.　84, 172, 175
マスト, V.　72
マーティン, J.　27, 70, 84, 87, 91, 154
マラテスタ, M.　76, 84, 87, 105, 107, 145-148, 151, 155, 156, 163, 170
マレー, L.　83
マンドラー, J.　75, 78
ミッチェル, S. A.　xii, xiii, 24, 148
ミード, M.　67
ミラー, J.　25
メイン, M.　87, 117, 120, 159
メルツォフ, A.　36, 44, 76-78, 111, 150
モーガン, A.　217
モデル, A. H.　57, 67, 81, 148
モリス, C.　24

ラ　行

ライオンズ゠ルース, K.　32, 143, 217

ラシュリー, K.　67
ラックマン, F.　xiii, 22, 24, 34, 39, 47, 63, 72, 89, 103, 121, 132, 145, 149-151, 153, 154, 157, 178, 183, 187-190, 192, 219
ラパポート, D.　86
リオク, D.　25
リヒテンバーグ, J. D.　xv, 89, 132, 148, 151, 157, 190, 192
レビン, B. D.　24
レベンソン, R.　38, 40, 44
ロス, S.　83, 166
ローゼンフェルド, H.　141
ロビー゠コリアー, C.　72, 77, 79, 149, 151-152
ローワルド, H. W.　148, 151, 168, 179, 188, 189

ワ　行

ワイス, J.　32, 57, 68, 188, 192
ワインスタイン, E.　25

欧文人名索引

本文では「et al.」として省略された人名についても索引ではページ数を表記した。

A

Adamson, L.　82,83,87,165,180,215,217
Adelmann, P.　40,41,44
Adler, G.　47,187
Ainsworth, M. D. S.　84,126,155,169
Als, H.　29,47,81-83,87,158,165,180,215,217
Alson, D.　102,109,151,153
Ancoli, S.　41
Anders, T.　68,149
Aron, L.　xii,24,27,148
Atwood, G. E.　xiii,24,81,120,148,189

B

Badalamenti, A.　24,43,143
Bahrick, L.　70
Bakeman, R.　84,151,153
Barroso, F.　136
Basch, M. F.　xv,149,169
Beckwith, L.　84
Beebe, B.　xiii,22,24,32-34,39,44,47,63,69,72,82,84,89,92-95,97,100,102,104-109,112,117,121,126,129,133,134,136,137-140,145,148-151,153-157,159,171,176,178,183,188-190,214,219,221,225,230,232
Behrends, R.　146,148,161,168,189
Bell, S.　25,153
Belsky, J.　84,87,155
Bendell, D.　82,121,162,163,167
Benjamin, J.　xv,23,148,183
Bennett, S.　82,155
Berg, C.　105

Berlyne, D.　69,169
Bernstein, A.　84,173
Birch, H.　3
Biringen, Z.　217
Blacher, R.　84,173
Blatt, S. J.　4,31,146,148,161,168,189
Blehar, M.　84,126,155,169
Bloom, L.　73
Blurton-Jones, N.　140
Bornstein, M.　77-79,149
Borton, R.　78
Bower, T.　74
Bowlby, J.　120,126,155
Brandchaft, B.　xiii,148,189
Brazelton, T. B.　29,47,81,82,87,117,157-159,165,180,215,217
Bretherton, I.　84,151
Bromberg, P. M.　xv
Bronstein, R.　107
Brooks, J.　79,213
Broughton, J.　74
Brown, J.　84,151,153
Bruner, J.　67,151
Bruschweiler-Stern, N.　xv,32,143,215,217,218
Bucci, W.　80,136,143,216-218
Bucholz, E.　81,148
Buie, D.　47,187
Butterfield, P.　76
Butterworth, G.　70,74
Byers, P.　101,111

C

Cambell, S.　83,162,166,177
Campos, J.　76
Capella, J.　44,143,153
Carstens, A.　70,117,151,152,161
Casement, P.　84,173,175,178
Cassidy, J.　120
Chance, M.　140
Chandler, M.　68,149
Chapple, E.　104,143,232
Chevalnier-Skolnikoff, S.　26
Clark, R.　70
Clifton, R.　84,172,175
Clyman, R.　217
Cohen, D.　69,76-78,88,170
Cohen, L.　149
Cohen, N.　216
Cohen, S.　84
Cohn, J.　23,44,83,95,97,106,151,154,161, 162,164,166,168,170,177,188,232
Cormier, S.　152
Cortelyou, A.　111
Crawford, R.　141
Crockenberg, S.　84
Crown, C.　xiii,32,44,84,102,104-108,112, 137-139,153-156,214,221,225,230,232
Culver, C.　76,84,87,105,107,147,155,156,170

D

D'Affliti, J.　31
Davidson, R.　37,38,42,44,76,83
Davis, M.　141
Daw, W.　141
Dawson, G.　38,83
DeCasper, A.　69,70,74,102,117,151,152,161
DeLoache, J.　88
Demos, V.　146,148,151,157,170
Dimberg, U.　39
Donovan, W.　117
Drivas, A.　107

E

Early, L.　72,151-152
Edelman, G.　228
Ehrenberg, D. B.　xv,24
Eibl-Eibesfeldt, I.　26
Eimas, P.　77
Eissler, K. R.　219
Ekman, P.　38,40,44,75,110,111,147,148,170,171,178
Elmehed, K.　39
Elmore, M.　106,232
Emde, R. N.　69,76,146,152,157,185,217

F

Fagan, J.　77,105
Fagen, J.　73,77,151-152,173-175
Fantz, R.　77
Fast, I.　148
Feiring, C.　84,232
Feldman, R.　87
Feldstein, S.　xiii,32,43,44,84,101,102, 104-109,112,126,129,133,134,136,137,139, 143,151,153-156,214,221,225,230,232,233
Fenichel, O.　187
Ferenczi, S.　48
Fernald, A.　76
Field, T.　69,76,77,82,117,121,129,151,159,162,163,167,170
Fifer, W.　69,70,74,102,151,152
Finkelstein, N.　74
Fleckenstein, L.　173,175
Fleeson, J.　120,155,180
Florin, A.　141
Fogel, A.　26,30,99,116,117,121,141,218
Fosshage, J. L.　xv,132
Fox, N.　23,37,38,42,44,76,83
Fox, R.　77
Freedman, N.　136,137
Freeman, W.　229
Freud, S.　48,120,168,189

Frey, S.   141
Friesen, W.   38,40,41,44

G
Gales, M.   24
Gardner, J.   76
Gazzaniga, M.   152
Gekoski, M.   72,77,151
Gelber, E.   77,149
Gerstman, L.   92-94
Gianino, A.   27,29,42,89,146,153,157,160, 161,164-166
Gibson, J.   74
Gill, M. M.   23
Goldberg, A.   182
Goldberg, S.   74
Goldstein, S.   82,121,127,162,163,167
Goodman, G.   71,99,102,152,169,211
Gopnick, A.   44
Gotlieb, S.   78,149,150
Gottman, J.   91,104,105,154,232
Grand, S.   136
Greco, C.   72,151-152
Greenberg, R.   24,69,76,170
Greenson, R. R.   187,188
Griesler, P.   72,151-152
Grigsby, J.   216,217
Grobstein, R.   29,47
Guthertz, M.   162

H
Habermas, J.   67
Hadiks, D.   141
Hadley, J.   73,76,152
Haith, M.   69,71,99,102,152,169,211
Harris, A.   23,128,217,224
Harrison, A.   xv,32,143,215,217,218
Hartlaub, G.   216,217
Hartmann, H.   148
Haviland, J.   163
Haynal, V.   41
Hayne, H.   72,151-152

Hazan, C.   71,99,102,152,169,211
Healy, B.   82,121,162,163,167
Heller, M.   41
Herzog, J.   84,178-179
Hirsbrunner, H.   141
Hirschfeld, N.   117,159
Hitchcock, D.   105
Hofer, M.   68
Hoffman, I. Z.   xv,23
Hopkins, J.   162,177
Horner, A.   146,161,169,185,187,188
Hunt, J. McV.   69,169

I
Iberall, A.   24,143
Isabella, R.   84,155
Izard, C.   40,44,75,147,170

J
Jacobson, E.   148
Jaffe, J.   xiii,24,32,44,82,84,97,101-102, 104-109,112,121,126,133,134,136,137,139, 143,149,151,153-157,214,221,225,230,232, 233
Jakir, J.   84
Jasnow, M.   xiii,32,44,84,102,104-109,112, 137,139,153-156,214,221,225,230,232
Jensen, F.   172
Jusczyk, P.   74

K
Kadis, A.   2
Kagan, J.   72,80
Kaminer, T.   31
Kaplan, S.   66,120,146,150,157,161,165, 169,187,188
Karmel, B.   76,98
Kegan, R.   148
Kiersky, S.   33
Klein, G. S.   161,168,189
Klein, S.   152,174
Klinnert, M.   76

Knoblauch, S.　223
Knoth, R.　104
Kohlberg, L.　24
Kohut, H.　146,161,165,168,187-189,219
Korner, A.　29,47
Koslowski, B.　87,117,159
Koulomzin, M.　126,129,133,134,136
Krauss, R.　40
Kriegman, D.　xv
Kronen, J.　95,102,153,163
Kuhl, P.　76,77
Kuhn, O.　82,121,162,163,167
Kuhn, T.　213
Kulka, R.　224,225

L

Lachmann, F.　xiii,22,24,34,39,47,63,72,
　89,103,121,132,145,149-151,153,154,157,
　178,183,187-190,192,219
Laird, J.　41
Lamb, M.　88
Langhorst, B.　117
Langs, R.　24,43,143
Larsen, R.　140
Lashley, K.　67
Leavitt, L.　117
LeDoux, J.　152
Lee-Painter, S.　153
Lenneberg, E.　101
Lester, B.　84
Levenson, R.　38,40,44
Lewin, B. D.　24
Lewis, M.　25,74,79,84,153,213,232
Lewkowicz, D.　74,78,102,111
Lichtenberg, J. D.　xv,89,132,148,151,157,
　190,192
Lindon, J.　48
Loewald, H. W.　148,151,168,179,188,189
Lyons-Ruth, K.　32,143,217

M

MacFarlane, A.　69
Main, M.　87,117,120,159
Malatesta, M.　76,84,87,105,107,145-148,
　151,155,156,163,170
Malloy, D.　104
Malone, T. W.　27
Mandler, J.　75,78
Marler, P.　94
Martin, J.　27,70,84,87,91,154
Mast, V.　72
Matias, R.　162,177
Mays, K.　102,109,151,153
McCall, R.　80
McClure, A.　87
McCrorie, E.　107
McCullouch, W.　24,143
McGrew, W.　140
McGuffog, C.　84
Mead, M.　67
Mehler, J.　77
Meissner, W. W.　168
Meltzoff, A.　36,44,76-78,111,150
Miller, J.　25
Miranda, S.　77
Mitchell, S. A.　xii,xiii,24,148
Modell, A. H.　57,67,81,148
Moore, M. S.　74,76,111
Morgan, A.　217
Morris, C.　24
Morrongiello, B.　72,77,151
Müller, U.　216
Murray, L.　83
Myers, N.　84,172,175

N

Nahum, J.　xv,32,143,215,217,218
Newtson, D.　217-218

O

Ogden, T. H.　120
Ohr, P.　152,173-175
Olson, K.　23
Oppenheim, D.　217

Orange, D. M.   xiii
Osofsky, J.   185
Oster, H.   75, 148, 170
Overton, W. W.   68, 149, 212, 213, 216

P
Pally, R.   143, 217
Papousek, H.   152
Papousek, M.   152
Peery, B.   102
Perris, E.   84, 172, 175
Perry, D.   37, 44, 82, 121, 162, 163, 167
Piaget, J.   24, 66, 69, 80, 161
Pine, F.   146, 171, 173, 176, 187, 189
Putnam, L.   40

Q
Quinlan, D.   31

R
Ramey, C.   74
Rapaport, D.   86
Reese, H.   68, 149, 212, 213
Reik, T.   190
Resch, R.   158
Ribner, D.   173, 175
Ringland, J.   91, 154
Rioch, D.   25
Robson, K.   88
Roe, A.   87, 107
Roe, K.   87, 107
Rose, S.   111
Rosenblum, L.   25, 153
Rosenfeld, H.   141
Ross, S.   83, 166
Rovee-Collier, C.   72, 77, 79, 149, 151-152
Rovine, M.   87, 155

S
Sameroff, A.   24, 68, 149, 180
Sampson, H.   57, 188, 192
Sander, L.   xv, 22, 23, 26, 29-33, 39, 40, 44,
46, 68, 90, 134, 143, 148, 151, 157-159, 175,
180, 185, 211, 215, 217-219
Sandler, A. M.   151
Sandler, J.   48, 151, 201
Sarro, S.   127
Schafer, R.   145, 148, 179-182
Schanberg, S.   82, 121, 162, 163, 167
Schneider, K.   104
Schore, A. N.   23, 37, 44, 217, 229
Schwaber, E. A.   187
Seifer, R.   68, 84, 149
Seligman, S.   185
Shane, E.   24
Shane, M.   24
Shepard, B.   76, 84, 87, 105, 107, 147, 155, 156,
170
Sherman, T.   149, 150
Shields, P.   79, 149
Shumsky, E.   138, 221, 222, 231
Simmerman, E.   82, 121, 162, 163, 167
Singer, J.   73, 152, 173-174
Slavin, M. O.   xv, 227
Smith, L.   xiii, 24, 218, 229-231
Socarides, D.   47, 146
Sorce, J.   76
Soref, A.   185
Sorter, D.   214, 220
Spelke, E.   111
Spence, M.   70, 151
Spinelli, D.   172
Spitz, R. A.   148
Sporns, O.   228
Squire, L.   216
Sroufe, A.   80, 120, 155, 180
Stechler, G.   146, 157, 161, 165, 169, 187, 188
Stern, D. N.   xv, 3-4, 32, 68-70, 72, 76, 79, 82,
87, 88, 90, 92, 94, 95, 97, 99, 100, 102, 112, 118,
139-140, 143, 145, 147-151, 153-155, 157, 159,
161, 162, 170, 173, 175, 185, 215, 217-219, 221,
223
Sternberg, R.   105
Stolorow, R. D.   xiii, 24, 47, 81, 120, 146, 148,

189
Strachey, J.　187
Strauss, M.　78,88,149,150
Sucharov, M. S.　24
Sullivan, H.　24,120
Sullivan, M.　72

T
Tabin, J.　224,227
Taylor, D.　87,155
Tesman, J.　76,84,87,105,107,147,155,156,170
Thelen, E.　xiii,24,218,229-232
Thomas, E.　27,91,154
Thompson, L.　23,43,143
Thunberg, M.　39
Tobach, E.　94,148
Tobias, K.　105
Tolpin, M.　168,189
Tomkins, S.　41,147,170
Tononi, J.　228
Trevarthen, C.　28,83
Tronick, E.　xv,23,26,27,29,32,42-44,50,57,67,75,81-83,87,89,95,107,121,133,146,148,151,153,154,157,160-170,176,177,180,188,213,215,217,218
Trout, D.　141
Turkewitz, G.　78,111

V
von Bertalanffy, L.　24

W
Wall, S.　84,126,155,169
Warner, R.　44,104,143,232,233
Waters, E.　84,126,155,169
Watson, J.　70,72,152,232
Weinberg, K.　23,82,165,167
Weinstein, E.　25
Weiss, J.　32,57,68,188,192
Welkowitz, J.　101,109,233
Werner, H.　24,66,97,147,150,171
Wilder, B.　104
Wilson, A.　145,146,148,151,211,212
Winnicott, D. W.　25,48,92,120,186-187
Winton, W.　40
Wise, S.　81-83,87,165,180,215,217
Wolf, E. S.　190
Woodson, R.　69,76,170

Y
Younger, B.　78,149,150

Z
Zajonc, R.　40,41,44,110
Zeanah, C.　68,149
Zelner, S.　82,154,168
Zelnick, L.　81,148
Zicht, S.　127

事項索引

ア 行

愛着型　108, 126-129, 137-139, 155-157
愛着関係，安定した　105-106
　　──を確立すること　16
　　──対 不安定な愛着関係　16, 126-127, 155-157
愛着の曲線予測　155
遊び，対面
　　──における相互交流の能力　87
新しい形態としての可変性　231
RIGs（一般化された相互交流の表象）　79, 147, 173
安定した愛着　→「愛着関係，安定した」参照
アンビバレンス　16
意識の二者関係的拡大　42-43
異種感覚移動　110-111
異種感覚知覚　78
　　照応の──　36-37
萎縮　51-53
映し返し　→「顔の映し返し」参照
エリオットの事例　88-91, 123, 126, 223
エリザの事例　142
追いかけとかわし連鎖　113-118, 139-140, 159-160, 214, 227-228　「脱線」も参照
応答性の抑制　95
大口笑い　94, 171
オーガナイジングプリンシプル〔三原理〕（主要点の）　144-148, 185-186　「断絶」「修復」「情動が高まる瞬間」も参照
　　──と情動　177
　　──と身体的経験　177-179
　　──と前象徴的内在化　179-183

　　──と分析家 - 患者相互交流　186-191, 208
　　事例題材　190-203
　　──の統合　175-179
オーガナイゼーション
　　定義　84
　　乳児の体験の──　166-168

カ 行

解釈，力動的
　　相互交流プロセスと──の統合　204-208
　　事例題材　204-208
　　やりとりを確立すること　204
解釈的活動になる非言語的交流　47-48
回避型　131　「愛着型」「目をそらすこと」も参照
回避パターン，相互的に調整された　「向きの回避」も参照
　　乳児の体験のオーガナイゼーションにとって──が意味するもの　117-118
顔 - 視覚的スキーマ　98-100
顔 - 視覚的な交流　26
顔の動き，自発的な　41-42
顔の映し返し　38-39, 92-96, 154, 176
　　──と自己表象と対象表象　100
　　──の速度　97-98
　　──の双方向的調整　95
　　正確なマッチを意味する──　97
　　先行的な顔 - 視覚的スキーマの創造物としての──　98-100
顔の映し返し連鎖　95, 96
顔の情動　75-76, 127
顔の随伴性，母親の　156
顔の表情　110
　　──と脳の賦活パターン　38

——のマッチング　38-39　「顔の映し返し」
　　　「マッチング」も参照
学習，子宮内での　70
覚醒　76-77, 212
過剰警戒　222　「警戒」も参照
カテゴリー化，前象徴的　78-80, 149-150
カレンの事例　46, 48-65, 124
　　自己萎縮　51-53
　　自殺衝動　48-49, 50-51, 59-60
かわしと追いかけ　→　「追いかけとかわし連鎖」参照
関係精神分析　xiii
「感じ」　101
記憶　72
　　——と情動　73-74
希望
　　用心深い——　192-195
　　——と絶望とのミスマッチ　205
共感　110, 111　「二人の人の感情状態」「直感的理解」「知覚」も参照
共構築された調制　→　「相互的調制」参照
共調制されたコミュニケーションの連続的統制モデル（フォーゲル）　99, 116
共生　16
「去勢された」父親（事例題材）　202-203
空間の知覚　74-75
空間‐視覚的スキーマの創造物　98-100
「暗闇で手を伸ばす」実験　174-175
警戒　105, 107-108, 214, 222　「追いかけとかわし連鎖」「過剰警戒」も参照
欠損，構造上の　13
構造の概念の固定した意味合い　13
行動主体性
　　——の感覚の発達　72
　　「システム能力」としての——　30-31
　　乳児の——の体験　30
心の地図を更新する心　228-233
　　更新され続けるプロセス　229-230
誤調律　→　「脱線」参照
コミュニケーション
　　継続的で，瞬間ごとの相互交流プロセスとしてみなされる——　210

フォーゲルの共調制された——の連続的統制モデル　99, 116

サ 行

再接近期危機　16
サンドラの事例　138-139, 222-223
ジェニファーの事例　132-134
自我，早期乳幼児期における　86
視覚的関心の能力，たがいの　88
視覚的スキーマ　98-100
時間の知覚　74
自己
　　——と対象の分化　5, 9-12
　　——と他者の概念のシステム的観点　224-225
　　——の聴覚的識別　70
　　構造化／確固たるものになること　5, 12
自己オーガナイゼーションの能力
　　相互交流的な場の文脈における——　86
自己接触　129, 136-137
自己調制　15
　　——へのとらわれ　50
　　——への二者関係的なアクセス　123-125
　　——への偏向　220-221
　　システムモデルにおける——　29
自己調制，かかわりのために求められる　126-129
　　成人患者における——　131-134
　　成人の治療にとって意味するものとしての——　129-131
　　分析家における——　134-137
自己調制スタイル　13
　　——における瞬間ごとの変動　130
自己調制と相互交流調制　48
　　定義　27-30
　　——の間のつながり　22
　　——の交互的な影響，システムモデルにおける　27
　　——の失敗　47
　　——の統合　22, 30, 157-160
　　——の統合の産物としての相互交流的な交流

211-212
　　——のバランス〔(不)均衡〕　50, 133-134, 224-225
　　　中間域のバランスモデル　107-108, 215, 222, 225
　　　自律性，相互性，そして——　226-228
　　　乳児エリオットのビデオが例証する——　88-91, 123, 126
自己調制の力についての事例題材　90
自己調制範囲
　　患者の——への二者関係的なアクセス　123-125
自己表象と対象表象　「前象徴的表象」も参照
　　——に関する構成主義者の観点　212-213
　　——の継続的プロセスのモデル　120
　　——の前象徴的起源　66
　　——の二元コード化理論　80
　　——のプロセス 対 ——の固定的な性質　229-230
　　——は相互交流パターンに根差す　148-151
　　顔の映し返しと——　100
自殺衝動を伴った患者　41-42　「バートンの事例」「カレンの事例」も参照
システムモデル　23-27
　　——の次元　210-213
　　サンダーの——についての記述　30-35
　　成人の治療における——　34-35
システム理論　23
主観的状態を共有すること　109-112
受容感　199-202
ジョイニングのパターン　223-224
状態という言葉　47
「状態変容」／状態変容　90, 175
象徴形成を定義する　66
焦点化された注意　136
　　——を維持する能力　127
情動　170-171, 212　「マッチング」「知覚，情緒の」も参照
　　顔の——　75-76, 127
　　記憶と——　73-74
情動が高まる瞬間　144-146, 150, 170-171, 176, 183-184, 189-191　「オーガナイジングプリンシプル」も参照
　　——と身体　178
　　オーガナイジング力　174-175
　　単一の出来事　171-173
　　分析家 - 患者相互交流における——　189-192, 205-206
情動調制　177
情動的方向にマッチすること　111
情動の瞬間　→　「情動が高まる瞬間」参照
自律性　226　「行動主体性」も参照
　　相互性 対 ——　226-228
　　(間違って)自己調制と同じものとみなす　226-228
進行し続ける調制　「相互交流調制」「自己調制と相互交流調制」も参照
　　分析家 - 患者相互交流において——　187-188
　　——と身体　177-178
　　——と断絶と修復　168-170
　　——によってオーガナイズされる相互交流の例証　154-157
　　——の原理　144-147, 150-152, 183　「オーガナイジングプリンシプル」も参照
　　かかわり，断絶，修復の——　204　「断絶」も参照
新生児の学習　69-70
神経生物学　→　「脳の賦活パターン」参照
身体的体験のオーガナイゼーション　177-179
身体の動き　「向き」も参照
　　自己焦点化された——　129, 136
心的外傷　84, 175, 178-179　「断絶」も参照
　　「単発」の出来事　171-173
随伴性，相互交流の
　　定義　92
随伴性の知覚と予想の創造　70-72
随伴性の応答性，母親の　156
スキーマの形成　77-78
生後1年目における社交的相互交流の前象徴的オーガナイゼーションの研究結果　81-85
静止顔状況／実験　83-84, 160, 165-167
精神病理の再定義　232-233
精神分析における相互交流　213-215

成人における向きの研究　141
成人の精神分析治療
　　──にとって意味するもの　219-224
成人の治療における非言語的交流　130,
　219-220
　　──は解釈的活動になる　48
　　相互的に調制される──　47
絶望
　　希望と──とのミスマッチ　205
前象徴的カテゴリー化　78-80,149-150
前象徴的内在化　179-183
前象徴的表象　80-81,99,119-121
　定義　99,154
　　精神分析における──の重要性　85-86
　　相互交流パターンの──　68-69,72-74,
　　77-80
　　　随伴性の知覚と予想の創造　70-72
　　　時間，空間，情動，覚醒の知覚　74-77
　　対人関係的タイミングと──　108-109
相互交流
　　──の手続き的理論に向けて　143
　　──への偏向　221-224
相互交流性　225
　定義　225
相互交流調制　152-154　「自己調制と相互交流
　調制」も参照
　　──の過剰警戒形式　137-139
　　──の障害　127-129
　　──モデル　152-154
相互交流的効力感　187
相互交流パターン　13-14
　定義　67
相互性
　　──　対　自律性　226-228
　　（間違って）──を相互交流調制と同じものと
　　みなす　226-228
相互的調制　27,42-43,153　「双方向的影響」
　「自己調制と相互交流調制」も参照
　定義　153
相互的な順応の能力　32
喪失　195-199
双方向的影響／交流／調制　26　「相互調

　制」「自己調制と相互交流調制」も参照
　　──の統計的分析　91-92
　　──を通してオーガナイズされる相互交流調制
　　210-211
　　母親‐乳児の──の様相　28
双方向的調整　→　「調整」を参照

タ　行

「体験のパターン」　13
胎児期の愛着　158
胎児期の学習　70
対象表象　→　「自己表象と対象表象」参照
対人関係調整　→　「調整」参照
対人関係的調制に関する二方向の概念に移動する
　25-26
タイミング，対人関係的　100-109,155
　　──と乳児の前象徴的表象　108-109
　　──に関する中核的な仮説　108-109
対面遊びにおける相互交流の能力　88
対面による研究　xi
対面のかかわり尺度　92-96
対立の受容
　　事例題材　192-195
高まりの瞬間　146,171
脱線の相互交流パターン　112-118,155　「追い
　かけとかわし連鎖」も参照
「男根的」父親（事例題材）　202-203
断絶　「脱線」も参照
　　──と修復（パターン）　15-17,144,183
　　「オーガナイジングプリンシプル」も参照
　　　──：中断　163-165
　　　──と身体　177-179
　　　──の原理　146,150,161-163
　　　──の実験的研究　165-166
　　　患者‐分析家相互交流における──
　　　188-189,204-205
　　　進行し続ける調制と──　168-170
断片化　6
知覚
　　──や表象に関する構成主義者の観点
　　212-213

時間，空間，情動，覚醒の—— 74-77
パートナーの情緒を——することが，知覚した人のなかに共鳴状態を創り出す 37-38
注意 → 「焦点化された注意」参照
中断 「断絶と修復」も参照
　標準的—— 162,176
調整（対人関係） 138,210-211,231-233 「タイミング」も参照
　——が意味するものについての競合する仮説 104
　発声リズム—— 232-233
　　——と乳児の愛着と認知の予測 102-106,232-233
調整
　定義 92,179-180
　「内的」—— 179-182
直感的理解 195-199
「出会いの瞬間」 32
動機づけの情報処理モデル 69,169
「同調する」対「同調しなくなる」 102
特徴を見抜くこと 77-78
ドロレスの事例 135-136

ナ　行

内在化 15
　定義 179-180,180-181
　——の概念のシステム的観点 225-226
　——の（不）必要条件としての断絶 168
　一次的　対　二次的 179-180
　生後1年における—— 183
　前象徴的—— 179-182
内的プロセスと関係的プロセス
　——のオーガナイゼーションを結びつけること 36-43
　——の共構築に関する成人のデータ 40-42
二者関係
　——に関するシステム的観点 22,23
　——のシステムモデル → 「システムモデル」参照
　個人の貢献と——の貢献を統合するアプローチ 24

乳児研究 xi
　——は精神分析における相互交流理論を例証する 33-36
乳児と母親のかかわり尺度 93,94
人間の基盤 86
認識，相互的な 32-33
脳の賦活パターン　「心の地図の更新をする心」も参照
　——と表情 37

ハ　行

剥奪と断絶と修復 168
発声情動 76
発声リズム　→　「調整」の中の項目を参照
発達心理学 25
バートンの事例 xii,1,4-12,228
　——とシステムモデル 13-20
　——へのビービーの力強い投資 17
　自殺衝動 18
母親〔群〕
　抑うつ体験に対して脆弱な—— 31
　抑うつ的な—— 82-83,162-163,167
母親と見知らぬ人の識別 69
母親の抑うつ 31,82-83,162-163,167
反復
　——と変容 19
　——またはオーガナイズされた行動パターン 82-83
被虐的行動 178-179
非言語的パターン 219-220
非言語的／「黙示的」相互交流の次元 33-35,217-218
　言語的次元への——の統合 14
否定的な高まりの瞬間 173-174
ビービー，B.の経歴 3-5
表象　「RIGs」「自己表象と対象表象」も参照
　——の継続的プロセスのモデル 120
　——の二元コード化理論 80-81
二人の人の感情状態をつなぐプロセス 109-110
不満（事例題材） 199-202

ブラゼルトン新生児評価尺度　157
分析家をテストすること　200-202
分析的治療における図と地の視座　47
文脈
　　──の役割　230-231
　　内的体験は相互交流の──においてオーガナイズされる　39-40
分離　5-6, 7-10, 15-17
　　──の増大　6
分離-個体化モデル　16, 19
分離-個体化モデルから愛着-個体化発達モデルへと変わる　16-17
変化の揺らぎ理論　231
変容
　　状態──　90, 175
　　進行し続ける予期の──　206
　　乳児の状態──　90
　　反復と──　19
ボクシングの試合　99
補修機能　164-165　「断絶と修復」も参照
　　表象と──　166-168
ボブの事例　223-224
ポールの事例　124-125

マ 行

「マッチされる特異性」　31-33
マッチング　106
　　異種感覚──　37
　　顔の表情の──　38-39　「顔の映し返し」も参照
　　時間的パターンの──　100-102
　　情緒的時間的──　109

乳児の体験のオーガナイゼーションについて
　　──の意味するもの　109-112
向きの回避　139
　　成人患者の例　142
　　成人の心理療法のビデオテープ分析　141-142
　　乳児の──に関する調査事例研究　139-140
目をそらす〔こと〕　129, 159-160
黙示的な処理と明示的な処理　215-218
モデル・シーン　56-57, 64, 132-133, 192-194
モデルを形成　77-78

ヤ 行

「良い感じ」　101
抑うつ的な母親　31, 82-83, 162-163, 167
予想/予期　32, 79-80, 151-152, 161-163, 165-166, 171, 182, 187-188
　　交互的交流の連鎖の──　13
　　随伴性の知覚と──の創造　70-72
　　随伴的に応答するパートナーを──　83
　　調制（不全）の──　14
　　パートナー二人によって生み出される──のパターン　212
欲求不満　168

ラ 行

ラックマン, F. H. の経歴　1-3
リズム　101, 137-138　「調整」「発声リズム」「タイミング」も参照
連続的視覚先行処理
　　アイスの──モデル　99

訳者略歴 〔訳出順〕

富樫公一（とがし こういち）
〔監訳者略歴参照〕
担当章　日本語版への序言，序言，第7章，第8章，あとがき，監訳

富樫真子（とがし まさこ）
1996年　愛知教育大学大学院　教育学研究科　修士課程修了
1995年―1996年　愛知県立ならわ学園　心理員
1997年―2001年　医療法人成精会　刈谷病院　臨床心理士
現　在　栄橋心理相談室　臨床心理士
専　攻　臨床心理学，精神分析学
担当章　第1章，第3章，監訳補佐

古村香里（ふるむら かおり）
2000年　愛知学院大学大学院　文学研究科　博士課程前期修了
現　在　K&Tサポートオフィス　臨床心理士
　　　　四日市社会保険病院　臨床心理士
　　　　名古屋大学大学院　医学系研究科　博士課程　在学中
専　攻　臨床心理学，精神医学
担当章　第2章，第5章

辻河昌登（つじかわ まさと）
1995年　広島大学大学院　教育学研究科　博士後期課程単位取得退学
1996年　兵庫教育大学　学校教育学部　に奉職
2003年―2004年　文部科学省在外研究員(若手教官)としてウィリアム・アランソン・ホワイト研究所に留学
現　在　兵庫教育大学大学院　学校教育研究科　准教授
　　　　京都大学大学院　教育学研究科　博士後期課程　臨床実践指導者養成コース　在学中
専　攻　臨床心理学，精神分析学
著訳書　『心理臨床家のための「事例研究」の進め方』（共著，北大路書房），『子どもの心理臨床』（共著，北樹出版），ミッチェル『関係精神分析の視座』（監訳，ミネルヴァ書房）ほか
担当章　第4章，第6章，第9章

監訳者略歴

富樫公一（とがし こういち）
1995年　愛知教育大学大学院 教育学研究科 修士課程修了
1994年―2001年　医療法人純和会 矢作川病院 臨床心理士
2001年―2006年　NPAP精神分析研究所，TRISP自己心理学研究所
　　　　　　　（ニューヨーク）に留学
2003年―2006年　南カリフォルニア大学東アジア研究所 客員研究員
2006年　広島国際大学心理科学部 助教授
現　在　TRISP自己心理学研究所 精神分析家・訓練分析家
　　　　広島国際大学大学院 実践臨床心理学専攻 准教授
　　　　栄橋心理相談室 精神分析家・訓練分析家
　　　　ニューヨーク州精神分析家ライセンス
　　　　NAAP精神分析学会精神分析家資格
　　　　International Journal of Psychoanalytic Self Psychology
　　　　　国際編集委員
専　攻　精神分析学，臨床心理学

ベアトリス・ビービー／フランク・M・ラックマン
乳児研究と成人の精神分析――共構築され続ける相互交流の理論
2008年10月31日　第1刷発行

監訳者　富樫公一
発行者　柴田敏樹
印刷者　田中雅博

発行所　株式会社　誠信書房
〒112-0012　東京都文京区大塚3-20-6
電話 03（3946）5666
http://www.seishinshobo.co.jp/

創栄図書印刷　イマヰ製本所　　落丁・乱丁本はお取り替えいたします
検印省略　　　　　　　　　　　無断で本書の一部または全部の複写・複製を禁じます
© Seishin Shobo, 2008　　　　　　　　　　　　　　Printed in Japan
　　　　　　　　　　　　　　　ISBN 978-4-414-41433-2 C3011

精神分析における未構成の経験
解離から想像力へ
ISBN978-4-414-40298-8

D.B. スターン著　一丸藤太郎・小松貴弘監訳

本書は，対人関係学派の最先端に立つ著者が，解釈学を背景に，無意識を未構成の経験という視点から読み解きなおすことで，転移-逆転移関係，解釈，抵抗といった現象について臨床的に新しく有益な見方を提示する刺激的な書である。

主要目次
第1部　構成された経験と未構成の経験
- 差し出されたものと作り上げたもの
  ―構築主義の考え方―
- 未構成の経験　―序論―

第2部　自己欺瞞についての再検討
  ―解離の理論のために―
- 想像と創造的な語り
  ―解離と構成についての考察―
- 物語の硬直性　―弱い意味での解離―

第3部　分析家の仕事における未構成の経験
- 解釈と主観性　―抵抗の現象学―
- 患者に関する分析家の未構成の経験
- 思いがけないものに寄り添うこと

A5判上製　定価(本体5600円＋税)

表情分析入門
表情に隠された意味をさぐる
ISBN978-4-414-30259-2

P. エクマン/W.V. フリーセン著
工藤 力訳編

表情研究に関して第一級の研究者が，驚き，恐怖，嫌悪，怒り，幸福，悲しみの基本的感情の表情のちがいを，顔の三領域の組合せにより解明した。対人接触に携わる人たちが，自他の表情に精通するための格好の入門書。

目　次
1　はしがき
2　顔にあらわれる感情表出を理解するとき，なぜまちがいが起こるのか
3　感情をあらわす顔の表情研究
4　驚　き
5　恐　怖
6　嫌　悪
7　怒　り
8　幸　福
9　悲しみ
10　顔の練習
11　偽りの顔
12　自分の顔の表情を検査する
13　結　論

A5判上製　定価(本体2800円＋税)

愛着理論と精神分析

ISBN978-4-414-41429-5

P. フォナギー著 遠藤利彦・北山 修監訳

近年，成人の精神分析治療を行ううえで愛着理論研究から得られた知見の有用性や両者の共通性が再認識されるようになってきた。本書は，愛着理論に基づいた発達心理学的知見を，歴史的発展を踏まえて整理・概観したうえで，精神分析理論のなかに位置づけ，両者の橋渡しを試みた。

主要目次
- 愛着理論入門
- 愛着研究における重要な知見
- フロイトの諸モデルと愛着理論
- 構造論的アプローチ
- 構造論モデルの修正
- クライン‐ビオン・モデル
- 北米対象関係論者と愛着理論
- 現代の精神分析的な乳幼児精神医学
- 対人関係的‐関係論的アプローチ
- 精神分析的愛着理論家
- 要約：何が精神分析理論と愛着理論に共通なのか
- 愛着理論は精神分析的洞察からいかに利益を得られるか

A5判上製　定価(本体3800円+税)

アタッチメント障害とその治療
理論から実践へ

ISBN978-4-414-30300-1

カール・ハインツ・ブリッシュ著
数井みゆき・遠藤利彦・北川 恵監訳

1950年代後半にジョン・ボウルビィが提唱し，エインズワースやメインらによって発展をみた「アタッチメント理論」。本書の著者であるブリッシュは，ドイツはウルム（現在はミュンヘン）の大学病院で，このアタッチメント理論をベースに，研究とクリニックでの精神分析を展開している。従来，理論が先行しているとされていたアタッチメント理論であるが，ブリッシュはその弱点である応用，そしてケースの提出を本書にて果たした。アタッチメントを中心とした介入の可能性，教育やグループ・セラピーにおける応用の可能性を提示する一冊。

目　次
第1章　アタッチメント理論と基礎概念
第2章　アタッチメント障害
第3章　アタッチメント・セラピー
第4章　臨床実践からの治療例
第5章　さらなる応用に向けて

A5判上製　定価(本体4200円+税)

子どもと家庭
その発達と病理

ISBN978-4-414-40244-5

D.W. ウィニコット著　牛島定信監訳

英国が生んだ著名な児童精神科医である著者が，ナースやケースワーカーおよび一般の人たちに向けて行った家庭と子どもの発達についての講演集。精神療法に関心をもつ医師や心理臨床家はもとより，広く子どもに関心のある人びとに役立とう。

目　次
1　最初の1年目
2　母親と赤ん坊の最初の関係
3　未成熟な中での成長と発達
4　安全について / 5　5歳児
6　家庭生活の統合的要因と破壊的要因
7　親のうつ病に影響をうける家庭
8　精神病は家庭生活にどんな影響を及ぼすか
9　精神病の親は子どもの情緒発達にどんな影響を及ぼすか / 10　青年期
11　家庭と情緒的成熟
12　児童精神医学領域の理論的陳述
13　精神分析の産科学に対する寄与
14　両親にアドバイスを与える
15　精神的な病気の子どものケースワーク
16　剥奪児 / 17　集団の影響と不適応児
18　民主主義という言葉のもつ意味

A5判上製　定価(本体3000円＋税)

ウィニコット用語辞典

ISBN978-4-414-41422-6

ジャン・エイブラム著　館 直彦監訳

ウィニコットを理解するうえで重要な22の鍵概念を大項目辞典の形式をとって解説した。各項目とも冒頭にポイントを簡潔に記し，本文では原文を豊富に引用しつつ，著者が概念を簡潔に整理している。難解といわれるウィニコットの理論を知る上で格好のガイドであり，どこからでも読める辞典である。また巻末には，ウィニコットの全業績目録が，年代順と原題のアルファベット順の両方掲載されていて便利である。

項　目

遊ぶこと／移行現象／依存／思いやり／抱えること／環境／原初の母性的没頭／攻撃性／コミュニケーション／自我／自己／スクイッグル・ゲーム／精神─身体／舌圧子ゲーム／創造性／存在すること（の連続性）／退行／憎しみ／母親／反社会的傾向／一人（でいられる能力）／抑うつ

A5判上製　定価(本体5200円＋税)